새벽의 영성

세상에서 가장 사랑받는 한 치유상담가의 감동적인 영성순례

15주년기념 완역선물판

새벽의 영성

헨리 나웬 지음, 신현복 옮김

THE ROAD TO DAYBREAK:
A Spiritual Journey
(completed and unabridged)

by Henri J. M. Nouwen
Published by Doubleday
All Rights Reserved

Korean Translation Copyright © 2004
by *Achim Institute for Spiritual Direction*

이 책은 아침영성지도연구원이 에릭양 에이전시를 통하여
Doubleday와 독점 계약하여 새롭게 펴낸 것으로,
저작권법에 따라 한국 안에서 보호를 받는 책이므로
무단전재와 무단복제를 금합니다.

추천의 말

헨리 나웬, 이분은 내 마음의 고향입니다. 각박한 도시 한복판에서 곤하여 쓰러지려 할 때, 언제든 훌쩍 떠나 새 생명의 기운을 맛보고 돌아올 수 있는 영혼의 고향, 헨리 나웬은 나에게 바로 이런 고향과도 같은 분입니다.

사실, 헨리 나웬과 극적인 만남을 갖게 된 것은 미국 유학시절에 이루어졌습니다. 치유상담을 공부하던 중, 진정한 신앙생활을 가능케 하는 결정적인 무엇인가가 늘 부족해서 영적인 허기를 느끼고 있을 때였습니다. 상담 방법이야 책을 통하여 배울 수도 있다지만, 기갈이 든 신앙은 어찌 달래볼 도리가 없었습니다.

그러다가 어느 날 도서관에서 만난 한 위대한 영성신학자를 통하여 내 삶에 놀라운 변화가 일기 시작하였습니다. 그분이 바로 헨리 나웬이었습니다. 도서관에서 처음 헨리 나웬의 책을 대하였을 때, 내 가슴은 심하게 뛰었습니다. 그의 책에서는 지식이 아니라, 생명의 언어가 펄펄 살아 움직이고 있었기 때문입니다. '도대체 어떤 사람이기에 이런 책을 쓸 수 있는 걸까!'

나는 이 책의 저자를 꼭 한번 만나보고 싶었습니다. 그래서 하버드로, 예일로 부지런히 찾아다녔습니다. 노트르담 대학교에도 가보았습니다. 하지만 그의 소식을 아는 사람은 아무도 없었습니다. 만일 그때 내가 기필코 그를 찾으려고 했다 해도 만날 수가 없었을 것입니다. 그는 온 세계에서 자신을 찾아오는 방문객들을 일절 만나 주지 않았기 때문입니다. 결국 그를 만나지 못한 채, 나는 고국으로 돌아오고 말았습니다. 하지만 그는 항상 내 마음 속 스승으로 남아 있었습니다.

그러던 1990년, 시카고의 맥코믹 신학대학원에 교환교수로 가 있을 때, 그가 캐나다 토론토 북쪽 '새벽'(Daybreak)이라는 곳에서 공동체 생활을 하며 살고 있다는 소식을 들었습니다. 나는 다시 그를 찾아 나섰습니다. 당장에 토론토로 날아가서 그에게 전화로 만나 줄 것을 요청하였습니다. 하지만 그는 정중히 내 요청을 거절하였습니다.

나는 간절한 목소리로 "당신은 나의 영적인 스승이며, 한국에서 당신의 사상을 강의하고 있습니다. 내 학생들에게 좀더 진지한 강의를 하기 위해서라도 당신을 꼭 만나보고 싶습니다"라고 말하였습니다.

'새벽'(Daybreak) 공동체. 헨리 나웬이 장애우들과 함께 살았던 곳이다. 사진은 새벽에 새로 지어진 집 '여명'(Dayspring).

내 정성이 통했는지, 그가 "내일 오후 5시까지 '새벽'으로 올 수 있겠느냐?"고 나에게 물었습니다. 그 때가 마침 기도하는 시간이기 때문에, 30분 정도 시간을 낼 수 있겠다는 것이었습니다.

이튿날, 나는 한달음에 '새벽'으로 달려갔습니다. 건장한 체구의 헨리 나웬이 문앞까지 나와 반갑게 맞아 주었습니다. 어린아이같이 순진한 표정으로 맞아 주는 그를 보면서, 나는 도저히 그가 67세라고 믿어지지 않았습니다. 그만큼 그는 젊고 활기차 보였습니다.

정각 5시, 우리는 그의 서재로 들어갔습니다. 시간 가는 줄 모르고 이런저런 대화를 나누었습니다. 함께 울기도 하고 웃기도 했습니다. 둘 다 서로의 이야기에 푹 빠져 버린 것입니다. 대화는 이런 식으로 끝없이 이어졌습니다.

우리의 대화는 방문을 두드리는 직원의 노크소리가 날 때까지 계속 이어졌습니다. 내가 그의 서재를 나선 시간, '새벽'은 이미 캄캄한 어둠에 휩싸여 있었습니다. 시간을 확인하니, 무려 네 시간이나 훌쩍 지나 있었습니다. 인사를 하고 급히 나오려는데, 헨리 나웬이 붙잡더니 16권이나 되는 자신의 저서를 나에게 억지로 안겨 주는 것입니다. 그런 그에게 눈물로 작별을 고하면서, 나는 마음속으로 한 가지 다짐을 했습니다. '나도 언젠가는 당신처럼 상처받은 이웃을 위하여 살겠습니다'라고.

아무쪼록 이렇게 나의 영성 순례에 소중한 안테나 역할을 했던 헨리 나웬의 귀중한 책이 이렇게 우리 나라에 소개되는 것을 매우 기쁘게 생각합니다.

그분의 책들은 대부분 짧으면서 긴 여운을 남기고 있습니다. 급한 마음에 책장을 넘기다 보면 아무 것도 발견하지 못할 수도 있습니다. 지식을 채우려는 급한 마음일랑 이제 다 접어두시고, 한 자 한 자 헨리 나웬의 영혼의 숨소리를 느끼시며 따라 읽으십시오. 그러면 어느 순간 치유와 돌봄이 있는 희망의 소리를 이 책을 지은 헨리 나웬으로부터, 여러분의 고독한 내면으로부터, 아니 하늘로부터 듣게 될 것입니다.

부디 이 책 〈새벽의 영성〉(*The Road to Daybreak: A Spiritual Journey*)을 통해서도 사랑하는 헨리 나웬의 영성이 여러분의 것으로 승화될 수 있기를 빕니다. 그래서 오랜 영적 갈증이 해갈되고, 내면 세계의 아픔과 상처가 치유되며, 이 민족 모든 그리스도인의 영성 생활이 더욱 더 맑고 깊어지기를 간절히 기원합니다.

정태기 박사
(한신대 목회상담학 교수, 크리스찬치유상담연구원장)

감사의 말

　많은 친구들이 도와 주었습니다. 그들의 도움이 없었더라면, 이 일기를 펴낼 수가 없었을 것입니다. 너무 감사해서 여기 그들의 이름을 밝혀 봅니다.
　매사추세츠의 캠브리지에서 저를 위하여 일한 적이 있던 피터 비스켈은 손으로 휘갈겨 쓴 일기들을 최초로 편집해 주었습니다. 마가렛 스튜디어는 타이핑을 치느라 많은 시간을 보냈고, 필 째더는 좋은 문장을 구사하는 데 지대한 관심을 보여 주었습니다.
　제가 1986년 캐나다로 가서 긴 글을 읽기 쉬운 책으로 압축하고자 결심했을 때, 리차드 화이트는 어떤 것들을 부각시키고 또 어떤 것들을 제거할 것인지를 결정하는 데 도움을 주었습니다. 그는 여러 날 동안 칠백 쪽에 달하는 원고를 조심스레 뒤적이면서 한 가지 주된 흐름을 띠도록 식별해 내는 일을 하였습니다.
　마지막 작업 과정에서, 마이클 플랜트는 이미 압축해 놓은 본문을 최종적으로 다듬는 데 저를 도와 주었습니다. 그 기간에, 슈 모스텔러와 마이클 해렁크는 덧붙이고 빼고 고치는 데 많은 제안을 해주었습니다. 새벽공동체에서 저의 비서로 일했던 코니 엘리스도 엄청난 도움을 주었습니다. 모든 본문을 다시 타이핑해 주었고, 인용한 이야기들의 저작권을 소유하고 있는 여러 사람들에게 출판 허락을 구해 주었습니다. 또 제가 이 일기가 얼마나 의미있는 것인가를 믿도록 끊임없이 격려해 주었습니다.
　이 모든 친구들에게 저는 깊이 감사드립니다. 그들의 정교한 도움과, 시간을 내어 주고 관심을 기울여 준 그들의 관대함과, 그들의 개인적인 흥미가 없었더라면, 도저히 어떻게 모양이 안 나올 것 같던 이 종이 더미를 더블데이출판사의 편집자인 밥 헬러에게 바칠 수 있는 책으로 다듬을 수도 없었을 것입니다.

한 사람의 개인적인 일기가 이렇듯 많은 사람들의 작업을 통해서 탄생하였습니다. 바로 이것 자체가 '새벽으로 가는 길'이 아니고 무엇이겠습니까? 저는 이 책을 읽는 독자 여러분이 제가 이렇게 감사드릴 수밖에 없는 이런저런 사연들을 잘 알아 주셨으면 합니다.

들어가는 말

　예일대학교 신학부 교수로 섬기고 있을 때였습니다. 그 때 한 사람이 찾아온 적이 있었지요. 내 생애를 완전히 바꾸어 놓은 방문이었습니다. 당시만 해도 그 방문은 대단하지도, 결론이 뚜렷하지도 않아 보였습니다. 그러나 세월이 지날수록, 나는 이것을 내 기도에 대한 응답이라고 깨닫기 시작하였습니다. "주여, 제가 가야 할 길을 보여 주시면, 정녕 주님을 따르겠습니다."
　따라서 나는 겉보기에는 그리 중요하지 않아 보였던 그 때의 방문 이야기로 이 책을 시작하려고 합니다.
　어느 날 오후, 내가 살던 뉴헤이븐 아파트의 초인종이 울렸습니다. 문을 열어보니, 젊은 아가씨가 문앞에 서 있었습니다. 그녀는 "저는 안 리세리고 합니다. 장 바니에의 안부를 전하러 왔어요."라고 했습니다. 장 바니에와 정신 장애우들을 위한 '라르쉬' 공동체에 관한 이야기를 들은 적은 있었습니다. 하지만 그를 만난 적도, 그와 대화를 나눈 적도, 그에게 편지를 보낸 적도, 그의 일로 접촉을 가져본 적도 없었습니다. 그렇기 때문에 그런 인사에 깜짝 놀라면서 말할 수밖에 없었습니다.
　"그래요, 고맙군요……. 그런데 내가 무슨 일을 해드리면 되겠소?" 그러자 그녀가 대답했습니다.
　"아…… 아무 것도 없어요. 그냥 장 바니에의 인사를 전하러 왔을 뿐이에요."
　"그건 알겠는데, 그래도 이렇게 찾아온 데는 또 다른 이유가 있을 성싶은데요.”

그래도 그녀는 막무가내였습니다.

"아, 아니에요. 그저 장의 인사를 전하러 왔을 뿐이에요."

그녀의 이야기는 종잡을 수가 없었습니다. 나는 나한테 강의나 영성수련이나 설교, 아니면 논문이나 책을 써달라고 부탁하기 위해서 저러는 거겠거니라고 생각하고 있었습니다. 장 바니에의 인사를 전하는 일이 그녀가 찾아온 목적의 전부는 아니라고 굳게 믿었던 거지요. 그래서 나는 다시 한번 물어보았습니다.

"장 바니에의 인사는 고맙게 들었고, 그것말고 내가 아가씨에게 해 줄 수 있는 일은 없느냐는 말이오."

그러자 그녀가 미소를 머금으며 말했습니다.

"그럼, 좀 들어가도 되겠어요?"

그제서야 내가 손님 접대를 제대로 하지 못하고 있다는 생각이 들어서 허둥지둥 권했습니다.

"물론이오, 물론이고말고……. 근데, 학교에 볼일이 있어 금방 자리를 떠야 할 형편이오."

그런데 그녀는 정말 엉뚱했습니다.

"그렇다면 어서 가보세요. 돌아오실 때까지 여기서 조용히 시간을 보내고 있죠, 뭐."

저녁에 돌아와 보니, 식탁에는 아름다운 아마포가 깔리고 멋진 접시들과 은도금 식기류, 꽃다발, 포도주병 등이 늘어놓여 있었습니다. 내가 "이게 어찌 된거요?" 하고 물으니 그녀가 웃었습니다.

"아, 멋진 식사를 대접해 드리고 싶어서요."

"하지만 이것들을 다 어디서 찾아냈소?"

내 물음에 그녀는 재미있다는 표정을 지으면서 말했습니다.

"부엌과 찬장에서죠……. 별로 사용하지 않으신 것 같더군요."

그 순간, 막연하나마 별 일이 다 있네 하는 느낌이 들었습니다. 낯선 사람이 내 집에 들어와 나한테 한 마디 묻지도 않고 내 집안에 대하여 이러쿵저러쿵 설명해 주고 있으니……

얀은 며칠 동안 묵으면서 나를 위하여 많은 일을 해주었습니다. 그러다가 떠날 때 또다시 말하는 것이었습니다.

"장 바니에가 전한 안부인사를 잊으시면 안 돼요."

그리고 나서 몇 해가 흘렀습니다. 그 동안 얀이 찾아왔었다는 사실도 까맣게 잊어 버리고 있었습니다. 그런데 어느 날 아침, 장 바니에가 나한테 전화를 걸어 왔습니다.

"지금 시카고에서 짤막한 침묵 수련을 지도하고 있는 중입니다. 오셔서 함께 하시면 어떨까요?"

이번에도 순간적으로, 나더러 그곳에 와서 설교를 해달라는 모양이구나 하는 생각이 들었습니다. 그런데 그의 이야기는 사뭇 달랐습니다.

"헨리, '침묵' 수련입니다. 그저 함께 있으면서 우리와 같이 기도하시면 됩니다."

이렇게 해서 나는 장과 만났습니다. 침묵 속에서 이야기를 나누기는 했지만, 불과 몇 마디에 지나지 않았습니다. 그 뒤 몇 년이 흐르는 동안, 나는 프랑스로 그의 공동체를 두 차례 방문하였습니다. 두 번째 방문했을 때에는 30일 영성수련을 지도하기도 했습니다. 그러면서 얀 리세의 방문이, 주님을 좀더 온전하게 따르도록 해달라는 나의 기도에 예수님이 응답하시는 과정에서 일어난 일련의 사건들 가운데 최초의 사건이었다는 사실을 점점 깨닫게 되었습니다.

그러나 얀 리세가 찾아오고 내가 라르쉬의 일원이 되기로 작정하기까지, 세월은 불안한 탐구로 점철된 심란함 그 자체였습니다. 예일에서 10년을 보낸 나는 좀더 철저한 목회로 되돌아가고 싶은 욕구를 강하게 느꼈습니다. 그러지 않아도 라틴 아메리카를 들락거렸던 나는, 남은 생을 볼리비아나 페루의 가난한 사람들 사이에서 보내라는 부르심을 받고 있는 것이 아닌가 하는 생각을 줄곧 하고 있었습니다. 그래서 1981년에 예일대학교 신학부 교수직을 사임하고 볼리비아로 가서 스페인어를 배웠습니다. 곧이어 페루로 가 성직자로서 가난한 이들과 함께 하는 삶을 체험하기도 하였습니다. 이렇게 보낸 여러 달의 체험이 너무도 강렬하였습니다. 그래서 여행일기를 쓰기로 작정했던 것입니다. 이것이 나중에 〈감사의 영성〉(*Gracias!*)이라는 제목으로 출판되었습니다.

나는 라틴 아메리카에서 가난한 이들과 함께 하는 삶이 내가 가야 할 길인가 아닌가를 식별하고자 진지하게 노력하였습니다. 내가 서서히 그리고 뼈아프게 깨달은 사실은 나의 영성적 야심이 나에 대한 하느님의 뜻과 일치하지 않는다는 것이었습니다. 나에게는 스페인어권 나라에서 선교사 직책을 수행할 능력이 없다는 사실, 나에게는 동료 선교사들이 줄 수 있는 정도 이상의 정서적 후원이 필요하다는 사실, 그리고 엄청나게 다양한 작업과 책임이 나의 내면 세계의 평정을 빼앗아 가고 있다는 사실을 똑바로 들여다보지 않을 수 없었습니다.

"당신은 남반부보다 북반부에서 남반부를 위하여 더욱 더 많은 일을 할 수 있어요." "발표하고 저술하는 당신의 능력은 가난한 사람들보다 대학생들에게 한층 더 필요해요." 친구들의 이런 말을 들을 때마다 몹시 곤혹스러웠습니다. 이상주의, 선한 의도, 가난한 이들을 섬기고 싶은 욕구가 결코 소명이 될 수 없다는 사실이 나에게는 너무도 확실해 보였습니다. 사람은 부름받고 파견될 필요가 있는 법. 그런데 나는 라틴 아메리카의 가난한 이들한테서 부르심을 받은 것도, 그리스도교 공동체가 나를 파견한 것도 아니었습니다. 볼리비아와 페루에서 겪은 체험은 큰 결실이었지만, 그 결실은 내가 기대했던 그런 것은 아니었습니다.

그 무렵 하버드대학교 신학부에서 나에게 해방신학의 영성 부분에 역점을 둔 그리스도교 영성 강의를 맡아 달라는 부탁이 왔습니다. 이 초빙을 수락할 당시, 나에게는 이런 확신이 있었습니다. '나는 〈역선교〉 곧 남반부에서 북반부를 향한 선교에 부르심을 받고 있구나!' '라틴 아메리카 교회에 봉사하겠다는 내 의욕이 이런 방법으로 실현될 수도 있겠구나!'

하지만 나는 이내, 대학생들에게 좀더 절실하게 필요한 것은 라틴 아메리카 교회의 시급한 당면문제들에 관한 정보가 아니라, 영성 형성이라는 것을 깨달을 수밖에 없었습니다. 그 결과, 내 수업 방향은 좀더 일반적인 영성생활 분야쪽으로 급속하게 기울어져 갔습니다. 그리하여 나는 발견하였습니다. 규모만 약간 확대되었을 뿐, 예일에서 했던 것과 똑같은 일을 하고 있는 나 자신을……

여기에서 내가 터득한 것은, 나한테는 하버드도 좀더 진취적인 방법으로 예수님을 따르도록 부르심을 받은 자리가 아니라는 사실이었습니다. 거기에 몸담고 있으면서도 나는 진실로 행복하지 못했습니다. 무언가 우울하고 불만스러웠습니다. 동료 교수나 학생들에게서 온전히 인정받고 있다는 기분을 조금도 느낄 수가 없었습니다. 이것은 내가 아직도 가야 할 길을 찾지 못했다는 사실을 분명하게 보여주는 징표들이었습니다.

온갖 의혹과 불확실함, 그 속에서 얀 리세와 장 바니에와 라르쉬의 음성만이 더욱더 힘을 더해 갔습니다. 프랑스에 있는 라르쉬 공동체를 방문했을 때, 나는 예일이나 라틴 아메리카나 하버드에서 체험하지 못했던 평온을 맛보았습니다. 정신 장애우들과 함께 하는 경쟁없는 생활, 이름도 명예도 아랑곳없는 양 그저 좋아라 반겨 줄 수 있는 그들만의 은사들, 그들과 '시간을 보내라'는 끊임없는 초대. 이것들은 지금까지 내 안에서 아무런 쓸모도 없이 방치되어 왔던 영역, 자신과 함께 거하라고 초대하시는 예수님의 감미로운 음성을 들을 수 있는 영역을 열어 보여주고 있었습니다. 라르쉬로 부르심을 받고 있다는 느낌은 내가 무언가 베풀어야 한다는 것보다 내가 무언가 얻어 누려야 한다는 것에서 비롯되고 있었습니다.

장 바니에는 이렇게 말한 적이 있습니다: "어쩌면 우리가 이곳을 당신의 고향으로 제공할 수도 있을 겁니다." 내 마음이 갈망하는 것은 다른 무엇보다도 바로 이것이었습니다. 나는 나의 갈망을 진지하게 수용해 본 적이 한 번도 없었습니다. 하지만 예수님을 좀더 진취적으로 따르게 해달라는 나의 기도가 응답을 받고 있다는 기미를 처음 깨닫게 해준 곳도 다름 아닌 그곳이었습니다.

이 책의 핵심은 내가 하버드를 떠나서 캐나다에 있는 라르쉬 새벽

공동체에 몸담기까지 한 해 동안의 영성 순례를 기록한 일기들로 이루어져 있습니다. 한 해의 거의 대부분을 나는 얀 리세와 장 바니에가 몇 개의 정신 장애우들 집을 처음 세운 트로슬리-브뢰유에서 보냈습니다. 그러나 네덜란드와 독일, 캐나다와 미국을 비롯한 여러 나라들을 둘러보기도 하였습니다.

프랑스로 갈 때만 해도 나는 예수님을 따르도록 부르심을 받고 있는 자리가 다름아닌 라르쉬였으면 했습니다. 물론 확신이 선 것은 결코 아니었지요. 사실 대학 생활과 라르쉬 생활은 너무도 엄청난 차이가 있기에, 나한테 이런 도약이 가능할 것인가라는 의구심도 많이 일었습니다.

이 일기에 나타나 있는 몸부림, 이름하여 영성 전투라는 것도 '사람이 어떻게 해야 예수님을 무조건 따를 수 있는가?' 라는 질문과 연결되어 있습니다. 지난번에 펴낸 〈숲속의 영성〉(*The Genesee Diary*)과 〈감사의 영성〉(*Gracias!*)에서 언급하였던 고민이 여기서도 많이 드러납니다. 그러나 그 배경이나 방향에 차이가 있습니다. 과거에 내가 알고자 했던 것은 가야 할 곳이었습니다. 그러나 지금은 가야 하면서도 진실로 가고 싶어하지 않았던 곳을 알아낸 상태입니다.

정신 장애우들과 함께 살면서 일하기란 지금까지 받아온 영성수련과 내가 지닌 역량에 정반대 되는 것처럼 보였습니다. 라르쉬에 몸담는 것보다 더 비합리적이고 쓸모없는 일은 아무 것도 없다고 생각될 정도였습니다. 그렇지만……얀 리세와 장 바니에를 비롯한 친구들이나 정신 장애우들 거의 대부분이 부드러우면서도 집요하게 말하곤 했습니다.

"이곳이야말로 당신의 고향입니다. 당신에게는 우리가 꼭 필요할 겁니다."

생산적이고 성공적인 소중한 존재가 되고 싶은 나의 욕구들이 온통 들고 일어나 반발했습니다. 라르쉬를 떠나 돌아다니던 여행 가운데는 이런 반발을 드러낸 것이라고 볼 만한 경우도 더러 있었습니다. 그러나 그 당시에 내가 알았든 몰랐든 간에, 이것은 모두 옛길에서 끌려

나와 "당신이 원하지 않는 데"(요한복음 21장 18절)로 인도되는 데 따르는 근본적인 몸부림이었습니다.

이 책에는 라르쉬 이야기, 기도 이야기, 정신 장애우들과 나눈 생활 이야기, 예술 이야기, 도시 생활 이야기, 에이즈 이야기, 교회와 빚은 갈등 이야기, 파리·런던·샌프란시스코·로스앤젤레스 이야기, 캐나다와 그곳에서 맞이할 미래 이야기를 비롯하여 크고작은 사건들과 사람들의 이야기가 나옵니다. 천차만별한 이들을 하나로 묶어 놓고 있는 것은 "나를 따르라!"는 예수님의 초청에 "네!" 하는 데 필요한 영성적 갈등입니다. 그러니까 이 책을 채우고 있는 것은 악쓰며 불퉁거리는 "네"입니다. 나 자신이 망가져 또다시 치유가 필요하다는 사실을 깨닫는 데서 비롯되는 바로 그 "네"입니다.

나오는 말에서는, 내가 프랑스에서 지내다가 찾아든 토론토의 라르쉬 공동체 '새벽'에서 보낸 첫해의 체험들을 요약해 보았습니다. '새벽'에서는 일기를 계속 써나갈 시간도 기운도 없었습니다. 그러나 나는 고향을 발견하고 나서 나한테 일어난 일들을 소박하고 정직하게 기록해 둘 필요성을 절실히 느끼고 있었습니다.

이 일기의 제목 〈새벽의 영성〉은 트로슬리에서 보낸 한 해가 토론토에 있는 '새벽' 공동체의 초청을 받아들이게 했다는 사실만 넌즈시 암시하는 게 아닙니다. 이 일기에 묘사된 체험들 때문에 나도 새로운 삶을 시작하게 되었다는 사실까지 은근히 내비치고 있지요.

이 일기에는 혼란스러움, 두려움, 외로움에 대한 이야기가 많습니다. 그것은 여행이 주로 밤에 이루어졌기 때문입니다. 하지만 동터오는 새 날을 맞을라치면, 나는 언제나처럼 희망으로 가득 차곤 합니다. 아무쪼록 이 일기를 읽는 이들도 자신의 영성 순례에 필요한 힘을 얻기를 바랍니다. 저마다 마음 속 깊은 곳에서 그와 같은 희망이 샘솟듯 넘쳐나기를 기도드립니다.

차례

추천의 말 · 5
감사의 말 · 9
들어가는 말 · 11

① 부모와 아이 · 19
② 예수님을 따라 · 27
③ 어둠과 빛 · 39
④ 어렴풋한 소명 · 51
⑤ 내 마음 가는 곳에 · 61
⑥ 아픔, 그 언저리에서 · 69
⑦ 상처를 용서하라 · 79
⑧ 예수님이 그 중심에 계시니 · 89
⑨ 중요한 일인가, 시급한 일인가 · 97
⑩ 가난과 부 · 105
⑪ 명확한 소명 · 113
⑫ 귀향 · 127
⑬ 몸부림 기도 · 137
⑭ 깊은 뿌리 · 145
⑮ 인생은 선택이다 · 157
⑯ 내려가는 길 · 171
⑰ 고난, 죽음, 그리고 부활 · 183
⑱ 좀더 큰 관계 · 197
⑲ 우정의 선물 · 207
⑳ 많은 것 가운데 하나 · 215
㉑ 버거우나 복된 소명 · 223
㉒ 대조와 선택 · 227
㉓ 끝, 그리고 또 하나의 시작 · 243

나오는 말 · 251

1
부모와 아이

새로운 시작

(1985년 8월 13일, 화요일; 프랑스, 트로슬리)

아, 새로운 삶을 시작하는 첫번째 날! 내가 너무 감상적인가? 하지만 오늘부터 아주 중대한 일이 시작되고 있다는 느낌을 피할 길이 없다. 하버드대학교 신학부를 떠나 프랑스로 가서, 트로슬리에 있는 장 바니에를 비롯한 라르쉬 공동체와 최소한 한 해 동안 함께 살기로 결정하였다. 눈물이 비오듯 쏟아졌다. 며칠 밤, 뜬눈으로 새워야 하였다. 결단을 내리기까지 아주 많이 주저주저하였다. 내적 갈등도 너무나 컸다. 하지만 막상 일년 동안 하버드 생활의 중심축 노릇을 해온 사택을 나서자, 마치 새로운 자유를 찾아 떠나는 기분이 들었다. 그리고 오늘 아침, 여든일곱 살된 장의 노모 바니에 부인 집에 들어섰다. 부인이 두 팔로 꼬옥 안아 주었다. 마치 집에 돌아온 느낌이었다.

돌아오니 정말로 좋았다. 아홉 달 전에 이곳에서 30일 영성수련을 했었다. 당시만 해도 내가 이처럼 빨리 이곳으로 돌아오게 되리라곤 생각도 못하였다. 그러나 이제는 이 영성수련 때문에 내가 상아탑 세계에 작별을 고하고 하나님 품으로 좀더 가까이 나아갈 수 있는 그런 공동체를 찾아 나서게 되었음을 알고 있다.

오늘 오후, 일기를 다시 쓰라는 내면의 목소리 비슷한 것을 들었다. 4년 전 라틴 아메리카 여행을 다녀온 뒤, 날마다 일기쓰는 일을 포기하고 있었다. 그러던 나에게 올해는 내밀한 정신의 흐름에 조심스럽게 귀기울이면서 "언제나 예수님을 따르려면 어떻게 해야 할까?"라는 물음과 씨름하는 가운데, 기도하고 독서하고 글쓰는 한 해가 되리라는 예감이 불현듯 밀어닥친 것이다. 실제로 내 안에서 이루어지는 하나님의 역사와 끊임없이 접촉하려면 나한테 일어나고 있는 일들을 날마다 기록해 나가는 것보다 더 좋은 방법이 또 어디 있겠는가? 만일 올해가 진정으로 식별의 해가 되려면, 거짓없는 진솔한 일기야말로 과거에 그래왔듯이 이번에도 나에게 커다란 도움이 될 것이다.

트로슬리에서 맞은 조용한 하루. 케임브리지에서 마지막으로 보낸 분주하고 소란스럽고 초조했던 날들과는 엄청난 대조를 이루면서 나에게 깊은 감명을 주었다. 사람 하나 보이지 않고 차소리 한번 들리지 않는 이 조그마한 프랑스 시골 거리들. 오후에는 이 좁디좁은 시골 거리들을 마냥 거닐고 다녔다. 내가 서 있는 이곳도 동일한 행성에 속하는 곳인지 의심스럽다는 생각마저 들었다. 여섯 시간 반에 걸친 야간 비행. 보스턴의 로건 공항에서 파리의 샤를 드골 공항까지 날아올 때만 해도 거리가 왠지 짧게만 느껴졌었다. 그러나 케임브리지와 트로슬리 사이는 하룻밤 비행거리와는 비교도 안 될만큼 멀기만 하다. 둘은 전혀 다른 세계를 대표한다. 케임브리지—높은 학문적 분위기와 제도화된 경쟁, 지식 겨루기, 끊임없이 끊임없이 흥분으로 점철된 세계; 트로슬리—조용한 시골 생활, 공동체 축제, 인간의 취약점 나누기, 예수님을 모든 일의 중심축으로 삼으라는 한결같이 새로운 초청으로 점철된 세계.

지금은 캄캄하다. 엄청 캄캄하다. 떠나기 직전, 주타 에이어가 준 수정 괘종시계가 일정한 간격으로 똑딱거릴 뿐. 들리는 소리는 아무것도 없다. 이 시계는 뒤에 두고 온 세계를 생각나게 한다. 이곳에는 내일 언제 일어나라, 무엇을 해라, 누구를 만나라고 말해 주는 사람이 아무도 없다. 수업도, 인터뷰도, 상담도, 시급한 전화나 방문도 없다. 내일은 여느 날이나 다름없이 밝아 오리라. 무슨 일이 있을까? 하나님만이 아실 뿐. 침묵이 소곤거린다. "잠자리에 들어 원없이 자렴. 아무도 깨울 사람이 없을테니." 수정시계 단추를 눌러 '신호정지' 표시가 나오는 흰 점에다 맞추어야지. 아, 새로운 삶이 시작되었구나!

가장 뛰어난 이름
(8월 14일, 수요일)

내가 생활하는 집의 이름은 '마로니에'다. 이 이름은 진작부터 알고 있었다. 그러나 그 의미는 오늘에야 알았다. 이 마로니에는 집 앞에 서 있는 네 그루의 밤나무를 가리킨다. 바니에 부인이 말해 준 것이다. "이 나무들은 저마다 이름이 달라요." 그녀가 말하였다. "마가, 누가, 마태, 그리고 요한이지요." 그리고 나서 미소를 머금고 이렇게 덧붙였다: "집에서 제일 가까운 나무를 요한(프랑스식으로는 장)이라고 부르는 이유를 당신도 이해하실 거예요."

　이름은 매우 중요하다. 나는 하버드대학교 신학부가 위치한 프랜시스 대로가 성 프란치스코의 이름을 딴 것이라고 믿고 있었다. 덕분에 출근하러 그 길을 걸으면서 꽤나 위안을 느끼곤 했다. 사실 또 하나의 환상을 강탈당하지나 않을까 하는 두려움에서 이같은 믿음을 확인하곤 하던 내 성향까지 자제하던 판이었다. 그러나 어느 날, 누군가가 이 거리의 이름 프랜시스는 내가 사랑하는 성자가 아닌 19세기 신학부 교수의 이름을 딴 것이라고 가르쳐 주었을 때, 나는 꿈에서 깨어나게 되었다. 지금은 케임브리지대학교의 거리들과 하버드대학교의 건물들 가운데 성자 이름이 붙은 것은 단 하나도 없다는 사실을 나는 분명히 알고 있다. 그에 반하여, 이곳 트로슬리는 어디에나 성자들이 존재한다. 장애우들의 공동체 자체도 라르쉬(*L'Arche*)라 불린다. 홍수가 온 땅에 차오르고 있을 때 사람과 동물들이 목숨을 건진 피신처 '노아의 방주'(*Noah's Ark*)를 끊임없이 연상시킨다. 라르쉬는 자신이 몸담고 있는 냉엄하고 폭압적인 세계로부터 직면하는 위협을 벗어나 안전한 장소를 찾고 평안을 누릴 수 있는 진정한 자리다.

　이름은 이야기를 담고 있다. 그 가운데 다른 모든 이름보다 뛰어난 이름이 바로 예수님의 이름이다. 나는 그분의 이름으로 살라는 부르심을 받고 있다. 나의 집, 나의 거처, 나의 피난처, 나의 방주는 그분의 이름이 되어야 한다. 태어나고 성장하고 늙어가고 죽어가는 이야기는 모두 그분의 이름—우리를 너무도 사랑하시어 외아들까지 보내주신 하나님을 드러내 보이는 그 이름—에서 시작되어야 한다.

영성지도자 토마
(8월 15일, 목요일)

　오늘은 8월 15일, 예수님의 어머니 마리아를 생각하는 날이다. 프랑스의 국경일에 해당한다. 프랑스사람은 대다수가 교회에 나간다고 한다. 그러나 실은 어쩌다 한 번씩 나가는 형편. 그런데도 이 날은 모든 국민이 잘 알고 있다. 만사 제쳐놓고 축하한다.

　20년 전 장 바니에와 함께 라르쉬 공동체를 출범시켰고, 따라서 이곳의 영적 아버지로 존경받고 있는 도미니코수도회 소속의 영성지도자 토마 필리프가 오랜 시간 뜨거운 설교를 토해 내었다. 교회에 모여든 사람 150명은 이 여든 살 된 영성지도자의 이야기를 한 마디라도 놓칠세라 귀기울여 들었다.

　시간이 지날수록 이런 성자같은 사람의 이야기를 많이 듣고 있다. 영성지도자 토마와 영성수련을 함께 하기 위하여 해마다 미국에서 찾아오는 영성지도자 에드 오코너는 그를 일컬어 우리 시대 '십자가의 요한'이라고 말한다. 처음에는 과장된 이야기라고 생각하였다. 그렇지만 나를 저녁식사에 초대한 벨기에사람 피터 가족으로부터 영성지도자 토마와 함께 살기 위하여 프랑스로 이사했다는 말을 듣고나서부터는 그의 탁월한 영성적 선물들을 알아차리기 시작하였다. 프랑스어로 하는 길고 격정에 가득 찬 설교들은 알아듣기가 너무도 버겁다.

그러나 그의 독특한 발음, 우리 모두에게 내보이는 희망의 근거들, 그런 것들을 보고듣는 일이란 결코 잊을 수 없는 체험이다.

말을 알아듣기가 몹시 힘든 나에게까지 우리 가운데 내재하는 하나님의 현존의 신비를 깊고 설득력 있게 전달하는 분과 함께 지낸다는 것은 심오한 체험이다. 내가 이른바 '지능발달이 지진한' 남녀들과 마음으로부터 뜨겁게 합일하게 되는 것도 바로 이런 것 때문이다. 그래서 각별히 뜻깊은 체험이 되는 것이다. 성만찬예식이 끝나자, 영성지도자 토마는 내 손을 꽉 잡고 세차게 흔들며 말하였다: "내 양떼를 당신에게 맡기겠오." 그래서 나는 대답하였다. "최선을 다해 노력해 보겠습니다만, 저의 프랑스어 실력 때문에 설교가 무척이나 짧아질텐데 어쩌지요!" 그의 입가엔 미소가 맴돌았다.

오늘 오후, 그가 열흘 동안 자리를 비웠다. 내가 그의 자리를 맡게 된 이유 가운데 하나는, 그가 자리를 비우기 직전에 내가 이곳에 왔기 때문이라나. 어떤 여인이 말하였다: "영성지도자 토마를 대신한다는 것은 애초에 불가능하다는 걸 모르세요?" 그렇더라도 앞으로 며칠간 애써 볼 참이다. 성자같은 분을 대신한다니, 결코 쉽지만은 않을 것이다. 그래도 여전히 하나님은 자비로운 분이시니⋯⋯.

대니의 기도
(8월 16일, 금요일)

오늘밤은 아일랜드의 코크에서 트로슬리로 와 8월을 보내고 있는 라르쉬 일행과 매우 놀라운 저녁을 보냈다. 확실히 나에게는 프랑스 사람들보다 아일랜드사람들과 지내는 것이 한결 수월하다. 말도 잘 통하고 어울리기도 쉽고.

저녁기도 시간에 우리는 간단한 노래들을 불렀다. 코크에서 온 장애우 가운데, 장 바니에의 책 〈예수님과 만나다〉를 읽는 데 심한 어려움을 겪었다는 대니의 이야기를 듣고 기도를 드렸다. 대니는 이렇

게 말하였다: "예수님, 사랑합니다. 저는 한참 신경질이 날 때에도……혼란에 빠질 때에도 예수님을 거절하지 않습니다. 저는 제 두 팔과 두 다리, 제 머리와 가슴으로 예수님을 사랑합니다. 예수님, 저는 예수님을 사랑할 뿐입니다. 예수님을 거절하지 않습니다. 예수님이 저를 사랑하신다는 것, 무척이나 사랑하고 계신다는 것을 알고 있습니다. 예수님, 저도 사랑합니다." 기도를 드릴 때 그의 얼굴은 아름답고 온화하였다. 사랑도 번민도 가리거나 숨기려는 흔적이 전혀 없었다. 예수님께서 왜 이런 기도에 응답하시지 않겠는가?

갑자기 하버드에 있는 학생들 전부를 이곳으로 불러와 이 무리와 함께 앉혀두고 싶은 강한 욕구가 일었다. 이제까지 예수님에 관한 내 이야기를 들으면서도 감명을 느끼지 못하던 그들. 그러나 이제 그들 남녀 모두를 끝없이 사랑하고 싶어졌다. 그들 전부를 데려다가 대니에게서 예수님 이야기를 듣게 하고 싶을 정도였다. 그러면 그들도 내가 그 동안 설명하지 못했던 그 어떤 것을 알아듣게 될 게 분명하였다. 모두에게 입맞추며 잘 자라고 인사한 다음 집으로 걸어왔다. 포근하면서도 통증이 느껴지는 이상야릇한 이 아픔. 내가 이제껏 몸붙이려 애써 왔던 수많은 세계들과 어느 정도 연관되는 아픔이었다.

라르쉬의 역사

(8월 17일, 토요일)

내가 사는 집에서 일분도 채 걸리지 않는 거리에 이곳 전체의 출발점에 해당하는 집이 서 있다. 현관문 위에 '라르쉬'라고 새겨진 작은 나무간판이 걸려 있는 집. 장 바니에는 20년 전 바로 이 집에서 장애우 라파엘과 필리프, 두 사람과 생활하기 시작하였다. 나는 이 볼품없는 작은 집을 지나면서 문 위에 걸린 나무간판을 볼 때마다, 믿음에서 비롯된 조그만 행위들이 지니는 신앙의 신비에 감동하곤 한다. 장은 규모가 큰 기관에서 장애우 두 사람을 데리고 나와 자신의

'방주'로 들어갈 작정을 했을 때, 자신이 결코 돌이킬 수 없는 어떤 일을 하고 있다는 사실을 알았다. 바로 그 순간부터 자신의 삶이 그 두 사람의 삶과 직결되리라는 것을 알았던 것이다. 두 사람에게는 보내면 받아 줄 가족이 없었다. 그렇다고 데리고 나온 기관으로 되돌려 보낼 수도 없었다. 그리고 이것은 장이 수많은 기도를 드리며 오랫동안 소명을 탐색한 끝에 선택한 가난의 형식이었다.

장은 이 결단을 내릴 때까지도 토론토에 있는 세인트마이클대학교의 철학교수로 있었다. 그는 파리에 있는 신학대학원에서 공부하던 시절부터 자신의 길잡이요 친구였던 영성지도자 토마 필리프를 방문하러 트로슬리에 찾아오곤 했었다. 그러다가 토마의 지도와 감화를 받아 탁월한 학문적 경력을 내던지고 전혀 끝이 보이지 않는 영성 순례에 오를 수 있었다. 장에게는 라파엘이나 필리프와 함께 사는 삶이 소명이었다. 대규모 운동을 시작할 계획도 없었다. 국제적인 연결망을 가진 장애우들의 집을 건설하리라는 생각도 전혀 없었다. 이 조그만 프랑스 시골에서 초라한 집 한 채와 불구의 남자 두 사람으로 새 삶을 시작하였다. 물론 좋은 친구, 토마가 곁에 있었다.

오늘 라르쉬는 온 세계 수많은 이들에게 영감을 불어넣어 주는 낱말이 되었다. 프랑스, 벨기에, 이탈리아, 스페인, 캐나다, 미국, 멕시코, 아이티, 온두라스, 코트디부아르, 인도, 그 밖의 수많은 나라들을 망라하여 라르쉬의 지평은 희망의 근원이 되고 있다. 라르쉬가 하는 일은 종교와 정치 지도자들의 찬사를 자아내고 있다. 하지만 장은 최초의 '쉼터' 문 머리에 라르쉬 간판을 달던 때보다 더 기대하는 게 없었다. 가난한 이들과 함께 가난하게 사는 것이 전부였다.

전에 자주 들었던 이야기와 아주 비슷하다. 베네딕트와 스콜라스티카, 프란치스코와 글라라, 피터 모린과 도로시 데이, 카트린 도에르티와 떼제의 수도사 로제.

> 너희는 그분의 나라를 구하여라……그러면 이런 것들을 너희에게 더하여 주실 것이다(누가복음 12장 31절).

고통스럽지만 소중한 기억

(8월 18일, 주일)

햇볕이 쨍쨍 내리쬐는 주일! 아버지가 찾아오셨다. 내가 집례한 라르쉬 공동체 예배에 참석하셨다. 영성지도자 토마가 세운 관상공동체 '라 페름' 회원들과 저녁을 드시고선, 바니에 부인과 차를 드셨다.

부인과 아버지가 나눈 이야기들은 참 재미있었다. 부인은 1898년생, 아버지는 1903년생. 인생 행로가 전혀 달랐다. 그런데도 두 사람은 내가 책을 통해서나 알게 된 역사의 단면을 똑같이 기억하고 있었다. 파리와 런던과 알제 주재 캐나다 대사관에서 겪은 바니에 부인의 체험들과 네덜란드 법률사무소와 대학교에서 겪은 아버지의 체험이 제2차 세계대전에 대한 공통된 체험으로 연결되고 있었다.

전쟁이 몇 해 지속되는 동안 일곱 개의 유럽 정부가 영국에 망명하고 있었다. 이 시기에 바니에 일가는 캐나다 정부의 대표로 런던에 살았다. 바니에 일가는 그때 걸핏하면 들어가야 했던 방공호 속에서 나의 아버지를 아주 잘 아는 네덜란드 관리들과 알게 되었던 것이다.

두 사람이 오늘 차를 들며 이야기하고 있는 시대는 나로서는 거의 기억에도 없는 시대였다. 두 사람은, 한때 굉장히 이름을 떨쳤으나 지금은 잊혀져 버린 사람들의 이름을 들면서, 나 같은 후세 사람들에게는 전혀 실감이 안 나는 놀랍고 유쾌했던 사건들을 재현해 냈다.

그 잔혹했던 전쟁 때문에 내가 성직의 길로 부르심을 받고 장 바니에도 가난한 이들 속에 살도록 부르심을 받게 되었다는 사실이 놀라웠다. 우리 부모들이 하나님에 관하여 우리에게 가르친 것들은 방공호나 로테르담이나 런던 같은 대도시의 파괴, 죽음에 대한 끊임없는 공포를 조금도 기억하지 못하는 세대에게는 가르치기 힘든 것들이다.

이렇듯 험한 세파를 강인하게 헤쳐오신 두 분이 서로 주고받는 이야기를 보고들으면서, 나는 말과 몸짓을 훨씬 초월하는 인간적이요 신적인 사랑의 신비가 여기에서도 드러나고 있음을 깨달았다. 우연히 만나서 차 한잔 나누는 이 짧은 순간에도.

2
예수님을 따라

모든 것을 남겨두고 나를 따르라
(8월 19일, 월요일)

성만찬예식에서 읽은 부자청년 이야기가 아직까지도 내 마음을 사로잡고 있다:

> 예수님께서 그를 눈여겨보시고, 사랑스럽게 여기셨다. 그리고 그에게 말씀하셨다. '너에게는 한 가지 부족한 것이 있다. 가서, 네가 가진 것을 다 팔아서, 가난한 사람들에게 주어라. 그리하면, 네가 하늘에서 보화를 차지하게 될 것이다. 그리고 와서, 나를 따라라.' 그러나 그는 이 말씀 때문에, 울상을 짓고, 근심하면서 떠나갔다. 그에게는 재산이 많았기 때문이다 (마가복음 10장 21-22절).

예수님은 이 젊은이를 사랑하셨다. 그를 제자로 곁에 붙들어 두고 싶은 마음이 간절하셨던 것같다. 그러나 이 젊은이의 생활은 너무나 복잡하였다. 걱정해야 할 일들이 너무 많았다. 관리해야 할 업무들도 너무 많았다. 관계해야 할 사람들도 너무 많았다. 그는 자신의 관심사들을 떨쳐내지 못하였다. 그 결과, 낙담하고 풀이 죽은 채 예수님에게서 떠나갔다. 그래서 예수님은 슬퍼하셨다. 젊은이도 슬퍼하였다. 그가 예수님을 따를 수 있을 만큼 넉넉히 자유로웠더라면 그의 삶이 얼마나 달라졌을까……. 생각할수록 서글펐다. 찾아왔고, 들었지만, 떠나갔다, 그는!

그 후로 그에 관한 이야기는 한 번도 나오지 않는다. 우리는 예수님께서 극진히 사랑하셨던 베드로와 요한과 야고보는 해마다 기억하고 있다. 하지만 그들과 다름없이 예수님께서 각별히 사랑하셔서 기쁜 소식의 증인이 되라고 부르셨던 이 사람은 잊혀진 인물로 남아 있다. 그는 예수님의 제자가 되지 않았다. 그리고 이들 세 제자처럼 교회 역사에 발자취를 남기지도 않았다. 만일 아시시의 프란치스코가 사업가로 남아 있었더라면, 아마도 오늘처럼 사랑스러운 분으로 기억되지는 못했을 것이다.

오늘밤에는 예수님께서 사랑에 찬 눈길로 나를 바라보시며 모든 것을 버리고 따르라고 말씀하실 때 "네" 할 수 있을 만큼 내 삶이 소박해질 수 있게 해달라고 기도드리고 싶다. 그 순간을 놓치면 예수님과 내가 슬픔에 젖을 뿐 아니라, 어떤 면에서는 하나님의 구원사업에서 마땅히 감당해야 할 내 진정한 역할도 거절하는 것이 될 터.

제시의 위협
(8월 23일, 금요일)

캐나다 중앙 일간지 가운데 하나인 〈글로브 앤드 메일〉지의 유럽 특파원인 존 프레이저가 바니에 부인을 찾아왔다. 나도 다과회에 초대를 받았다. 우리는 중국 인민과 티베트, 달라이 라마, 필리핀과 북한의 교회, 교회 지도자들의 최근 네덜란드 방문 등을 화제에 올렸다. 존 프레이저는 잘 돌아다니면서 아는 것도 아주 많은 언론인이다. 세계의 사건들을 예리한 눈으로 주시할 뿐 아니라, 개인적으로 신앙 생활에도 깊은 관심을 가지고 있었다.

존은 세계에서 벌어지는 온갖 사건들을 이야기하는 도중에 자기 딸 제시에 관한 이야기도 짤막하게 곁들였다. 내 기억에 가장 깊이 남는 것은 다음과 같은 이야기였다.

어느 날 아침, 네 살 난 제시가 안방 창문 앞에서 죽은 참새 한 마리를 발견하였다. 풀밭으로 날아들어 죽음을 자초한 작은 새였다. 죽은 새를 발견한 제시는 마음이 몹시 산란한 중에도 흥미가 단단히 일었다. 그래서 아버지에게 물었다.

"이 새는 지금 어디로 간 거야?"

존은 모른다고 대답하였다. 그러자 딸은 다시 물었다.

"이 새는 왜 죽었어?"

존은 얼버무렸다.

"새들은 모두 흙으로 돌아가기 때문이겠지."

"아하, 그렇담 새를 묻어 주어야겠네."

제시의 말이었다. 곧이어 상자 하나가 등장하였다. 상자 속에 들어간 참새 위에 종이수건 한 장이 수의 삼아 덮였다. 잠시 뒤에는 아빠와 엄마와 제시와 아기 여동생으로 장례 행렬이 구성되었다. 상자는 아빠가 들고, 제시는 나뭇가지로 엮은 십자가를 들었다. 무덤을 파고 작은 참새를 묻었다. 존이 무덤 위에 솔이끼 한 조각을 올려놓자, 제시가 십자가를 꽂았다. 존이 제시에게 물었다.

"기도를 드려줄 거니?"

"그래요."

제시는 똑소리나게 대답하였다. 여동생인 아기에게 분명한 말로 두 손을 모으라고 큰소리치더니, 이렇게 기도를 드리는 것이었다. "사랑의 하나님, 우리가 이 작은 참새를 묻었어요. 이제는 하나님이 참새에게 잘해 주어야 해요. 그러지 않으면 당신을 죽여 버릴 거예요. 아멘."

일행이 집으로 걸어올 때 존이 제시에게 말하였다.

"하나님을 그렇게 협박하는 게 아니야."

거기에 대한 제시의 응수는 엉뚱하게도,

"확실히 해두고 싶어서 그랬어."

아무튼 교황과 달라이 라마와 그밖의 세계 종교 지도자들에 관한 이야기 속에서, 자비로우면서도 마음에 들지 않으면 한시라도 죽이려 덤비는 인간의 마음을 가장 깊이있게 전해 주는 것이 바로 제시의 이야기였다. 우리가 자비로운 인간이 되든가 살인자가 되든가 하는 것은 우리에게 생명이 어떤 것이라고 누가 이야기해 주느냐에 따라서 좌우된다. 폭력과 살인과 탄압과 그 밖의 인간 범죄에 관한 이야기를 수없이 해야만 했던 존은 제시가 다른 이야기도 배우기를 원하였다. 가족에 대한 그의 깊은 사랑은 그 점을 아주 분명하게 깨닫게 해준 것이었다.

보고 보이고
(8월 24일, 토요일)

오늘은 바돌로메를 생각하는 날이었다. 복음서에서 나다나엘이라 불리는 바돌로메가 예수님과 처음 만나는 사건은 충격이었다.

여기에서 강조되는 것은 '보는 것'이다. 예수님께서는 나다나엘에게 "빌립이 너를 부르기 전에 네가 무화과나무 아래 있는 것을 내가 보았다."고 말씀하셨다. "선생님, 선생님은 하나님의 아들이시요 이스라엘의 왕이십니다."라는 나다나엘의 응답이 있은 다음에는, 이렇게 말씀을 이으셨다:

> 네가 무화과나무 아래 있을 때에, 내가 너를 보았다고 해서 믿느냐? 이것보다 더 큰 일을 네가 볼 것이다……너희는 하늘이 열리고 하나님의 천사들이 인자 위에 오르락내리락 하는 것을 보게 될 것이다(요한복음 1장 49-51절).

이 이야기가 나에게 깊이있게 다가온 까닭은 '과연 나는 예수님 눈에 보여지기를 바라고 있는가? 예수님께 알려지기를 바라는 것인가?'

하는 의문을 불러일으켰기 때문이다. 정말로 그렇다면 믿음이 성숙되어 예수님을 하나님의 아들로 선포할 수 있을 것이다. 그리고 그런 믿음이라야 내 눈을 열어 열린 하늘을 볼 수 있게 될 것이다.

그로써 나는 내가 기꺼이 보여지기를 바라는 때가 언제인지 알게 될 것이다. 나 자신조차 보고 싶지 않은 부분까지를 포함하여 내 전부를 하나님께서 보시도록 허용할 때, 나는 하나님 자신의 생명에 깃들인 온갖 신비들을 볼 수 있는 새로운 눈을 부여받게 될 것이다.

오 주님, 저를 보시고 제가 보게 하옵소서.

하나님의 선택
(8월 25일, 주일)

오늘 아침에 장 바니에가 프랑스 텔레비전과 인터뷰를 가졌다. 그의 어머니와 열흘 기한으로 이곳을 방문 중인 그의 동생 베르나르, 그리고 라르쉬 기도의 집 라 페름에서 온 친구 시몽과 함께 화면을 지켜보았다. 장의 이야기를 자주 들어 보았지만, 이번 이야기는 나에게 새로운 충격으로 다가왔다.

사회자와 대화를 나누는 것으로 몇 분을 보낸 장은 이윽고 에릭에 관하여 이야기하기 시작하였다. 최근에 죽은 열여덟 살짜리 에릭은 아주 심각한 장애우였다. 장이 에릭의 심오한 감수성에 대하여 언급하였다. 에릭은 말도 못하고 걷지도 못하고 혼자서는 음식도 먹지 못하였다. 그러나 집안의 도우미들 사이에 갈등이라도 일면, 벽에다 자신의 머리를 찧곤 하였다. 반면에 주위가 화기애애 하면 기뻐서 말도 잘 들었다. "장애우들은 우리가 원하든 원하지 않든 우리에게 진실을 이야기해 주는 경우가 많습니다." 장은 이렇게 말하고 미소를 띠면서 덧붙였다. "집안에 그런 기압측정계가 있는 경우, 언제나 편한 것만은 아닙니다." 장이 이 말을 할 때, 나는 하나님의 눈에 띄는 일과 장애우들의 눈에 띄는 것 사이에는 깊은 관계가 있음을 느꼈다. 예수님께서 나다나엘을 바라보시던 어제의 복음서 말씀이 나에게 갑자기 새로운 깊이로 다가왔다.

　장애우들이 부여받은 이 선물을 새롭게 깨우치는 일이 나에게는 매우 중요하였다. 그들은 겉으로 드러나는 미소와 다정한 말을 꿰뚫고서 자신도 미처 깨닫지 못하는 우리의 불편한 심기를 쉽사리 감지해 낸다. 그들은 흔히 우리의 성급함, 초조함, 시기심, 무관심 따위를 들추어 냄으로써 우리가 우리 자신에게 정직해지도록 만드는 능력이 있다. 그들에게 진실로 소중한 것은 참다운 인간관계, 진실한 우정, 성실한 참여다. 수많은 정신 장애우들은 자신이 부모에게는 실망거리, 가족들에게는 부담거리, 친구들에게는 골칫거리가 되고 있음을 체험하고 있다. 그래서 누군가가 자신을 진실로 염려하고 진실로 사랑한다고 믿기가 힘들게 된다. 그러기에 그들의 마음에는 무엇이 진실한 배려고 무엇이 거짓이며, 무엇이 진실한 애정이고 무엇이 입에 발린 말에 불과한지 예리하게 간파하는 민감한 감수성이 싹트기 마련이다. 그들이 흔히 우리의 위선을 폭로해 내면서 좀더 돈독한 성실성과 좀더 순수한 사랑을 지니도록 우리를 부단히 부추기는 역할을 하는 것도 이 때문이다.

　장애우 체험에 한계가 많은 나! 그러나 장의 지적이 진실하다는 것은 알 수 있었다. 라르쉬에 몸담는 것은 진정으로 많은 것을 의미한다. 좀더 순수한 마음을 지니라는 부르심도 그 가운데 하나다. 예수님께서 거의 쓸모없고 무익하다고 생각하는 장애우들의 부서진 마음을 통하여 말씀하시는 것은 사실이다. 하지만 실제로 하나님은 그들을 가난한 이들로 택하셨고, 그들을 통하여 하나님 자신의 현존을 알리신다. 이는 성공과 생산을 지향하는 사회에서는 받아들이기가 벅찬 진실이다.

하나님은 서두르지 않으신다

(9월 2일, 월요일)

오늘밤에는 무엇을 쓸까 궁리하다가 깨달은 게 있다. 내가 좀더 깊은 영적 움직임들은 그대로 덮어두고 바로 코앞의 관심사들만 묘사하는 경우가 많았다는 것.

나는 오늘 샤를 르프티가 '예수의 작은 형제자매회'의 정신적 아버지 샤를 드 푸코의 일생을 그린 책 〈사막의 두 춤꾼〉을 읽었다. 그 책을 읽으면서 어떻게 하면 내 삶 속에서 하나님을 좀더 깊이 체험할 수 있을까 하는 나의 가장 첨예한 관심사를 다시 한번 확인하였다. 하버드 생활이 나를 잘못된 방향으로 이끌고 있다는 느낌을 받은 이래, 이 문제는 나에게 커다란 관심거리가 되어 왔다. 그리고 마침내 하버드를 떠나게 된 것도 바로 그런 이유에서였다. 아무런 거리낌 없이 기도와 금식과 고독의 길을 걷게 된 지금, 나는 이곳의 삶도 혼신의 노력 없이는 또다른 하버드 생활로 변형되고 말 거라는 사실을 감지하고 있다. 지금도 복음을 선포하고 싶은 불타는 욕구를 느낀다. 그러나 지금은 기도하고 독서하고 묵상하고 조용히 지내면서 하나님이 명확하게 나를 부르실 때를 기다려야 한다는 사실을 온맘으로 감지하고 있다.

지금은 그것이 명확한 까닭에 행복하기만 하다. 자신의 회심에 필요한 시간마저 허용하지 못하는 때에 복음을 선포하는 것은 아무런 의미가 없다. 지금은 은둔하면서 강의나 영성수련이나 연수나 학술회의나 워크숍을 멀리해야 할 시기다. 지금은 그저 하나님과 홀로 있어야 할 시간이다.

나는 내 속에서 일고 있는 긴장을 느낀다. 많은 세월 동안 적극적인 교역에 뛰어든 횟수는 불과 얼마 되지 않았다. 그렇다면 왜 그런 기회를 살리지 않는가? 하지만 순수한 마음에서 나오는 말 한 마디는 영성적 혼돈 상태에서 내뱉는 수천 마디 말보다 더 가치있는 법. 내면을 다시 새롭게 하는 데 할애하는 시간은 결코 헛된 것이 아니다. 하나님은 서두르시는 법이 없다.

셰일라 케시디의 호스피스

(9월 8일, 주일)

영국인 여의사 셰일라 캐시디가 나에게 멋진 편지 한 통을 보냈다. 그녀는 피노체트 장군이 칠레의 정권을 장악한 지 2년 뒤, 투옥되어 고문을 당하였다. 그녀를 만난 적은 한번도 없다. 하지만, 우리는 종종 저술을 통하여 서로의 삶에 깊은 영향을 끼치곤 하였다.

오늘 나는 그녀가 호스피스에 관하여 짤막하게 쓴 글을 읽고 무척이나 감명을 받았다. 그래서 그 가운데 한 토막을 이 일기장에 옮겨 놓으려 한다:

> 의학적으로 말하면, 호스피스란 적극적인 항암성 치료가 더 이상 효과를 보지 못하는 사람들을 대상으로 그 증세와 통증을 완화시키는 데 목적이 있다―비록 죽어가는 사람에게 필요한 것이 인내와 용기밖에 없을지라도, 그를 위하여 해줄 수 있는 일은 '늘' 있기 마련. 일반인들은 대부분 호스피스 하면 환자와 가족들이 피할 수 없는 결과를 기다릴 때 목소리를 낮추고 두 눈을 내리깐 채 지내는 엄숙하고 다소 우울한 장소를 떠올린다. 그러나 이보다 더 진실과 거리가 먼 생각도 없다. 호스피스의 관심사는 생명과 사랑과 웃음이다. 호스피스의 관심사는 생명이란 너무도 값진 것이기에 순간순간 온전히 살아야 하고, 죽음이란 지극히 단순한 삶의 일부로서 솔직하게 대면하고 손을 뻗어 반갑게 맞아들여야 한다는 두 가지 고정불변하는 믿음에 바탕을 두고 있기 때문이다. 호스피스 생활이 보여 주는 특징 가운데 하나는 축하다. 생일이나 기념일이 닥치면 케이크를 굽고 광고가 나간다. 그리하여 관리자, 간호사, 자원봉사자 모두가 나서서 환자나 그 가족과 잔을 부딪치며 건배하곤 한다 ("값진 나르드 향유," *New Times of Toronto*, 1985).

이 글을 읽으면서 나는 깊은 감명을 받았다. 셰일라 캐시디의 말은, 전부는 아닐지라도, 거의 대체로 라르쉬에도 적용될 수 있다. 호스피스가 질병의 치유가 불가능하여 죽어가는 임종자들을 위한 집이라면, 라르쉬는 정신장애를 치유할 길이 없는 장애우들을 위한 집이다. 그리고 양쪽 다 생명의 소중함을 크게 외치면서 우리에게 눈을 뜨고 두 팔을 벌린 채 현실과 대면하라고 촉구하고 있다. 또한, 한결같이 불확실한 미래보다 확실한 현재를 훨씬 더 소중히 여기는 축하의 자리라는 점에서도 둘은 일치한다. 하나님께서 가장 가망없는 사람들을 선택하심으로써 우리에게 볼 눈을 갖도록 만들고 계신다는 역설을 둘 다 증언해 주고 있다.

셰일라 캐시디와 장 바니에는 전혀 다른 길에서 자신의 소명을 찾아냈다. 그렇지만 그들에게 놀랍게도 유사한 안목을 제공한 것은 바로 예수님과 그분의 복음에 대한 공통된 믿음이었다.

하버드를 떠나라
(9월 9일, 월요일)

하버드를 떠나기로 한 것은 실로 어려운 결단이었다. 여러 달 동안, 나는 떠나라는 나의 소명을 따라야 할 것인지 말아야 할 것인지를 놓고 확신을 갖지 못하였다. 외부의 목소리는 계속 이렇게 들려왔다: "당신은 여기서도 얼마든지 선한 일을 할 수 있어요. 사람들이 당신을 필요로 해요!" 내부의 목소리는 이렇게 말하고 있었다: "네 자신의 영혼을 상실한 채 복음을 전한다 한들 뭐가 그리 선하단 말인가?" 결국, 나는 내 안에서 어둠이 점점 짙어지고 있음을 깨달았다. 몇몇 학생들, 동료들, 친구들, 그리고 하나님한테서조차 거절당하고 있음을 느끼게 되었다. 인정받고 싶고 사랑받고 싶은 욕구가 지나치다는 것도 깨달았다. 어딘가에 소속되어 있지 않다는 깊은 의식이야말로 내가 그리스도의 길을 따르지 않고 있다는 분명한 표시임을 깨닫게 되었다. 성령의 열매는 슬픔이나 외로움이나 분리가 아니라, 기쁨이나 고독이나 공동체다. 하버드를 떠나기로 결심한 뒤, 나는 내가 그런 결정을 내리게 되기까지 무척 오랜 시간이 걸렸다는 사실에 놀랐다. 떠나자마자 내적인 자유를 무지무지 느꼈다. 기쁨과 새로운 에너지도 엄청나게 느꼈다. 그 결과, 내 이전 생활이야말로 나 자신을 꼭꼭 가두어 버린 감옥이었음을 뒤돌아보게 되었다.

나는 내가 하버드에서 보냈던 시간에 대하여 어떤 후회도 느끼지 않는다. 비록 신학부에 몸담고 있기는 했지만, 철저히 일반 대학교 분위기 속에서 지낼 수 있는 실질적인 기회가 주어졌었다. 예수님을 직접적으로 이야기하는 데 따르는 기쁨과 두려움을 동시에 체험하는 기회도 있었다. 수많은 학생들을 알고 절친한 친구도 몇 명 사귀었다. 나 자신의 약점들과 나에게 오는 유혹들을 다른 어느 때보다 분명하게 직시할 수 있었다.

나는 하버드에서 만났던 많은 사람들에게 따사로운 정을 느낀다. 그러나 그곳을 떠나온 지금 그들에게 연민의 정도 느낀다. 그들을 사로잡고 있는 학문적 성취욕이, 비록 온전히 의식하지는 못했을망정, 나를 사로잡고 있던 바로 그 야심과 동일한 것임을 이제는 아주 뚜렷하게 알기 때문이다.

이런 생각들은 성 프랜시스 사비에르가 자신의 선교 현장에서 보내온 편지를 읽는 과정에서 떠오른 것이다. 젊은 시절 그는 파리대학교에서 학생인 동시에 야심만만한 강사로 있었다. 그러다가 이냐시오 로욜라를 만났고, 최초로 그의 동료 대열에 끼게 되었다. 그는 이렇게 쓰고 있다:

> 나는 곧잘 대학교들을 향하여, 특히 파리대학교를 향하여 고래고래 소리치고 싶고……이성을 상실한 바보처럼 있는 힘을 모조리 폭발시키고 싶은 욕망에 사로잡히곤 한다.
> 나는 자신의 학문으로 역경에 처한 이들에게 유익한 일을 하기보다 그저 학자가 되는 데 몰두하는 이들을 향하여 소리를

지르곤 하였다……대학교에서 교육받은 많은 사람들이 자신들이 받은 교육을 의롭고 필요한 일에 사용하기보다는, 오히려 명예, 특권, 성직을 비롯한 고위직을 손에 넣는 데 이용하고 있음을 우려하지 않을 수 없다……일반적으로 통하는 말이 있다: "내가 '글'을 공부하는 것은 교회 안에서 어느 정도 특권적인 위치에 오르기 위해서다. 하나님을 위해 사는 것은 그 다음 일이다." 이런 사람들은 자신의 육욕과 무질서한 충동을 좇는 짐승같은 이들이다……그들은 하나님을 신뢰하지도, 하나님께 자신을 온전히 바치지도 않는다……그들은 자신이 갈구하는 것을 하나님께서 원하지 않으신다는 사실에, 하나님께 순종할 경우 부당한 방법으로 취득한 특권들을 포기하라고 강요받을지도 모른다는 사실에 두려움을 느끼고 있다…….

만일 자신에게 속하는 것을 추구하지 않고 예수 그리스도께 속하는 것을 추구하는 데 기꺼이 희생을 바치고자 하는 좋은 사람들을 찾아내려고 있는 힘을 다하는 사람들이 조금이라도 있다면, 참으로 많은 이들이 복음서가 말하는 신앙에 따라 교화될 수 있을 것이다. 지금 이 땅에서는 너무도 많은 사람들이 예수 그리스도를 믿으려고 나서고 있다. 그래서인지 나는 그들에게 세례를 베푸는 고된 일 때문에 팔이 말을 듣지 않게 되는 경우도 많다(Xavier Léon-Dufour, *Saint François Xavier: Itinéraire de l' Apôtre*, La Colombe, Edition du Vieux Colombier, Paris, 1953, 34-35쪽).

프랜시스 사비에르가 이 글을 쓴 것은 파리대학교를 떠나고 여러 해가 지난 다음의 일이었다. 수많은 사람이 자신을 신앙으로 교화시켜 달라고 부탁해 오는 새로운 환경 속에서, 그는 자신과 함께 살면서 공부했던 이들 가운데 얼마나 많은 사람이 자신의 재능을 아주아주 긴급한 구원사업에 살려쓰지 않고 권력과 성공을 추구하는 데 낭비해왔던가를 확실히 알 수 있었다.

16세기 이래, 변한 게 거의 없었다. 경쟁이 심하고 야심에 넘치고 출세지향적인 하버드대학교 신학부 생활에서 떠나온 지 불과 몇 주간도 지나지 않았다. 그렇건만, 나는 벌써부터 프랜시스 사비에르가 했던 말을 되풀이하고 싶은 욕구를 느끼고 있다. 하지만 예언자 행세는 하지 않는 것이 좋을 것 같다. 나는 프랜시스 사비에르가 아니다. 또 프랜시스 사비에르가 될 생각도 없다. 하버드를 향한 나의 지배적인 감정은 분노가 아닌 고마움이다. 하버드는 거드름피우며 허세를 부리긴 하지만 내가 가장 소중히 여기는 몇몇 친구를 사귄 곳이었다. 예수님을 조건없이 사랑하고 싶어하는 나 자신의 욕구를 가장 명확하게 알아차린 곳이었다. 정신장애우들과 함께 살며 일해야겠다는 내 소명을 발견해 낸 자리였다. 나에게 하버드가 없었다면, 십중팔구 라르쉬도 없었을 것이다.

3
어둠과 빛

거절을 당하다니
(9월 10일)

너무 힘든 날이었다. 나를 보스턴 공항까지 배웅하면서 프랑스로 찾아오겠노라 약속했던 다정한 친구 조너스를 줄곧 기다리고 있었다. 두 주일 전, 그는 파리로 출발하면서 지난 주말께쯤 나를 찾아오겠다고 했다. 그런 그가, 오늘 알아보니 벌써 보스턴으로 돌아가 있었다.

사실을 알고 나자 마음이 몹시 아팠다. 이제껏 그가 찾아오리라 예상하고 맞이할 만반의 준비를 끝내놓고 있었다. 서운함, 속상함, 거절당했다는 느낌마저 든다. 하다못해 엽서나 쪽지 한 장이라도 보낼 법도 한데, 한 주간 내내 이런저런 추측만 하게 하다니!

그 동안 줄곧 나는 그가 나를 몹시 보고 싶어한다고 생각하고 있었다. 그가 프랑스에 오는 이유 가운데 하나는 나와 함께 시간을 보내려는 데 있다고 생각하고 있었다. 그런데 브뤼셀, 파리, 알프스를 거치면서도 트로슬리에는 오지 않은 것이다! 이렇게 나를 골탕먹이다니! 그에게 전화를 걸었더니, 일이 마음먹은 대로 풀리지 않고 엉뚱하게 빗나갔다나, 내 전화번호도 못 찾겠고 몸도 몹시 지쳐 있었다고 변명을 늘어놓았다. 그러자 더욱 더 속이 상했다.

지금 이 기분을 어떻게 처리해야 할지 난감하다. 전에 비슷한 상황에 처했을 때에 비하면 그래도 덜 우울하다. 다행이라면 다행이다.

조너스가 보스턴으로 돌아갔다는 말을 들었을 때부터 나는 줄곧 스스로를 타이르고 있었다: '네가 진정으로 사람들 눈에 덜 띄고 덜 알려지기를 바란다면, 이번 기회에 사람들이 너를 좀더 쉽게 잊고 좀더 쉽게 지나칠 수 있도록 처신해야 해. 그런 의미에서 이번 일을 고마워해야 해. 은둔이 네 자신과 네 세계와 네 하나님을 새롭게 바라보는 새로운 눈을 너에게 부여할 수 있다고 믿어. 사람들이 너에게 새로운 눈을 부여할 수는 없어. 그 눈을 뜨게 해주실 수 있는 분은 너를 끝없이 사랑하시는 그분뿐이야.'

다른 때도 이와 비슷한 말을 중얼거리곤 했지만 별로 먹혀들지 않았다. 상당 시간 조용히 기도하면서 화내거나 속상해하지 않도록 도와달라고 예수님께 간청하고, 할 일에 최선을 다하려고 나름대로 노력도 했었다. 그러나 사건이 머리 속에 끊임없이 맴돌면서 상대방이 나를 찾아와야 했던 이유며 내가 배신감을 느껴야 했던 이유들을 혼자서 궁리해 보곤 해야 하였다. 내가 조너스를 온전히 용서하고 이번 일을 영성적 성장에 일조한 고마운 것으로 감사드리기까지는 상당한 시일이 걸리리라. 그 동안은 유머 감각을 되살리고 나를 배신하고 있다고 생각되는 사람들에게 쪽지라도 보내 보아야지.

주님, 오직 주님만이 주실 수 있는 평화와 기쁨을 내려 주옵소서.

성화상
(9월 15일, 주일)

오늘 오후에는 뉴멕시코 아비큐의 '사막의 수도원'에 있는 그리스도의 수도자 크리스천 레이시 수사와 산타페 출신인 재키 넬슨, 이 두 사람과 함께 몇 시간을 보냈다. 두 사람 모두 성화상을 그리는 화가다. 위대한 성화상 전문가인 예수회 소속의 영성지도자 에곤 센들러와 연수를 막 마치고 오는 길이었다. 나는 이 놀라운 기회를 통해서, 너무나 궁금했던 성화상 제작에 관한 질문들을 쏟아 놓을 수 있었다.

내가 알고 싶어하는 모든 것을 설명해 주는 포용력 있고 겸손한 이 두 사람에게 경외감마저 느껴졌다. 나에게 무엇보다도 깊은 감명을 준 것은 성화상 제작기법의 갱신이 실제 영성생활의 갱신과 직결된다고 확신하는 신념이었다. 크리스천 수사와 재키 넬슨은 자신들의 작품활동을 영성적으로 준비가 되어야만 할 수 있는 성스러운 직무로 알고 작업에 임하고 있었다. 뿐만 아니라, 자신들의 작업을 사람들이 우리 가운데 내재하시는 하나님의 현존을 믿도록 만드는 하나의 방편이라고까지 간주하고 있었다. 그들은 성화상에 관심을 쏟는 과정에서 하나님을 발견하게 된 많은 이들의 이야기를 들려주었다.

성화상은 단순히 교회나 집안을 장식하는 경건한 그림이 아니다. 성화상은 그리스도와 성자들의 형상으로서 우리를 성스러운 존재들과 연결시켜 준다. 초월의 세계를 어렴풋이나마 보여주는 창문 구실을 한다. 따라서 우리는 경외심과 기도하는 마음으로 성화상에 접근해야 한다. 그래야만 이 성화상이 스스로 표현하고 있는 신비를 우리에게 드러내 보이기 때문이다.

성화상을 학문적으로 서구 세계에 전해 준 것은 주로 동방 정교회, 특히 러시아와 그리스 정교회였다. 1917년 아시아 혁명 이후, 수많은 정교회 그리스도인들이 서구로 피난했다. 성화상 예술이 라틴 교회 안에 점점 알려지면서 실용화된 것도 바로 그들을 통해서다. 러시아와 그리스 성화성들은 나 자신의 기도생활을 북돋워 주는 중요한 영감의 원천 가운데 하나로 자리잡아 왔다. 블라디미르의 동정녀 성화상, 류블레프의 성삼위일체 성화상, 19세기 그리스 작품으로 예루살렘에서 입수한 그리스도 성화상 등은 내 기도생활의 필수품이 되고 있다. 성스러운 성화상 화가들이 바라보던 그런 눈으로 이 성화상들을 바라보지 않으면, 성삼위일체와 예수님과 마리아에 대하여 생각할 수 없다. 성화상은 동방 정교회가 서구 교회들에 선사한 가장 아름다운 선물들 가운데 하나임이 분명하다.

크리스천 수사는 자신이 이제껏 제작한 성화상 사진첩을 나에게 보여 주면서 어떤 방법으로 그것들을 제작했는지 설명해 주었다. 목판을 만드는 방법, 바탕색들에다 달걀 흰자를 섞어서 계란반죽물감을 만드는 방법, 어두운 빛깔에서 밝은 빛깔 쪽으로 물감을 여러 겹 층층이 발라 나가는 방법, 수세기에 걸쳐 전수되고 있는 성화상 기법을 그대로 지키면서 이 모든 작업을 성실히 수행하는 방법 등이 그 가운데 포함되었다.

나에게 가장 깊은 감명을 준 것은 레바논사람 성 샤르벨(St. Charbel)의 성화상이었다. 이제까지 보아온 성화상 가운데 얼굴 표정이 사람의 마음을 그토록 강렬하게 꿰뚫고 들어오는 것도 별로 없었다. 그래서 크리스천 수사에게, 기회가 닿으면 나에게도 성 샤르벨의 성화상을 그려줄 수 있겠느냐고 물어 보았다. 그는 내 부탁에 큰 관심을 보였다. 그러면서, 이제 곧 3년 기한으로 로마에 가서 신학을 공부하며 사제직을 준비해야 하는데, 그곳에서 작품활동을 계속할 만한 개인화실을 가졌으면 좋겠다고 하였다. 만일 그렇게만 된다면, 샤르벨 성화상 한 폭을 그려 주겠다는 것이었다. 그렇게만 되면, 나에게는 이 탁월한 레바논 성자를 비롯하여 전쟁으로 만신창이가 된 그의 조국을 깊이 이해할 수 있는 훌륭한 길이 될 것이다.

거룩한 관계

(9월 17일, 화요일)

트로슬리에는 서로 밀접한 관련이 있는 곳이 두 군데 있다. 로라투아르(L' Oratoire, 기도소)와 라 포레스티에르(La Forestière, 쉼터). 로라투아르는 온종일 성만찬이 놓여져 있어 사람들이 언제든지 찾아와 침묵 속에 경배를 드리는 기도실이다. 비교적 어두운 공간에 조그마한 장궤대와 방석들이 놓여 있는 커다란 방이다. 실내는 묵직한 잿빛 돌들로 쌓은 두꺼운 석벽으로 나뉘어 있다. 이 벽 한가운데에는 반원형으로 뚫은 널찍한 공간이 있다. 바로 거기에 성광이 안치되어 있다. 그 양옆에는 세 개씩 놓인 기름등잔이 성광을 호위하고 있다. 언제나 아름답고 싱싱한 꽃도 놓여 있다. 사람들은 양쪽 벽면에서 무릎을 꿇거나 앉거나 엎드려서 기도를 드린다.

　로라투아르는 많은 면에서 라르쉬의 중심이다. 한없는 사랑으로 자신을 우리에게 온전히 내주시는 보이지 않는 하나님의 현존, 그 안에서 그치지 않고 드리는 침묵의 기도야말로 라르쉬를 살아 고동치게 만드는 숨결이 되고 있다. 나는 로라투아르에 들어설 때마다, 기도드리기가 힘들 경우라도 그곳에 붙잡혀 오랜 시간을 보낼 수 있을 만큼 평온한 안식이 나를 감싸는 느낌을 받는다. 마치 기도실 자체가 나를 대신해서 기도드려 주는 듯한 기분이다. 내가 아는 한, 기도가 이처럼 피부로 느껴질 만큼 실감나는 장소도 별로 없다. 기도드리기가 불가능한 경우라도, 그곳에 가면 적어도 기도로 가득 찬 대기를 호흡할 수 있다. 그래서 결국엔 그곳으로 발걸음을 떼어놓곤 한다. 내가 로라투아르에서 만나는 하나님은 가난한 하나님이시다. 사람이 되시고 우리의 음식과 음료가 되기까지 하신 하나님이시다. 자신의 사랑을 무엇 하나 거두어들이지 않으시고 "나를 먹고 나를 마셔라."라고 말씀하시는 하나님이시다. 스스로를 너무나 깊이 감추시기에 신앙의 눈이 아니면 알아볼 수조차 없는 하나님이시다.

　그리고 나면 거기엔 장애우들 대부분이 도우미들과 함께 생활하는 '쉼터' 라 포레스티에르가 있다. 라 포레스티에르에 거주하는 장애우들은 걷지도 말하지도 혼자서는 옷을 입지도 못하는 사람들이다. 혼자서는 먹지도 못하는 사람이 많다. 거의 보거나 듣지를 못하는 사람도 없지 않다. 그들의 몸은 지독하게 꼬여 있다. 걸핏하면 심한 통증에 시달리곤 한다. 라 포레스티에르에 들어갈 때면 늘 너무도 고요한 정적 때문에 놀라게 된다. 장애우와 도우미들이 살아가는 삶은 많은 면에서 수도생활같은 느낌을 준다. 청소하랴, 요리하랴, 먹여 주랴, 입혀 주랴, 가만히 붙들어 주랴 도우미들은 눈코 뜰 새가 없다. 그러나 그 모든 일을 매우 조용한 방법으로 해낸다. 남녀 장애우들의 처절한 고뇌에서 나오는 신음소리, 절규, 고함소리가 어쩌다 한참씩 정적을 깨기도 한다. 하지만 대개는 침묵만이 있을 뿐.

하나님께서 우리를 지극히 사랑하셔서 사람이 되어 우리 가운데 사셨음을 진실로 믿는다면, 그 사랑이 얼마나 심오한 것인지 와서 보라고 나를 초대하고 있는 사람들, 그들이 바로 라 포레스티에르 사람들이다. 실제로 나는 여기서 예수님을, 내가 로라투아르에서 경배하는 바로 그 예수님을 만나뵐 수 있다. 여기에도 하나님은 여전히 숨어 계신다. 여기에도 그치지 않는 기도가 있다. 그저 이 자리에 있음으로써 기도가 되는 바로 그 기도! 여기에도 지극한 가난이 있다.

트로슬리에 와서 한 해를 보내고 있는 영국사람 토니가 어제는 나에게 이런 말을 하였다: "첫번째 위대한 계명은 로라투아르에서 실천하고, 두번째는 라 포레스티에르에서 실천하고 있습니다. 이곳 트로슬리에서는 예수님이 왜 서로 비슷한 이 계명들을 말씀하셨는지 그 의미를 이해할 수 있습니다." 나는 토니가 한 말을 하루 종일 생각해 보았다.

'소용없는' 기도
(9월 18일, 수요일)

기도시간. 생각하면 화가 치미는 사람들, 나에게 화를 내고 있을 사람들, 읽어야 할 책들, 저술해야 할 책들이 갑자기 머리에 떠오른다. 한동안 내 마음을 거머쥐는 오만 가지 주책없는 일들만 생각난다. 아무 것도 하지 않으면서 기도한답시고 한 시간을 훌쩍 넘겨 버린다. 도대체 이유가 뭘까?

대답: 하나님이 내 마음과 내 정신보다 훨씬 더 위대하시기 때문이다. 그리고 기도실에서 실제로 일어나고 있는 일은 인간적인 성공과 실패에 결부시켜 저울질할 수 있는 것이 아니기 때문이다.

내가 무엇보다도 먼저 해야 할 일은 신실해지는 것이다. 첫째 계명이 마음을 다하고 정신을 다하고 영혼을 다하여 하나님을 사랑하는 것이라고 믿을진대, 나는 날마다 다른 누구도 아닌 하나님과 최소한

한 시간은 보낼 수 있어야 한다. 이 시간이 도움이 되느냐, 쓸모가 있느냐, 실용적이냐, 결실이 있느냐 하는 질문은 전혀 엉뚱한 것이다. 사랑 그 자체가 바로 사랑해야 할 유일한 이유이기 때문이다. 그 밖의 모든 것은 부차적인 것일 따름이다.

철저한 혼돈 속에서 산더미 같은 분심에 짓눌리면서도 매일 아침 한 시간씩—날마다, 주마다, 달마다—하나님의 현존 안에 앉아 있는 사이 내 삶이 철저하게 변화된다는 사실은 실로 엄청난 일이 아닐 수 없다. 나를 너무도 사랑하셔서 자신의 외아들을 보내시어 나를 정죄하기는커녕 구원하도록 하신 하나님. 그분은 내가 지나치게 오랫동안 어둠 속에서 기다리고 있게 방치하지는 않으신다. 나는 번번이 그 시간이 쓸모없다고 생각할지 모른다. 하지만 서른 번, 아니 예순 번, 아니 아흔 번을 그렇게 보내노라면, 내가 생각한 것처럼 홀로 앉아 있었던 것이 아니라는 사실을 점점 터득하게 되리라. 아주 낮고 부드러운 음성이 소란스럽기만 한 내 자리 저 너머에서 줄곧 이야기하고 계셨음을 점점 깨닫게 되리라.

그러므로: 확신을 가지고 주님을 신뢰하여라.

좁은 구석에 기쁨이
(9월 19일, 목요일)

캐나다사람인 도우미 나단이 자신이 일하는 쉼터 '르 쉬르종'(*Le Surgeon*)에서 오늘 저녁을 함께 하자고 나를 초대하였다. 르 쉬르종은 '새 가지'를 뜻한다. 그런가 하면 '포도나무 가지들'에 해당하는 프랑스어기도 하다.

이웃마을 퀴즈에 있는 르 쉬르종은 라 포레스티에르의 경우와 마찬가지로 신체장애 정도가 매우 심각한 사람들을 위한 '쉼터'였다. 내가 그곳에 가서 만난 사람은 필리프, 실비엔, 미셀, 장 뤼크 그리고 제라르로, 모두가 하나부터 열까지 보살펴 주어야 할 이들이었다. 알

랭은 얼마 동안 병원에 가 있었다. 나단에게서 하루 일과에 관하여 잠깐 이야기를 들었다. 모든 시간이 신중한 계획 속에 짜여져 있는 게 수도원의 일과와 매우 비슷하였다.

하루의 리듬은 엄격하다: 옷입히기, 목욕시키기, 아침먹이기, 집안청소, 장보기, 식사준비, 점심먹이기, 침묵시간, 예배, 저녁식사, 잠자리준비, 저녁기도. 남녀 장애우들은 오전과 오후의 몇 시간을 '작업장'에서 보낸다. 장애우들이 최대한 정신을 차릴 수 있게 하려고 다른 협력자들이 그들과 함께 일한다. 도우미들이 집안일을 하고 장을 보아오고 조용한 시간을 갖는 것도 바로 이때다. 밤에는 도우미 가운데 한 사람이 장애우인 여섯 명의 동료 곁에 자면서 그들에게 필요한 일이 생기면 돕는다. 장애우들은 저마다 색다른 형태의 치료를 받아야 자신의 육체적·정신적 균형을 유지할 수 있다. 따라서 도우미들은 정신의학자나 심리학자를 자주 만나서 이 작은 공동체 내부에서 나타나고 있는 다양한 문제들을 논의해야 한다.

르 쉬르종에서 생활하기 위해서는 엄청난 수련과 상당한 헌신이 요구된다. 이곳 생활에는 기쁨이 작은 구석구석마다 숨어 있다. 그러나 반드시 심한 고통과 결합된 채로만 발견되는 겸허한 생활이다. 르 쉬르종의 분위기는 커다란 사건이나 심한 다툼이 전혀 없이 그저 소박하고 꾸준한 봉사가 나날이 이어지는 평화롭고 조용한 분위기다. 그 대가는 사소하지만 매우 참되다. 필리프가 미소를 짓고, 장뤼크가 그대의 눈을 들여다보고, 제라르가 포옹하고, 미셀이 밤새껏 단잠을 자고, 실비엔이 말 한 마디를 더 하는 게 그것이다.

나단은 나에게 사진들을 보여주며 말하였다: "이걸 봐요, 이게 바로 정박아수용소에서 나올 때 제라르의 모습입니다. 이건 이곳에서 일년을 보낸 뒤의 모습이고요. 얼마나 다릅니까? 놀랍지 않아요? 지금은 얼마나 행복해하는지 보세요!" 사실이다. 제라르는 행복하고 있다. 걷지도, 말하지도, 혼자서는 옷을 입지도 벗지도 못한다. 그렇지만, 얼굴에 떠올리는 미소로 그대가 바랄 수 있는 모든 것을 그대에게 주고 있다.

저녁기도 시간에 도우미 한 사람이 장 바니에의 책 〈나, 예수와 함께 걷다〉에서 한 구절을 낭독하였다: "성만찬 속에 내재하시는 예수님의 현존과 박탈당한 사람 안에 내재하시는 예수님의 현존 사이에는 밀접한 관계가 있다. 박탈당한 사람은 우리를 성만찬 안에 계시는 예수님께 되돌려보낸다. 예수님의 몸을 받아모신다는 것은 가난한 이들 안에서 그분을 알아볼 수 있도록 그분의 눈과 그분의 마음을 지니는 것이다."

나를 차에 태워 집으로 데려다 주면서 나단이 말하였다: "르 쉬르종에서 도우미로 섬기고 있는 도미니크가 관상수도회에 들어오기로 했어요. 그런 맘을 먹고 있는 사람이 우리 가운데 또 한 명 있지요."

그곳을 방문한 뒤, 나는 그 이유를 잘 이해할 수 있었다.

엠마오의 순례자들

(9월 21일, 토요일)

오늘은 브래드 올코트와 파리 루브르 박물관에 가서 렘브란트의 작품 〈엠마오의 순례자들〉을 감상하였다. 브래드는 여러 해 전 내가 예일 대학교 신학부에서 교편을 잡고 있을 때 처음 만났다. 당시 그는 프랑스문학으로 학위논문을 막 끝내던 참이었다. 그 뒤 친구가 된 우리는 수많은 난관을 함께 극복하며 살아 왔다. 브래드는 북부 뉴욕 주에 있는 세인트로렌스 대학교에서 몇 해 동안 교편을 잡고 있었다. 그런데 이번에 마침내 라르쉬로 와서 '쉼터' 한 곳에서 도우미로 생활하기로 한 것이다. 다시 브래드와 가까이 지낼 수 있게 되니 나로서는 기쁘기 한량없다. 함께 〈엠마오의 순례자들〉을 감상하는 일은 우리가 오래 전부터 소망해 오던 것이었다.

그림을 처음 본 순간, 아, 나는 실망스럽기 그지없었다. 예상했던 것보다 형편없이 작았다. 너무 많은 그림들이 빙 둘러싸고 있어 별개의 작품으로 보기도 힘들었다. 모조품들을 통하여 너무나 눈에 익혀

왔기 때문에 순수하게 감탄사를 발할 수 없게 되지 않았나 싶다. 브래드와 나는 그림 앞에 서서 그림 속에 투영된 사건을 주시하였다.

식탁 뒤에 자리잡은 예수님이 두 손에 빵덩어리 하나를 받쳐들고 시선을 위로 향한 채 기도하고 계신다. 그분 오른편에는, 순례자 한 명이 양손을 깍지 끼고 등을 뒤로 기대고 있다. 또 왼편에는, 다른 순례자 한 명이 의자를 식탁에서 끌어내다 말고 온 신경을 모아 예수님을 바라보고 있다. 그 뒤에서는 벌어지고 있는 일을 감지하지 못한 초라한 하인 한 명이 식탁에다 음식접시를 올려놓으려고 다가서고 있다. 식탁 위에는 새하얀 보가 두툼한 식탁융단을 일부만 가리고 있었다. 식탁에 놓인 물건은 아주 적어서 백랍제 접시 세 개와 나이프 하나, 작은 잔 두 개가 고작이다. 예수님 앞 쪽에는 두 개의 커다란 정사각형 기둥이 떠받치고 있는 웅장한 석재 벽감이 버티고 있다. 그림에서 오른쪽으로는 출입문이 보인다. 방구석에는 망토 하나가 옷걸이대에 아무렇게나 걸려 있다. 그리고 방 안 왼편 구석에는 개처럼 보이는 짐승이 긴 의자 밑에 누워 있는 것이 보인다. 그림 전체는 연갈색, 흑갈색, 황갈색, 적갈색 등 갖가지 갈색으로 뒤범벅이 되어 있다. 빛의 근원은 드러나 있지 않다. 하얀 식탁보가 그림에서 가장 밝은 부분이다.

브래드와 나는 예수님과 두 순례자의 발이 아주 세밀하게 그려져 있음을 알아챘다. 하인의 발은 그렇지 않았다. 렘브란트의 의도는 세 사람이 먼 길을 고달프게 걸어왔음을 이야기하려는 데 있음이 분명하였다. 큼직한 문과 옷걸이대에 걸린 망토도 여행을 암시하기 위하여 삽입되었다. 그러니까 그림 속의 사람들은 어딘가에서 온 것이다.

우리가 그림을 바라보고 있는 사이에 많은 사람들이 우리 곁을 지나쳤다. 한 안내인이 말하는 소리가 들렸다: "예수님의 얼굴을 잘 보십시오. 황홀경 상태이면서도, 한없이 겸허하시지 않습니까?" 우리가 들여다보고 있는 것을 멋지게 표현해 주는 말이었다. 예수님의 머리는 구름처럼 피어오르는 후광에 감싸여 있었다. 거기서 발산되는 빛으로 그분의 얼굴은 환하게 빛나고 있었다. 예수님은 주변에 있는 사람들을 바라보고 계시지 않았다. 위로 들어올린 시선은 성부와 내밀한 친교상태를 나타내는 것이었다. 예수님은 기도에 몰두하시면서도 여전히 현존하고 계신다. 우리 가운데 계시면서 우리에게 하나님께 이르는 길을 보여 주시는 온유한 종의 모습을 유지하고 계신다.

우리는 그림을 오래 들여다보면 볼수록 거기에 묘사된 신비 속으로 더욱더 깊이 빠져드는 느낌이었다. 그러다 보니 식탁에서 예수님 맞은편의 비어 있는 자리가 관람자의 자리라는 사실도 깨닫게 되었다. 브래드가 말하였다: "이제 알겠어! 렘브란트는 성만찬예식을, 그러니까 우리 눈에 보이는 그대로 우리가 초대받고 있는 하나의 성례전적 사건을 그렸던 거야!" 그의 말을 들은 나는 이 그림과 류블레프의 성삼위일체 성화상 사이에 비슷한 점이 너무도 많다는 사실을 불현듯 깨달았다. 이 그림과 마찬가지로, 그 그림에서도 하얀 식탁이 실질적인 중심이었다. 이 그림과 마찬가지로, 그 그림에서도 관람자는 성만찬의 신비 가운데 실질적인 부분을 형성하고 있었다. 우리가 계속해서 그림 이야기에 귀를 기울이다 보니, 놀랍게도 두 사람 다 시간이 흐를수록 이것을 성만찬 안에서 그리스도를 예배하라는 부르심으로 인식하게 되었다. 하얀 제대 위에 빵을 받쳐들고 있는 예수님의 두 손, 그것은 비단 빛의 중심일 뿐 아니라 성만찬 행위의 중심이기도 하였다. 비록 예수님께서 제대에서 떠나신다고 하더라도 빵은 여전히 거기에 있을 것이다. 따라서 우리는 여전히 그분과 함께 있을 수 있을 것이다.

한순간 박물관은 교회로, 그림은 지성소로, 렘브란트는 성직자로 변하였다. 그리고 그 모든 것이 나에게 세상 안에 몸을 숨기고 계시는 하나님의 은밀한 현존을 이야기해 주었다.

그림 앞을 떠나 〈모나리자〉와 〈밀로의 비너스〉를 찾아가는 관광객 무리 속으로 휘말려들 때는, 마치 성스러운 장소에서 조용히 예배드린 뒤 분주한 길목으로 걸어나오는 듯한 느낌이 들었다.

덧없는 감정들

(9월 23일, 월요일)

오랫동안 기다리던 친구 조너스가 찾아오지 않고 그냥 가버렸을 때 나를 강타했던 실망감이 완전히 가라앉지를 않았다. 이 암울한 기분은 대부분 수많은 볼 일, 들을 일, 할 일에 묻혀 가려질 수 있었다. 하지만 그럼에도 불구하고, 내 일상의 표면으로 떠올라 건재하는 자신을 과시하는 경우도 자주 있었다.

그러던 차에 오늘 오후 조너스가 미국에서 전화를 걸어왔다. 그러자 전번의 실망감이 울컥 되살아났다. "왜 전화도 안 한거야? 왜 편지도 안 썼냐고! 나를 찾아오지 않은 이유가 도대체 뭐야?" 그가 대답하였다. "이봐, 잠깐만. 그건 다 지나간 일이잖아? 그러지 않아도 10월에 자넬 찾아갈 참이라고!" 그의 말을 듣고 있기가 힘들었다. 줄곧 마음에 상처를 입고 있었던지라, 자신이 여전히 정성스럽고 다정한 친구로서 나를 한시도 잊은 적이 없었음을 주지시키려는 그의 말을 액면 그대로 받아들일 수가 없었다.

그러다가 구체적인 날짜와 장소 이야기가 끝나고서야 나는 비로소 내 귀가 막혀 있었음을 깨달았다. 그리고 점점 그의 성실한 우정을 알아듣기 시작하였다. 그리하여 수화기를 내려놓을 때쯤에는 새로운 평화가 마음 밑바닥에까지 스며드는 것을 느꼈다. 동시에 실망감도 서서히 사그라들고 있음을 감지할 수 있었다.

느낌과 감정을 조절하는 힘이 이리도 형편없단 말인가! 감정을 그대로 통과시키고 내 안에 그다지 오래 머물지 않으리라 믿어야 할 때가 많건만. 오늘만 해도 이 일기를 채울 만한 다른 일들도 많았는데. 그럼에도 불구하고 조너스와 몇 분 통화한 것이 다른 무엇보다도 막강한 영향력을 발휘하고 있는 것이다. 그렇기 때문에 일기에다 이 일을 적고 싶어하는 것이고. 〈엠마오의 순례자들〉에 비하면 너무나 초라한 이야깃거리인데도. 그러나 가장 절실한 아픔은 곧잘 가장 비좁은 구석에 숨어 있는 법······.

4
어렴풋한 소명

새로운 공동체

(10월 1일, 화요일, 캐나다, 토론토)

토론토 부근에 있는 라르쉬 공동체 '새벽'을 9일간 방문하기 위해서 캐나다에 와 있다. 오늘이 그 첫날이다. 리더인 조 이건이 나를 따뜻하게 반겨 주었다.

  아침 나절에는 주례모임에 온 도우미들을 모두 만날 기회가 있었다. 저녁에는 도우미들과 장애우들을 포함하여 2년 이상 이곳 공동체를 일구어 온 사람들 모두를 위하여 성만찬예식을 집례하였다. 장애우와 도우미 사이의 차이점보다 장기적인 공동체 구성원과 단기적인 봉사자간의 차이점이 더 심각하다는 조의 말이 흥미로웠다. 방문자와 단기 도우미, 새로 온 장애우에게 따뜻한 정을 느끼도록 만드는 책임은 일차적으로 라르쉬와 항구적이고 실질적인 유대를 맺은 이들에게 있다는 것이 조의 이야기였다.

  실로 이곳은 끊임없이 변화한다. 새로운 사람들에게 끊임없이 순응하는 공동체이다. 언제나 놀라운 일들을 받아들이도록 열려 있다. 언제나 새로운 일들에 기꺼이 도전하려는 공동체이다. 영속성의 중요함을 익히 아는 헌신적인 사람들이 확고한 구심점을 형성하고 있는 순례 공동체다.

마이클과 만나다

(10월 2일, 수요일)

'새벽' 공동체는 내가 상상했던 것보다 훨씬 더 컸다. 토론토 도심지에서 차로 30분 가량 걸리는 농원에 장애우와 도우미들이 거주하는 건물 세 채가 서 있다. 또 이 농원에는 도우미 감독이 거처하는 집과 관리인과 그 가족들이 거처하는 집도 자리잡고 있다. 그리고 새로 지은 커다란 만남의 집, 목공소, 큼직한 창고도 서 있다. '새벽' 공동체는 이 밖에도 리치먼드 힐 시내에 세 채의 건물을 가지고 있다. 토론토에도 두 채를 가지고 있다. 장애우와 도우미, 그리고 직원을 합치면 공동체 전체 인원이 80명 가량 된다.

내가 지금 거주하고 있는 곳은 농원에 있는 '초록집'. 장애우 여섯 사람과 거기 따르는 도우미들이 거처하기에는 충분할 만큼 널찍하다. 그들과 하루 생활을 함께 하니 기분이 매우 좋다. 장애우들 모두가 낮 동안 일정한 형태의 일을 한다. 그러나 혼자 놓아 둘 수 있을 정도는 못 된다. 이 점은 간질병 때문에 자주 발작을 일으키는 아주 예쁘장한 젊은이 마이클의 경우에 너무도 자명하게 드러난다. 정기적인 치료를 받고 필요한 약물을 제대로 복용시키고 있음에도 불구하고, 심각한 상처를 입을 수 있는 경련성 발작이 자주 엄습한다.

오늘 저녁만 해도, 시내 수영장에서 잠깐 혼자 놓아 둔 사이에 발작이 오면서 넘어졌다. 그 바람에 콘크리트 바닥에 머리를 부딪쳐 병원으로 실려가야 하였다. 천만다행으로 부상이 아주 심각한 것이 아니어서 금방 집으로 돌아올 수 있기는 했지만.

그가 느리고 더듬거리는 목소리로 자신을 위하여 기도해 달라고 나에게 부탁하였다. 둘이서 잠시 기도드렸다. 그러자, 그는 나를 꼭 껴안더니 환하게 미소를 지었다. 그런 다음, 내가 이끄는 예배를 곁에서 돕고 싶으니 자기에게도 붉은 스톨을 걸쳐 달라고 말하는 것이었다. 나보다 훨씬 더 하나님께 가까이 가 있어 보이는 마이클. 그에게 무엇인가를 입혀서 자신이 얼마나 특별한 존재인가를 깨닫게 해주어야지…….

로즈를 위하여 기도하다
(10월 3일, 목요일)

오늘은 저녁식사를 끝내고 공동체 사람들 몇 명과 교회로 가서 로즈를 위하여 기도드렸다. 로즈는 스물두 살 난 여성으로 매우 아름다웠다. 무척 깡마르고 허약하고 장애가 심해서 열네 살짜리 소녀처럼 보였다. 그녀는 말을 못하는 데다가 걷는 것도 거의 불가능했다. 그러나 특히 낮 동안에는 그녀를 보살피는 메리를 비롯해서 그녀 가까이 있는 모든 사람들에게 기쁨의 샘이 되고 있었다.

그런데 로즈가 갑자기 심하게 아파 곧 수술에 들어가야 했다. 그래서 우리는 촛불 하나와 장미꽃 한 송이를 둘러싸고 모였다. 메리가 로즈의 모습을 촬영한 아름다운 슬라이드 몇 장을 우리에게 보여 주었다. 이어서 우리는 모두 그녀를 위하여 기도를 드렸다.

장애우들이 장애우들을 위하여 기도드릴 때면, 하나님은 아주 가까이 다가오시곤 한다. 소박하고 진솔하고 친근미 넘치는 그들의 기도를 듣다 보면, 나는 의심 많은 방관자 같은 느낌이 든다. 심지어 그들이 부여받은 특별한 기도의 은사에 질투가 날 정도다. 하지만 그들은 내가 질투를 느끼는 것을 바라지 않는다. 기도가 끝난 다음에 그들은 나를 포옹하고 입을 맞추었다. 마이클은 내 손을 잡고 목양실로 가서 자신이 착용하고 싶어하는 붉은 스톨을 들어 보였다.

주님, 이 사람들이 지닌 것과 똑같은 마음을 주시어, 제가 주님의 사랑의 깊이를 좀더 온전히 깨닫게 하옵소서.

함께 느린 것이 혼자 빠른 것보다 낫다!
(10월 4일, 금요일)

장기적으로 일하는 도우미들의 모임에서, 장애우 네 사람과 목공소에서 일하는 닉이 자신의 기쁨과 좌절을 토로하였다. 그는 직무를 훌륭하게 수행하면서 동시에 장애우들이 필요로 하는 것들을 최대한 염두에 둔다는 것이 얼마나 버거운 일인지 설명하였다. 솜씨 좋고 일 잘하는 목수가 있었으면 하면서도, 함께 일하는 사람들의 커져가는 자존감이 솜씨 좋은 목수가 만들어 내는 제품들보다 더 중요하다는 사실도 모르지 않았다. 그러다 보니 참을성과, 혼자서 재빨리 해낼 수 있는 일도 다른 사람들이 천천히 해나가도록 기꺼이 놓아 두는 자세가 더없이 필요하다. 그리고 이것은 늘 자신보다 능력이 한결 뒤지는 사람들도 함께 할 수 있는 일을 선정해야 한다는 것을 뜻한다. 따라서, 여기에 요구되는 것은 일을 함께 천천히 하는 것이 혼자서 빨리 해치우는 것보다 훨씬 낫다는 확고한 신념이다.

닉은 자신이 이런 통찰에 이르기까지 얼마나 오랜 세월이 걸렸는지를 이야기해 주었다. 처음에 그의 주된 관심사는 목공소 소장직을 맡은 조에게서 목공기술을 배우는 데 있었다. 그리고 새로운 기술을 익히는 일이 매우 재미있었다. 하지만 다음 순간 그가 깨달은 것은 자기 기술의 의미가 유치원에서 사용하는 칠판이나 집짓기 장난감이나 옷걸이 등을 만드는 데 있는 것이 아니라는 사실이었다. 그 진정한 의미는 무엇보다도 우선 네 사람의 장애우가 인간 존엄성과 자립능력 면에서 성장하도록 돕는 데 있다는 사실이었다.

이것은 이 사실을 오늘 오후에 재니스, 캐럴, 아담, 로즈, 그리고 그들을 돕는 도우미들과 함께 사과줍기에 나섰을 때 내 스스로도 확인하였다. 나는 사과를 주워서 자루에 담아 집으로 돌아온다는 생각으로 나갔다. 그러나 나는 이내 이런 생각이 부질없다는 것을 터득하였다. 그 모든 것은 로즈가 사과 한두 알을 줍도록 도와주고, 재니스와 함께 돌아다니면서 그녀의 손에 닿을 정도로 낮게 늘어진 사과들을 찾고, 캐럴이 좋은 사과를 찾아냈을 때 찬사를 보내고, 사과나무 아래서 휠체어를 타고 있는 아담 곁에 가만히 앉아 공동체에 대한 소속감을 심어 주는 등의 일보다 결코 중요하지 않았다.

결과적으로 우리 여덟 사람이 한 시간 넘게 걸려 모아들인 사과는 넉 자루에 불과했다. 이 정도라면 나 혼자서도 반 시간이면 해낼 수 있는 일이었다. 그러나 라르쉬에서 가장 중요한 말은 효용이 아니다. 그것은 돌봄이다.

그레고리의 이야기
(10월 5일, 토요일)

오늘 시내에 있는 라르쉬의 집 두 군데를 돌아보았다. 한 채는 울버리 거리에 있었고, 다른 한 채는 아보카 거리에 있었다.

울버리의 집에서는 장애우들 가운데 하나인 그레고리가 자신의 삶을 담은 슬라이드를 보여 주었다. 서른 살이었을 때, 공공기관에서 지냈을 때, 그리고 이곳 공동체에서 지내는 삶의 차이에 대하여 이야기를 듣는 것은 매우 감동적인 체험이었다. 그레고리에게 이 차이는 어둠과 빛, 지옥과 천당, 자살욕구와 생명욕구 차이였다. 그것은 '쓰레기더미'와 고향집 차이였다.

그레고리는 네 살 때 오릴리아에 있는 정신병원으로 끌려갔다. "뇌일혈에 걸려 오른팔이 마비되면서 부모님이 나를 오릴리아로 데려갔어요. 부모님은 세 주에 한 번씩 나를 보러 왔지만, 나는 왜 부모님이 나를 그곳에다 집어넣었는지 그 까닭을 몰라 늘 슬픔에 잠겨 있었어요." 그러면서 그는 자신이 수백 명 되는 다른 정신병자들과 20년 동안 살았던 그곳 공동침실과 식당과 의상실 슬라이드를 보여 주었다. "우리에게 개인생활이란 전혀 없었어요. 자기 옷조차도 없었으니까요. 그래서 우리는 늘 다른 입원자들이 입었던 옷을 입고 살았어요. 너무나 외롭고 너무나 비참해서 죽을 생각도 많이 했지요."

다음으로 그가 보여준 것은 다섯 해 전부터 시작된 울버리 생활을 담은 슬라이드였다. "이것은 난생 처음 상점에 들어가서 먹을 것을 사고 있는 내 모습이지요. 그리고 이건 부엌에서 처음으로 음식을 만들고 있는 나고요. 그 당시 나는 아주 신경질적이었는데, 모두들 그저 좋다고만 하더군요."

이어서 그는 이 집안 사람들 모두가 한가운데 촛불이 놓인 탁자에 빙 둘러앉아 있는 슬라이드를 보여 주며 말하였다. "이것은 우리 모두가 저녁기도를 드리고 있는 모습입니다. 공공기관에서는 이런 일을 해본 적이 한 번도 없었어요. 이곳에서 우리는 한가족이지요."

그레고리의 간단하면서도 가슴 뭉클한 이야기는 라르쉬가 지닌 카리스마를 이제까지 읽은 어떤 글이나 이제까지 들은 어떤 강의보다도 훨씬 설득력 있게 제시해 주었다. 깨어진 사람들에게 가정을 제공하고 자신의 존엄성과 자부심을 새롭게 인식하도록 만드는 것이 바로 라르쉬다. 그레고리는 이 점을 예리하고 정확하게 지적하였다.

레이먼드의 사고

(10월 6일, 일요일)

모든 사람의 마음과 정신이 차에 치여 중상을 입은 레이먼드에게 쏠려 있다.

어제 오후 레이먼드와 빌이 시내로 들어가는 버스를 타러 갔다. 그런데 레이먼드가 갑자기 서두르면서 버스 정류장을 향하여 온지 거리를 똑바로 가로질렀다. 레이먼드가 달려오는 승용차를 미처 보지 못했다는 사실을 알아차린 빌은 그를 불러들이려고 소리쳤다. 그러나 레이먼드는 그 소리를 듣지 못하였다. 그리고 그대로 차에 받쳐 공중으로 치솟고 말았다. 얼핏 보기에는 몇 군데 가벼운 상처만 입은 듯이 보였다. 하지만 엑스선 사진검사를 받아본 결과, 여러 대의 갈비뼈가 부러지고 한쪽 폐가 파열된 것으로 나타났다. 지금 그는 토론토의 세인트마이클 병원 중환자실에 누워 있다.

레이먼드가 살던 집의 방장인 디제이(D.J.)와 사건을 처음부터 끝까지 지켜본 빌은 말할 것도 없거니와, 공동체 전체가 이 일로 걱정에

싸여 있다는 것은 누가 보아도 역력하다. 나는 남녀 장애우들을 보살피는 사람들이 걸머지고 있는 엄청난 책임을 한층 더 깊이 실감할 수 있었다. 그들은 한편으로는 장애우들을 가능한 한 철저하게 보호하려고 한다. 그런가 하면 다른 한편으로는 장애우들에게 가능한 한 많은 독립을 부여하고 싶어한다. 바람직한 길은 이 두 가지 '소망'의 한중간을 걸어가는 것이다.

디제이는 책임감이 매우 강하고 남을 잘 돌보아주는 사람이다. 그는 빌과 레이먼드 둘이라면 도우미 없이도 나다닐 수 있다고 생각하였다. 그리고 둘은 오랫동안 잘 해내었다. 하지만 지금 그는 자신이 두 사람에게 자율성을 너무 지나치게 부여한 것이 아닌가 하는 의구심에 휩싸여 있는 것이 분명하였다.

나는 레이먼드를 문병하러 케이시 저지와 세인트마이클 병원을 두 차례 다녀왔다. 레이먼드는 인공호흡기를 쓰고 정맥주사를 꽂고 있으면서도 우리 질문에 고개를 끄덕여 대꾸하였다. 우리는 그와 함께 기도를 드리고 우리의 사랑을 확인시켜 주었다. 우리에게 말도 건넬 수 없는 그의 모습이 너무 안타까웠다. 레이먼드는 우리에게 무슨 말인가 하려고 몇 번이나 산소호흡기를 치우려 덤볐다. 그렇지만, 그때마다 그를 만류하지 않을 수 없었다.

일단 마흔여덟 시간만 살아 있으면 회생할 가능성도 높다고 한다. 하지만 지금 상태로 보아서는 아주 비관적이다. 오늘 아침 성만찬예식 때나 저녁기도 시간에 여러 집에서 드린 기도는 하나같이 레이먼드를 위한 것이었다. 마음으로부터 우러나오는 강렬하고도 진솔한 기도는 장애우들과 도우미들의 튼실한 신앙을 그대로 표출하는 것이었다. 나는 연약한 이들의 동료애 속에 푹 파묻혀 있다는 느낌이 들었다. 집 앞 도로의 소음이 갑자기 "으르렁대며 누구를 삼킬까 찾아 돌아다니는"(베드로전서 5장 8절) 사자소리 같이 들렸다.

오 주님, 레이먼드를 기억하시고 괴로움에 시달리는 이 시간, 그에게 주님의 빛과 기쁨을 주옵소서. 아무쪼록 그를 비롯하여 이곳 '새벽'에 몸담고 있는 상처입은 이들 모두에게 자비를 내려 주옵소서.

부모의 고뇌

(10월 7일, 월요일)

오늘은 많은 일이 있었다. 도우미들과 함께 하는 밀도있고 경건한 예배가 집례되었다. 목공소 소장 조 보스터맨스가 장애우들과 함께 하는 작업에 관하여 통찰력 있는 주제발표를 해주었다. 새로 온 도우미들이 지난주에 '새벽'에서 겪은 체험들을 서로 교환하는 고무적인 자리가 이루어졌다. 부소장 거스를 비롯하여 아내와 자녀들이 함께 하는 훌륭한 저녁식사와 뜻있는 대화도 있었다.

그러나 주된 관심은 레이먼드에게 쏠려 있었다. 상태는 계속 악화되어 갔다. 죽음이 눈앞에 닥친 듯 보였다. 오후 7시 30분에 거스와 디제이와 나는 차로 토론토에 갔다. 그곳에서 '새벽' 소장 조 이건과 합류하였다.

우리 일행이 병원에 도착했을 때, 레이먼드는 아주 강한 진정제 주사를 맞아서 우리와 의사소통이 불가능한 상태였다. 의사와 간호사는 아직 희망이 있다면서도 갑작스럽게 악화되는 경우에 대비하라고 말하였다. 우리에게 가장 중요한 것 가운데 하나는 레이먼드의 부모와 자리를 함께 하는 시간이었다.

어떤 부모든 자녀가 괴로움을 당하는 모습을 보면 견디기 힘들어 한다. 그리고 신체장애를 지닌 자녀가 괴로움을 당할 경우, 부모의 고통은 훨씬 커지기 마련이다. 레이먼드는 오랜 세월을 공공기관에서 지냈다. '새벽'에 온 것은 최근이었다. 그래서 아직은 모든 사람이 '새벽'이 레이먼드에게 가장 좋은 거처라고 확신하고 있는 것도 아니다. 사고란 죄책감뿐만 아니라 실망감, 심지어 분노까지 일으킨다. 그러지 않아도 교통안전, 장애우들에게 부여했던 자유, 레이먼드에 대한 돌봄, 지난날의 결정이 지혜로웠는지의 여부 등과 관련된 의문들이 우리의 마음속을 스치고 있었다. 죄책감은 분열시키고 떼어놓고 소외시킨다. 이것은 분노와 적개심까지 일으킬 수 있다. 우리가 레이먼드에 대하여 똑같은 관심을 가지고 함께 모였을 때, 우리는 스스로 느끼는 감정을 말로뿐만이 아니라 사랑의 몸짓과 기도와 우리의 삶 이야기로 표현할 수 있었다. 그러자 곧바로 새로운 공동체가 형성되었다. 레이먼드의 아버지가 거스와 디제이에게 말하였다: "레이먼드에게는 여러분이 아버지입니다. 나하고 다를 바가 전혀 없어요." 이로써 그는 우리의 고통에 고마움을 표시한 셈이었다. 그러자 우리는, 그가 '새벽'이 자기 아들에게 해준 일을 한결같이 고마워하지 않았던 까닭이 이해되었다. 그의 깊은 고뇌도 알아차릴 수 있었다.

레이먼드의 상태는 여전히 비관적이다. 오늘밤을 무사히 넘길지조차 알 수 없는 형편. 그를 사랑하는 사람들은 모두 하나가 되어 서로의 아픔을 달래 주고 있다. 이것이야말로 하나님이 우리 기도에 응답하고 계시다는 명백한 표지다.

새로운 미래가 동터온다

(10월 9일, 수요일)

토론토에서 파리로 날아가는 비행기 안에서 이 글을 쓰고 있다. 아침만 해도 오늘 트로슬리로 돌아가야 할지 어쩔지 망설이고 있었다. 레이먼드의 상태는 아직도 심각하였다. 지난밤 조 이건이 나에게 말했었다: "며칠간 더 이곳에 머물러 주셨으면 합니다. 레이먼드가 위기를 넘기지 못할 경우, 당신의 존재가 우리 모두에게 아주 중요할테니까요." 나는 공동체가 요구한다면 머물겠노라고 약속했었다.

그런데 오전 10시 경에 레이먼드의 아버지가 전화를 걸어왔다. 레이먼드의 상태가 아주 호전되고 있다는 반가운 소식이었다. 금방 죽을 위험은 사라졌다는 것이다. 오후 1시에 케이시와 디제이와 함께 병원으로 가서 레이먼드와 그의 아버지에게 작별인사를 하였다. 레이먼드는 여전히 중환자실에 있었다. 그러나 정말 많이 좋아진 것 같았다. 우리가 묻는 말에 고개를 끄덕이거나 손을 꼭 쥐는 식으로 응답을 보내 왔다. 어제보다는 열도 많이 내려 있었다.

케이시, 디제이, 레이먼드의 부모, 그리고 나는 대기실에 앉아서 잠시 이야기를 나누었다. 레이먼드에 관한 이야기, 죄책감과 용서에 관한 이야기, 파리여행 이야기, 서로 상대방을 격려한 일이 얼마나 좋았던가 하는 이야기, 울고웃던 이야기, 서로 연락하면서 다시 만나자는 이야기 등을 하였다. 병원을 나서서 케이시와 디제이가 나를 공항까지 바래다 주었다. 프랑스항공사의 여객기는 오후 6시 30분에 이륙하여 파리로 향하였다.

'새벽'에서 9일을 보내는 동안, 나는 이 자상한 공동체의 강렬한 기쁨과 슬픔을 뼈저리도록 같이 나눌 수 있었다. 나는 남녀 장애우들과 도우미들을 깊이 사랑한다. 그들은 하나같이 나를 아주 따뜻하게 맞아 주었다. 무엇하나 숨기려 들지 않았다. 자신들의 두려움과 사랑을 거리낌 없이 보여 주었다. 그곳에 몸담았던 시간이 처음부터 끝까지 너무나 고맙게 느껴진다. 이 기간은 비단 프랑스에서 보내는 세월뿐만 아니라 장래에 대한 내 결단에도 큰 영향을 끼칠 게 분명하다.

5
내 마음 가는 곳에

편지를 쓰다

(10월 11일, 금요일, 트로슬리)

집에 돌아오니 기분은 편안하다. 우편물 때문에 다소 부담스럽긴 하지만. 그러나 오늘 편지를 쓰고 있는 동안 문득 깨달은 게 있다. 전화를 거는 것보다 편지를 쓰는 쪽이 훨씬 더 친밀한 의사소통 방법이라는 사실이었다. 이상하게 들릴지 모르지만, 나는 친구한테 전화로 이야기할 때보다 편지를 쓸 때 한결 더 가깝게 느껴지곤 한다.

 편지를 쓰는 동안, 나는 친구들의 일을 곰곰이 생각하고 그들을 위해 기도하고 내 정서와 느낌을 진솔하게 토로한다. 아울러 우리의 관계를 새삼스럽게 되돌아보면서 온전히 그들에게만 마음을 쏟는다. 지난 몇 달 동안, 나는 편지쓰는 즐거움을 키워 왔다. 처음에는 상당히 부담스럽게 생각되기도 하였다. 그러나 이제는 하루 가운데 편안히 휴식을 즐기는 시간이 되었다. 친구와 대화를 나누기 위하여 일을 중단한다는 기분이 들 정도다.

 편지쓰기의 아름다움은 우정을 한결 실감나게 만들고 돈독하게 다져 준다는 데 있다. 편지를 쓰다보면 친구들을 위하여 드리는 기도가 훨씬 더 구체적인 게 된다는 사실도 내가 알아낸 것들 가운데 하나다. 나는 편지를 보내면서 기도를 약속한 이들을 하나하나 기억하며 아침 일찍 기도를 드리곤 한다.

오늘 나는 내가 편지를 쓰고 기도를 드린 친구들에게 둘러싸여 있다는 기분이 든다. 서로 주고받는 우리 사랑은 아주 구체적이다. 활력을 불어넣는다. 편지를 생각하고, 편지를 보낸 이들을 생각하고, 그리고 편지를 받는 이들을 생각하며 하나님께 감사드린다.

집에 머무는 것도 따르는 게 될 수 있다!
(10월 13일, 주일)

> 가서, 네가 가진 것을 다 팔아서, 가난한 사람들에게 주어라. 그리하면 네가 하늘에서 보화를 차지하게 될 것이다. 그리고 와서, 나를 따라라(마가복음 10장 21절).

안토니는 예수님께서 부자 청년에게 하신 이 말씀을 들으면서, 불현듯 이 말씀이 바로 자신에게 하시는 말씀임을 깨달았다. 그래서 모든 것을 팔고 가족을 뒤로 한 채 사막으로 나갔다. 그는 현재 그리스도교 수도생활의 아버지로 알려져 있다.

오늘 바니에 부인은 안토니를 사막으로 끌어낸 바로 그 말씀이 자신을 라르쉬로 끌어왔다고 말하였다. 그녀는 남편이 죽고 나서 몬트리올에 있는 아파트에서 살고 있었다. 그러던 가운데 트로슬리로 아들을 찾아왔다가 도우미 한 사람에게서 "이곳에 오셔서 우리와 함께 일하며 사시는 것이 어떻겠습니까?" 하는 말을 들은 적이 있었다. 그때 그녀는 무뚝뚝하게 쏘아붙였다. "젊은이, 자네 일이나 신경쓰라구!" 그러나 그것이 씨앗이 된 셈이다. 같은 해 연말쯤 자신의 장래를 가늠할 마음으로 영성수련을 하던 가운데 이 복음서 말씀을 대하자 돌연 눈물이 왈칵 쏟아졌다. 그러면서 자신이 그 '주제넘은' 젊은이의 말에 따르지 않으면 안 된다는 사실을 깨달았다. 그리하여 품위있는 상류생활을 내던지고 라르쉬 공동체로 와서 아들과 함께 살게 된 것이다.

그러나 오늘은 부자청년 이야기가 그녀에게 다른 의미로 다가오고 있었다. 요즘 그녀는 건강이 좋지 않아 여행을 할 수 없는 처지다. 해마다 캐나다로 두 아들 베네딕도와 미셸을 찾아가곤 하던 그녀가 라르쉬에서 14년을 보내면서 처음으로 가보지 못하게 된 것이다. 그녀의 딸 테레즈가 영국에서 캐나다로 가는 길에 이곳에 왔다. 바니에 부인의 본디 계획은 딸과 동행하는 것이었다. 그러나 딸 혼자서 갈 수밖에 없었다.

우리가 복음서 이야기를 읽고 있을 때 분명하게 드러난 것은, 87살 된 그녀로서는 집안에 가만히 머물러 있는 것도 73살이었을 때 돌아다니던 것 못지않게 힘이 든다는 사실이다. 그러니까 그녀가 어머니, 아버지, 형제자매를 떠나 예수님을 따른다는 것이 이제 와서는 더 이상 고국으로 자녀들을 찾아갈 수 없으며 앞으로도 그럴 수 없으리라는 냉혹한 사실을 수용한다는 의미로 다가선 것이다.

나는 가진 것을 팔아치우고 가족과 친구들을 떠나 예수님을 따른다는 것이 인생의 한때 사건으로 끝나는 것이 아니라는 사실에 새삼스레 충격을 받았다. 그러니까 이것은 반드시 여러 차례, 여러 가지 다른 형태로 되풀이되기 마련. 게다가 이것은 갈수록 수월해지는 법도 없다.

애정의 탐구

(10월 17일, 목요일)

오후 9시에 영성지도를 받으러 영성지도자 토마를 찾아갔다. 그리고 그에게 나의 애정 욕구에 관하여 물어 보았다. 나이가 들어가는 데도 이 욕구가 줄어들지 않는다는 것, 이 욕구가 내 영성생활의 발전에 도움이 되기보다 방해가 되지 않을까 우려된다는 것이 내 이야기의 요지였다. 내 문제를 설명하는 데 걸린 시간은 대략 5분쯤. 그에 대한 토마의 답변은 무려 두 시간이나 계속되었다! 내 물음에 대한 지극히 인간적인 답변이면서 동시에 한 편의 설교요 강의요 훈화였다. 반시간 가량 그분이 구사하는 난해한 프랑스어에 못지않게 어려운 이야기의 내용을 온전히 알아듣고자 안간힘을 쓰다가, 나는 그의 말을 중도에서 무찌르며 말하였다: "정말 고맙습니다만, 생각을 정리하려면 오랜 시간이 걸리겠습니다." 그럼에도 불구하고, 마음씨 고운 토마는 또다시 한 시간 반에 걸쳐 영원토록 정리해도 모자랄 심오한 사상과 통찰력을 쏟아내는 것이 아닌가!

처음에는 이처럼 기다란 신학적 성찰에 당혹스러움을 느꼈다. 그러나 지금와서는 토마의 의도가 내가 다르게 느끼도록 도와주기에 앞서 달리 생각하도록 도와주려는 데 있었음을 깨닫게 되었다. 그의 생각들 가운데 몇 가지 정도는 이 일기에 기록해 두어야 할 것 같다.

그의 이야기는 이렇게 시작되었다. 곧 지금처럼 정신이 고도로 분석되고 있는 문화 속에서는 애정이야말로 많은 사람들의 핵심적인 관심사로 정착되어 있다. 우리는 자신이 받거나 받지 못하는 애정과 관련시켜 판단하기에 이르렀다. 언론매체─텔레비전, 라디오, 잡지, 광고─는 인간적인 애정은 정말로 필요한 것이라는 사고를 강력하게 주입시켜 왔다. 나를 사랑하고, 좋아하고, 높이 평가하고, 칭찬하고, 인정하고, 알아주는 등─이것이 인생에서 가장 바람직한 상급이 되고 있다. 이런 형태의 애정이 결여되면 외로움과 우울의 나락으로 떨어지면서 심하면 자살까지 초래할 수 있다. 우리는 수많은 애정의 미묘한 차이들을 분석하는 억지이론을 엄청나게 개발하였다. 색다른 시간에 색다른 상황에서 우리 자신이나 다른 사람들에 대하여 느끼는 기분들을 표현하는 언어도 풍성하게 개발해 놓았다. 우리는 고도로 발전된 심리학적 존재가 되어 버렸다. 그리하여 개인의 체험이나 서로간의 체험에 대한 느낌과 감정의 폭도 굉장히 넓어져 버렸다.

영성지도자 토마의 이런 관점은 매우 일리가 있다. 하버드에서 보낸 몇 년간, 수많은 형태로 베푸는 사랑이 분노나 원망이나 노여움때문에 철회되는 사랑과 마찬가지로 수없이 거론되었다. 그러나 신학부에서까지 사용하고 있는 고도로 세분화된 심리학 용어는 영성적 언어와 신학적 용어를 엉뚱하고 피상적이며, 심지어는 공격적인 것으로까지 만들어 버렸다.

고도로 발달된 이런 심리학적 의식때문에 우리가 치유의 능력이 감추어져 있는 우리 내부의 장소에 도달하지 못하는 때가 있다. 내가 보기에, 영성지도자 토마가 부여받은 가장 큰 은사는 바로 그 숨은 장소를 이야기하고 그 숨은 은사들을 살려쓰는 능력이다. 그는 그 장소를 마음이라고 부른다.

내일은 마음에 관한 그의 생각을 몇 가지 적어 보아야지……

마음
(10월 18일, 금요일)

마음이란 무엇인가? 이것은 신뢰의 자리다. 곧 어떻게 표출되느냐에 따라 믿음, 희망, 또는 사랑이라고도 불릴 수 있는 신뢰의 자리다. 영성지도자 토마가 인격의 가장 중요한 특성으로 보고 있는 것은 신뢰하는 마음이다. 우리를 다른 피조물과 구분짓는 것은 생각하거나 성찰하거나 계획하거나 생산하는 능력이라기보다 신뢰할 수 있는 능력이다. 그러니까 우리를 진정한 인간으로 만드는 것은 바로 마음인 것이다.

이런 생생한 관찰 결과는 우리가 어떻게 해서 양심이 깨어나기 훨씬 전부터 마음으로 주변 상황에 대응하게 되는가를 설명하는 데 도움이 된다. 선악을 분별하게 함으로써 윤리적 선택의 토대를 마련해 주는 양심은 마음에 비해서 통제력이 한결 미약하다. 영성지도자 토마는 오늘 교회 생활에 불어닥치는 위기는 대체로 마음을 알지 못하기 때문인 것으로 확신하고 있다. 오늘 교회에서 논란의 초점이 되고 있는 것은 혼전 성행위, 이혼, 동성연애, 산아조절, 낙태 등과 같은 인간 행위의 윤리성이다. 이러한 문제들 때문에 교회에 환멸을 느끼게 된 사람들도 많다. 모든 관심이 이렇게 윤리 생활로 쏠리고 있을 때, 다른 한편으로 우리는 신비 생활에서 가장 중요한 마음의 생활을 망각해 가는 위험을 초래하고 있다.

신비 생활, 곧 우리가 하나님과 합일된 친교 상태로 들어가는 생활이 윤리 생활의 최고 결실이요 가장 값진 상급으로 제시되는 일은 비일비재하다. 그리고 영성생활에서 점진적인 발전 단계를 정화의 길, 조명의 길, 합일의 길, 이 셋으로 나누는 고전적인 구분 방식도 그 점을 뒷받침해 왔다. 그러다 보니 우리는 신비 생활을 전적으로 포기하는 기도 단계에까지 도달한 극소수 행복한 사람들만의 생활이라고 간주하고 말았다.

영성지도자 토마가 지닌 최고의 통찰력—그의 아주 탁월한 신학과 장애우들과 함께 터득한 그의 훌륭한 목회체험이 수렴되어 나타난 통찰력—에 따르면, 신비 생활은 우리 존재의 맨 끝이 아닌 첫출발로부터 기인하고 있다. 우리는 사랑으로 우리를 창조하신 하나님과 내밀한 친교상태를 맛보며 태어난다. 그러니까 우리는 잉태된 그 순간부터 하나님께 귀속된다. 그리고 우리 마음은 비단 하나님뿐만 아니라 우리 어머니, 아버지, 가족, 우리 자신, 그리고 세상까지도 신뢰하도록 만들어진 신의 선물이다.

영성지도자 토마는 아주 어린 아기들은 심오하고 직관적인 하나님의 지식, 곧 마음의 지식을 감추고 있다고 확신하고 있다. 그런데 슬프게도 이 지식은 종종 불투명하며, 심지어는 우리가 점진적으로 배양하고 있는 수많은 사고체계로 말미암아 질식당하기까지 한다. 그렇기 때문에 우리가 배양한 사고체계를 터득하는 능력이 제한된 장애우들의 마음은 수많은 지성인들의 눈에 도달할 수 없어 보이는 신비 생활을 어렵지 않게 이야기하고 또 드러내 보인다.

영성지도자 토마가 영성 생활, 믿음과 희망과 사랑의 생활에 가장 근간이 되는 마음을 이야기하는 과정에서 나에게 가르치고 싶었던 것은, 인간적인 애정은 우리 마음이 우리를 끌어가고자 하는 곳으로 우리를 이끌어 주지 못한다는 사실이었다. 마음은 우리 애정보다 훨씬 더 폭넓고 훨씬 더 깊이가 있다. 마음은 슬픔과 기쁨, 분노와 탐욕,

두려움과 사랑이 구분되기 이전부터 존재하면서 그러한 구분들을 초월하고 있다. 마음은 모든 것이 하나님 안에서 하나가 되는 자리, 우리가 진실로 귀속되는 자리, 우리가 거기에서 나왔고 거기로 돌아가고자 끊임없이 열망하는 자리다.

애정에 대한 나의 '단순한' 질문이 내가 예상했던 것보다 훨씬 온전한 답변을 필요로 하는 것이었음을 이제는 이해한다. 인간의 삶 속에서 신비 체험이 중심적으로 이루어지고 있는 이 자리를 새삼스레 다시 배울 필요가 있을 것 같다.

톨스토이의 세 수도사
(10월 19일, 토요일)

오늘 오후에는 네덜란드에서 사귀었던 친구 마리아와 루이 테르스틱이 트로슬리에 와서 한나절을 보내고 갔다. 두 사람을 만나니 무척 반가웠다. 우리는 라 페름에서 점심을 먹고, 로라투아르에서 기도를 드렸다. 바니에 부인을 방문하고, 라 포레스티에르에서 사람들과 차를 마셨다. 공동체 전체와 함께 예배를 드린 다음, 라르쉬 '쉼터' 가운데에서 가장 크고 오래된 '르 발 플뢰리'에서 저녁을 먹었다.

마리아와 루이는 보고 들으면서 깊은 감명을 받았다. 리르쉬는 그들에게는 많은 면에서 진실로 놀라운 사건이었다. 우리가 콩피에뉴 역으로 다시 나왔을 때, 루이가 "가장 기억에 남는 것은 성만찬예식에서 예전을 돕던 세 사람이다."고 말했다. 마리아도 그 말에 전적으로 공감하였다. 새하얀 예전복을 입은 세 사람의 장애우가 성만찬상 가까이에서 영성지도자 토마를 도와 예물을 준비하던 모습이 그들에게는 오후 내내 보아온 모든 일들의 의미를 함축해 주고 있었던 것이다.

"그들은 톨스토이의 설화에 나오는 세 사람의 은둔 수도사를 연상시켜 주더군요." 루이가 말했다. 이 말에 이야기가 길어지면서, 마침

내 화제에 오른 것이 다음과 같은 설화였다.

러시아 수도사 세 사람이 멀고 먼 섬에서 살았다. 그곳에는 아무도 발을 들여놓은 적이 없었다. 그런데 하루는 그들의 영성지도자가 방문을 하기로 작정하고 그곳으로 향하였다. 영성지도자가 도착해서 보니 수도사들은 '주기도문'도 모르고 있는 형편이었다. 그래서 영성지도자는 그곳에 머무는 동안 내내 열정을 다 쏟아 그들에게 '하늘에 계신 우리 아버지시여' 하고 주기도문을 가르쳐 주었다. 그리고 자신의 한 일에 꽤 만족스러워하면서 귀로에 올랐다. 그런데 배가 섬을 떠나 바다 한가운데로 나올 때 돌아보니 세 은둔 수도사가 물 위로 걸어오고 있는 것이 눈에 띄었다—그러니까 그들은 배를 뒤쫓아오고 있었던 것이다. 마침내 배를 따라잡고서는 그들이 소리질렀다: "잠깐만요. 여태껏 가르쳐 주신 기도를 잊어 버렸습니다." 영성지도자는 그들의 모습을 지켜보고 그들이 하는 말을 들으면서 어리둥절해서 물었다: "사랑하는 형제들이여, 그러면 그대들은 어떻게 기도하고 있는 거요?" 그들은 "사랑하는 하나님, 여기 우리 셋이 있고 하나님도 성부 성자 성령 세 분이시니 우리에게 자비를 베풀어 주옵소서!"라고 기도한다고 답변하였다. 그러자 저들의 성스러움과 소박함에 망연자실한 영성지도자는 이렇게 말하고 말았다: "그대들의 섬으로 돌아가 편히 지내시오."

제단에서 예배를 돕는 세 장애우를 보았을 때, 루이의 머리에 언뜻 떠오른 것이 바로 이 이야기였다. 톨스토이의 설화에 나오는 세 은둔 수도사와 마찬가지로, 이 장애우들 역시 많은 것을 기억할 수는 없을지라도 물 위를 걸을 수 있을 만큼 거룩한 이들이라는 말이었다. 라르쉬에 관하여 많은 이야기를 들려주고 있는 말이 아닐 수 없었다.

6
아픔, 그 언저리에서

존의 죽음
(10월 24일, 목요일)

사랑하는 친구 로즈가 캘리포니아의 오클랜드에서 전화로 아들 존이 어제 아침 9시 30분에 죽었다는 소식을 알려 왔다. 그녀의 음성에는 아픔과 처량함이 잔뜩 배어 있었다. "이 모든 일들을 정말로, 정말로, 정말로 믿을 수가 없어요. 댄(남편)이 죽었을 때도 이토록 심한 상실감과 번민에 빠지지는 않았어요." 그녀는 울고 있었다. 혼자라는 느낌과 우울의 깊은 흐느낌이 수화기를 통하여 전해져 오고 있었다.

그런 가운데서 위로가 되는 이야기도 있었다. "오 헨리, 호스피스 사람들은 너무나 착하고 다정하고 자상했어요. 동성연애를 하는 남녀가 많고 교회에 나가거나 하나님을 믿는 아이들은 거의 없었지만, 조니에 대한 사랑은 무척이나 아름답고 무척이나 돈독하고 무척이나 폭 넓었어요. 죽어가는 형제자매들과 함께 어울리려고 직장을 그만 둔 애들도 많았고요……조니는 끝까지 사랑을 받았지요……그냥 알려드리고 싶었어요." 이 말은 절망의 바다 한가운데 떨어지는 희망의 물방울, 거칠게 밀려드는 상실감의 와중에서 어른거리는 감사의 정, 짙은 어둠 속에서 번쩍이는 빛줄기와도 같았다.

그래서 내가 말하였다. "조니는 당신을 무척이나 사랑했어요. 조니를 향한 당신의 사랑이 조니에게 얼마나 큰 의미를 주었는지 나한테 이야기하더군요. 그 점을 기억하세요. 조니와 오랜 세월 죽음의 길을 함께 걸어왔으니 고통이 실로 엄청나겠지요. 당신과 조니는 서로에게 한없이 솔직했어요. 서로 숨긴 게 아무 것도 없었지요. 당신은 아들의 번민을 눈으로 보고 피부로 느꼈고, 아들도 당신의 아픔을 보고 느꼈어요……무척 힘들 겁니다……무척이나 힘들겠지요……하지만 난 당신의 사랑이 아름다우면서도 강하다는 사실을 알고 있어요."

나는 존을 잘 알지 못했다. 그런데 몇 년 전, 샌프란시스코에 갔을 때 로즈가 그를 나에게 소개하였다. 그래서 얼마 동안 함께 지낸 일이 있었다. 그는 남달리 마음씨가 고왔다. 자신의 시간과 돈과 정력을 궁핍한 이들을 돕는 데 쏟다시피 하였다. 그러면서도 자신에게 필요한 것을 요구하는 경우는 거의 없었다. 일찍이 그처럼 열성적으로 나를 이해시키고 가르치려 든 사람도 없었다. 그야말로 남을 비판하지 않고 더없이 침착하고 정직하기만 하였다. 의인의 표본으로 기억에 남을 정도였다.

지난 2월에 로즈가 케임브리지에 있는 나에게 전화를 걸어 존이 에이즈로 위독하다고 알려 왔다. 나는 곧바로 샌프란시스코로 날아가서 집에 있는 로즈와 병원에 있는 존과 그의 친구 마이크와 함께 하루를 보냈다. 그때 존은 나에게 시편 23편을 읽어 달라고 부탁하였다. 아버지와 함께 기도드리며 낭송했던 이 시편을 기억하고 있었다. 그에게 평화를 가져다 주는 시편이었다. 우리는 읽고 또 읽었다:

주님은 나의 목자시니,
내게 부족함 없어라.
나를 푸른 풀밭에 누이시며
쉴 만한 물가로 인도하신다.
나에게 다시 새 힘을 주시고,
주님의 이름을 위하여
바른 길로 나를 인도하신다.

존의 고뇌

(10월 25일, 금요일)

존과 로즈와 함께 지내는 동안, 나는 에이즈의 지독한 힘을 보았다. 존은 잠시도 가만히 못 있었다. 우리에 갇힌 들짐승처럼. 온몸이 고통에 시달렸다. 그의 몸부림을 바라보며 해줄 수 있는 일이 아무 것도 없었다. 상태가 악화될 거라는 사실을 뻔히 알면서도 속수무책으로 있어야 한다는 게 참으로 견딜 수 없는 노릇이었다. 그러나 주변 사람들이 그에게 보여주는 자상한 돌봄은 실로 충격적이었다. 많은 에이즈 환자가 가족과 친구들에게서 버림받은 채 살아가기 마련이다. 그러나 아들을 아끼는 로즈의 사랑은 나날이 깊어만 갔다. 어떠한 정죄도, 어떠한 비난도, 어떠한 배척도 보이지 않았다. 오직 어머니만이 베풀 수 있는 사랑이 있었을 따름이다. 존의 동료 마이크도 자신의 모든 시간을, 자신의 모든 에너지를 병든 친구에게 남김없이 쏟아 부었다. 그저 충실하게 자리를 지킬 뿐, 어떠한 불만도, 어떠한 망설임의 흔적도 없었다.

마이크는 존이 얼마 안 가서 죽으리라는 사실을 알고 있었다. 그러나 그 시간은 일주일이 될 수도, 한 달이나 일년, 또는 그 이상이 될 수도 있었다. 그가 바라는 것은 한 가지밖에 없었다. 존이 살아 있는 동안 좀더 기분좋고 좀더 편안하게 지내는 것이었다. "저는 하나님을 믿지 않아요. 그렇지만 존이 기도하고 싶어한다면 제발 함께 기도해주세요. 존에게 유익한 일이면 무엇이나 해주세요. 제가 바라는 것은 그것뿐이에요." 내가 케임브리지로 돌아온 다음, 존은 병세가 상당히 호전되기 시작하였다. 그래서 병원을 떠나 마이크와 함께 살 수 있는 조그마한 아파트를 얻었다. 날마다 마이크가 일하러 나가 있는 시간에는 호스피스에서 사람들이 찾아와 존을 보살폈다.

8월에 존을 다시 만났다. 불안감은 많이 줄었지만, 지독한 현기증에 시달리고 있었다. "죽고싶어요. 견딜 수 없어요." 나는 죽음이 오면 기꺼이 맞되 죽음을 서두르지는 말라고 당부하였다. 그러면서 로즈와 마이크의 사랑 그리고 그가 그들에게 얼마나 소중한 존재인가를 함께 이야기하였다. "그들을 생각해서 하나님께서 바라시는 순간까지 살아있도록 노력해야 해요." 내가 그에게 한 말이었다.

존은 나에게 치유기도를 부탁하였다―그는 그것을 '마지막 예식'이라고 불렀다. "저는 세례를 받았고 성만찬에도 참여했어요. 그러니 죽기 전에 마지막 예식을 치르고 싶어요. 저에게 기도를 해주실 거죠?" 그는 나하고 단둘이 있고 싶어하였다. 그래서 우리는 부엌 식탁에 앉아서 시편 23편을 다시 읽었다. 나는 그를 축복하고 성유로 이마와 두 손에 십자성호를 그어주면서 그의 치유를 위해 기도하였다― 그리스도와 함께 죽는 은총도 빌었다. 우리는 함께 낭송하였다. "하늘에 계신 우리 아버지여, 이름이 거룩히 여김을 받으시오며, 나라가 임하옵시며, 뜻이 하늘에서 이룬 것같이 땅에서도 이루어지이다."

"정말 고마워요." 늘 그러듯이 존은 아주 간단하게 말하였다. "이것이 해가 될 리는 없을 거예요." 그 다음에 마이크와 잠시 이야기를 나누었는데, 마이크가 말하였다. "존은 올해를 넘기지 못할 것 같아요. 그가 없어지면 어떻게 될지 상상도 못하겠어요." 마이크가 몹시 괴로워하고 있음이 역력하였다. 온 신경이 존에게로 쏠려 있었다. 실은 마이크 자신이 돌봄을 받아야 할 처지였다. 로즈는 그 사실을 알았다. 그래서 자신이 할 수 있는 모든 일을 해주고 있었다.

어제 로즈가 전화로 이야기했었다. "마이크와 난 어제 오후 내내 울었어요. 울지 않을 수 없었지요. 마이크와 내가 서로 격려할 수 있어서 얼마나 다행인지 몰라요. 우린 둘 다 존의 죽음을 한없이 아쉬워하고 있답니다."

오늘 존을 화장한다. 그리고 화요일에는 추모예식이 있을 것이다. 로즈와 마이크가 참석할 것이다. 존의 형제자매들도 참석할 것이다. 나도 그들과 자리를 같이하고 싶다. 로즈에게 전화로 물어보았다. "내가 뭐 해줄 일이 있겠소?" "원하신다면 샌프란시스코 호스피스 사람들한테 수고비 조로 얼마간 돈을 보내주세요. 그들이 찾아와서 존의 시신을 씻고 기름바르는 일을 도우면서 하는 말로는, 존이 그날 샌프란시스코에서 에이즈로 사망한 네 번째 사람이래요. 정말로 다정하고 자상하고 착한 사람들이더군요⋯⋯모두가 하나님을 믿는 것 같지는 않았지만, 내가 하나님을 믿는 데 도움을 줄 게 틀림없어요."

존을 알게 되면서 인간의 고통과 인간의 사랑이 지닌 무한한 신비를 새로운 형태로 체험하게 해주신 하나님께 감사드린다.

그리스도를 바라보라
(10월 26일, 토요일)

지금까지 일주일째 안드레아 류블레프가 그린 구세주 그리스도의 성화상에 관한 묵상록을 써보려고 애를 썼다. 그러나 한 마디도 쓰지 못한 채 가중되는 불안감만 체험하고 말았다. 성화상에 관한 서적들을 구해 보고, 류블레프 특유의 화법을 다룬 논문들도 몇 편 탐독하고, 〈토리노의 수의〉에 관한 이언 윌슨의 저서도 읽어 보면서, 갖가지로 연상 작용을 시도해 보았다. 그러나 단 한 줄도 쓸 수가 없었다. 너무 정신을 써서 피로하고 탈진감마저 느껴질 정도였다. 그래도 창의적인 글을 써나갈 방도는 전혀 보이지 않았다.

그러는 사이에 나를 가로막고 있는 것이 다름 아닌 예수님의 얼굴을 직접 대면하는 일이었음을 서서히 깨닫기 시작하였다. 나는 그 동안 류블레프의 성삼위일체 성화상과 블라디미르의 동정녀 마리아 성화상에 대하여 이런저런 글을 썼다. 그럼에도 불구하고, 그리스도의 성스러운 얼굴을 담은 성화상을 글로 쓰는 일이 내가 정말로 해낼 수 있는 일인가 생각하니 몹시 끔찍하였다.

오늘 오후엔 도저히 뭐라 형용할 길 없는 성화상을 그저 쳐다만 보았다. 예수님의 눈동자를 들여다보고, 나를 빤히 바라다보시는 그분의 두 눈을 응시하였다. 숨이 막혔다. 그래서 눈을 감고 기도하기 시작하였다. "오 하나님, 제가 어떻게 하나님의 얼굴을 그릴 수 있겠습니까? 제발 부탁입니다. 해도 되는 이야기는 할 수 있게 해주옵소서!" 또 복음서들을 읽었다. 복음서들 속에는 보는 것과 보이는 것, 소경이 되는 것과 새로운 시력을 얻는 것, 눈―인간의 눈과 하나님의 눈―등에 관하여 실로 많은 이야기가 기록되어 있음을 깨달았다.

• 류블레프의 그리스도 성화상은 내가 이제까지 보아온 성화상들 가운데 가장 감동적이다. 그래서 이에 관하여 글을 써야 한다는 생각이 들었다. 그리고 이 성화상을 들여다보며 기도를 바칠 때 나에게 일어나고 있는 일을 분명 알게 될 것이다.

나는 이 성화상에 관하여 충분히 많은 글을 읽었다. 그 사실만은 분명하다. 따라서 내가 그저 할 일은 이것을 앞에 두고 기도하며 들여다보고, 기도하며 기다리고, 기도하며 신뢰하는 일이다. 적절한 언어들이 떠올랐으면 좋겠다. 그러면 많은 사람들이 이 성화상을 나처럼 바라보기 시작할 것이다. 그러면 그 눈길을 통하여 감동을 받게 될 것이다.

보고 보이고

(10월 28일, 월요일)

오, 주 예수님, 저는 주님을 바라보고 주님의 두 눈을 응시합니다. 주님의 눈길은 신의 영원한 신비를 꿰뚫고 하나님의 영광을 보아 아십니다. 바로 이 눈으로 시몬, 안드레, 나다나엘, 레위사람을 보셨습니다. 바로 이 눈으로 하혈하는 부인, 나인의 과부, 소경과 절름발이, 나병환자와 굶주린 무리를 보셨습니다. 바로 이 눈으로 부유하지만 슬픔에 빠진 지배자, 호수에서 두려움에 사로잡힌 제자, 들과 무덤에서 서러워 흐느끼는 여인들을 보셨습니다. 오 주님, 주님의 눈은 하나님의 끝없는 사랑, 그리고 그 사랑 믿지 못하고 목자없는 양처럼 되어버린 뭇 사람들의 끊일 줄 모르는 고뇌를 단번에 알아보십니다.

주님의 두 눈을 바라보고 있노라면, 그 눈이 저의 가장 은밀한 자아를 꿰뚫어 보는 뜨거운 불꽃만 같습니다. 깜짝 놀라게 됩니다. 그러면서도, 그 불길은 정화하고 치유하는 불길인지라 위로를 얻게 됩니다. 주님의 눈길은 한없이 매섭고 날카롭습니다. 그러면서도 그 눈길은 한없이 자상하고, 한없이 깊고, 한없이 친근하며, 한없이 쌀쌀하고, 한없이 은근합니다.

그러기에 갈수록 주님의 눈앞에 드러나고 싶습니다. 주님의 자비로우신 눈길을 받으며 살고 싶습니다. 주님이 지켜보시는 가운데 날로 강하고 날로 온유한 사람이 되고 싶습니다. 주님, 주님이 바라보시는 것—하나님의 사랑과 인간들의 고통—을 저도 바라보게 해주옵소서. 그리하여 제 눈이 갈수록 주님의 눈, 상처입은 마음들을 치유하시는 그 눈을 닮아가게 해주옵소서.

젖이 아니라 단단한 음식을

(10월 29일, 화요일)

매주 화요일 저녁이면 나는 영어권 출신 공동체 도우미들을 위하여 성만찬예식을 집례하고 있다. 우리가 모임을 갖는 곳은 조그마한 라 포레스티에르 교회다. 영어를 사용하는 사람들 모두가 다 오는 것은 아니다. 그래도 그 작은 교회는 금방 꽉 차곤 한다. 도우미들 가운데 몇 사람이 식솔인 장애우들을 데리고 나오기 시작하면서부터는 특히 앉을 자리가 없을 정도다.

내가 줄곧 목격해 온 사실이 있다. 곧 그들은 대화나 토론은 별로 좋아하지 않고, 그저 함께 기도하고 함께 노래하고 복음서에 대한 성찰 결과에 함께 귀를 기울인다는 사실이다. 도우미들은 대부분 남녀 장애우들과 함께 온종일 일하느라 피곤한 상태다. 따라서 양육과 격려와 돌봄을 받고 싶어한다.

나는 새로운 형식의 목회를 익혀 나가야 할 입장이다. 이 화요일 밤 예배에 참석하는 사람들 가운데서 복음서가 얼마나 중요한가, 인생에서 예수님이 왜 중심이 되셔야 하는가, 성례전은 왜 가치가 있는

가를 확인하고 싶어하는 이들은 별로 없다. 대부분 이 단계는 뛰어넘은 이들이다. 그들은 이미 그리스도를 발견하였다. 가난한 이들과 함께 일하기로 결심하였다. 그리고 그 좁은 길을 선택한 사람들이다.

그래도 나는 그들에게 하나님의 사랑을 재확인시키고, 공동체를 실현하도록 촉구하고, 예수님의 평화를 체험하는 자리를 제공하려고 많은 에너지를 쏟고 있다. 이런 종류의 목회는 성공을 향한 달리기에 여념이 없는 학생들로 가득 찬 세속 대학에나 적절한 것이리라. 이곳에는 성공을 추구하려는 욕망 따위는 아예 없다. 이곳에서 시간이란 옷입히고 먹이고 심부름하고 필요한 사람들 곁에 있어주는 일로 꽉 채워진다. 아주 긴박하고 피곤한 길뿐이다. 경쟁심도, 따내야 할 학점도, 얻고자 하는 명예도 없다—그저 신실한 섬김이 있을 뿐.

라르쉬에 있는 젊은 남녀들을 낭만적으로 스케치할 생각은 없다. 그들이 겪는 갈등과 그들이 지니고 있는 결함, 충족되지 않는 소망 등을 너무나 잘 알기 때문이다. 그래도 그들은 사람들이 거의 하지 않는 선택을 하였다. 그들에게 필요한 것은 이 선택의 중요성을 재확인시켜 주는 게 아니다. 택한 길을 꾸준히 걷도록 격려하는 게 필요하다. 영성적으로 상투적인 '틀'에 빠져들지 않도록 새로운 비전을 제시하는 게 필요하다. 이미 결심한 일을 언제까지나 충실히 수행할 수 있도록 후원하는 게 필요하다. 사도 바울의 말을 빌리면, 그들에게 필요한 것은 젖이 아니라 단단한 음식이다(고린도전서 3장 2절).

나에게는 이것이 새로운 도전이다. 이 동료 여행객들과 함께 생활할 수 있도록 '영성적으로 교제하는 기술'이 나에게 필요하다. 지금 나는 요한복음이 이곳 사람들 같은 이들을 위하여 쓰여졌다는 사실을 깨닫고 있다. 그러니까 이것은 기초 문제들로 왈가왈부하기보다는 신적 생명의 신비 속으로 파고들고 싶어하는, 영성적으로 성숙한 사람들을 위하여 쓰여진 복음서였다. 나도 이런 욕구에 응답할 수 있도록 기도하는 사람이 되지 않으면 안 될 것 같다.

오늘밤 우리는 존을 위하여 특별기도를 드렸다. 오늘 추모예식을 갖기 위하여 캘리포니아로 모여들 많은 사람들과 하나되어 존을 알게 된 사실에 감사드리고 싶었기 때문이다. 존은 이제 짧은 생을 통하여 엄청난 아픔과 고뇌로 탐구해 온 그 사랑을 발견하고 있을 것이다.

애정을 향한 부르짖음
(10월 31일, 목요일)

프랑스의 한 긴급구호단체가 발행하는 월간지 〈메사주〉(*Messages*) 11월호는 인간의 외로움에 관한 가슴 뭉클한 이야기들로 채워져 있다. 머리기사 제목은 많은 교회에 내걸린 포스터에서 보았던 말이었다: "외로움은 존재한다, 그러나 단결도 존재한다!" 외로움이 가난한 이들이나 수감된 이들이나 노인들만이 아니라, 교육수준이 높은 젊은이들도 겪는 일종의 고난이라는 묘사가 대단히 감동적이었다. 〈메사주〉에 날아드는 수많은 편지는 비단 식량이나 거처, 돈이나 일거리만 부탁하는 게 아니다. 더 긴급한 목소리로 호소하는 게 있다. 그것이 애정이다.

한 편지에는 이렇게 쓰여 있다: "저에게는 애정이, 돌봄이 필요합니다. 그런데 이 삭막한 세상 그 어디서 그걸 찾는단 말입니까?" 다른 편지에는 이렇게 쓰여 있다: "저에게는 더 이상 친구가 없습니다……마약이나 알코올이 필요없는 진실직인 인간들과 다시 한번 살 수 있도록 도와주세요." 이런 편지도 있다: "누군가 나를 도와줄 사람이 필요합니다. 누군가 나를 사랑해 줄 사람이 필요합니다……그런 친구가 없어서 천천히 죽어가고 있는 기분입니다." 또다른 편지엔 이런 글이 쓰여 있다: "나를 유심히 바라보거나 내 말에 귀를 기울여 주는 사람이 하나도 없어요. 나는 전혀 쓸모가 없어요. 나는 존재하지 않는 것이나 매한가지예요"(〈메사주〉376호, 1984년 11월, 7쪽).

우리 시대의 많은 고통은 이처럼 애정 결핍에서 비롯된다. 가정이 없는 사람이 나날이 늘고 있다. 그들은 대도시에 파묻혀 흔적도 보이지 않는 성냥갑만한 쪽방에서 외롭게 살아간다. 직장에서 돌아와도 반갑게 맞아 줄 사람이 없다. 입맞춰 줄 사람도 없다. 껴안아 줄 사람도 없다. "오늘은 어땠어요?"라고 물어봐 주는 사람도 없다. 함께 울어 주고, 함께 웃어 주고, 함께 걸어 주고, 함께 식사하고, 함께 가만히 앉아 있어 줄 사람도 없다.

열여덟 살짜리 미셸이 이렇게 쓰고 있다: "나를 라디오나 텔레비전에 출연시켜 주세요. 한번도 사랑을 받아보지 못하고, 이리저리 어슬렁거릴 뿐, 가족의 사랑을 맛본 적이 없는 젊은이들의 고통을 실컷 외쳐나 보게요"(같은 책, 7쪽).

이것은 진실한 이웃을 찾아헤매는 울부짖음이다. 기쁜 마음으로 가까이 있어주는 사람, 그저 먹을 것과 살 곳과 일할 곳을 제공하는 데 그치지 않고 사랑을 맛보게 해주는 사람이 없는가? 이 외로운 형제자매들에게 가까이 가줄 수 있는 사람은 과연 어디에 있는 것일까?

이런 문제들을 생각하다보니, 인간적인 애정이 필요하다고 힘주어 말했던 영성지도자 토마의 견해가 생생하게 떠오른다. 심리학적인 풍토가 중시되는 우리 문화 속에서는 인간적인 애정이 핵심적인 관심사로 부각될 수 밖에 없다고 한 그의 관점에 동의한다. 하나님의 무조건적인 사랑을 새롭게 알 필요가 있다는 사실도 그 어느 때보다 절실하게 깨닫는다. 그러나 애정을 갈구하는 이런 애절한 절규를 읽으면서, 언론매체가 지배하는 우리 환경에서 이 하나님의 조건없는 사랑을 어떤 방법으로 전달해야 할지 고민해 보았다.

나에게는 더욱 분명하게 다가오는 사실 한 가지가 있다. 곧 하나님께서 우리를 위하여 사람이 되신 것은, 하나님의 사랑과 접촉할 수 있는 길이 인간적인 길과 직결되고 있음을 보여주시기 위함이라는 사실이다. 사람들이 부여할 수 있는 제한되고 부분적인 애정이야말로 하나님께서 인간의 마음 속에 쏟아부으신 무한하고 온전한 사랑에 접근하는 통로다. 비록 인간적인 애정이 우리 시대의 상처와 깨어짐으로 오염되어 있다손치더라도, 하나님의 사랑은 바로 이 인간적인 애정을 떠나서는 찾을 길이 없다.

7
상처를 용서하라

감정을 넘어서다
(11월 3일, 주일)

오늘밤 조너스가 도착하였다. 케임브리지에서 곧장 이곳으로 왔다. 트로슬리에서 열흘 동안 머물 예정이다. 그가 프랑스에서 9월 한 달 동안 휴가를 보내면서 날 찾아오지 않았을 때 엄습했던 실망감은 이제는 아주 쾌활한 내 모습 이면으로 잦아들어 버렸다.

조너스의 방문은 나에게 아주 중요하다. 그의 방문이 나에게 편한 시간은 못될 것이다. 그를 용서하고 우리의 우정을 깊이 다질 수 있는 길을 찾아야 할 필요가 있기에. 그러나 내가 배신감을 뛰어넘어 화해에 이르도록 하나님께서 도와주시리라 믿는다.

선물
(11월 5일, 화요일)

조너스와 나는 오늘 공동체 방문으로 하루를 보냈다. 그가 심리학자의 관점에서 수많은 질문을 제기한 까닭에, 나는 라르쉬에 관해서 이제까지 한번도 생각해 보지 않았던 새로운 사실들을 많이 배울 수 있었다. 나는 '라르쉬 생활'의 중심이 장애우들과 긴밀한 친교 속에 생활하는 삶이라는 사실도 되새길 수 있었다. 이곳에서도 다른 곳과 마찬가지로 일이 중요하다. 어떻게 행동해야 할지 그 기술을 개발하는 것도 중요하다. 건강과 교육도 중요하다—하지만 이 모두가 사랑의 공동체 안에서 함께 살아가는 삶에 비하면 이차적인 것에 불과하다. 의사, 심리학자, 정신의학자, 물리치료사, 그리고 간호사들이 있다—하지만 이들 모두는 지도자라기보다 조언자들이다. 이곳에서 이들 전문가들은 창의적으로 뒷바라지하면서 치유하는 방법으로 장애우들과 함께 생활하도록 도우미들을 도와주는 역할만 하고 있다.

장애우들이 육체적·정서적 독립성을 가능한 한 최대로 키워 나가면서 동시에 공동체 생활도 소홀히 하지 않는 게 중요하다. 이곳에서는 '평등한 권리'보다 '은사의 나눔'이 핵심적인 지침이 되고 있다. 장애우들과 도우미들 사이에는 차이가 있다. 하지만 이 차이는 발굴되고 인정받고 함께 나누어야 할 은사들의 차이일 뿐이다. 장애우와 도우미는 때때로 형태가 다를망정 서로를 필요로 한다. 그들은 함께 연약한 이들 사이에서 이루어지는 진정한 형태의 우정을 추구한다. 그러면서 생명이라는 섬세한 선물을 주신 하나님께 감사와 찬양을 드린다.

'새벽'에서 온 기쁜 소식

(11월 6일, 수요일)

슈 모스텔러가 '새벽'에서 기쁜 소식을 가지고 찾아왔다. 레이먼드가 중환자실에서 나왔고, 로즈의 수술도 잘 되어, 두 사람 다 회복 중이라는 소식이었다. 그녀는 디제이와 레이먼드의 가족이 보내는 다정한 인사말도 전해 주었다.

슈 덕분에, 나는 죽음의 권세를 물리친 이 승리에 대하여 커다란 기쁨을 맛보았다. 그리고 예언자 에스겔의 말을 생각하였다:

이스라엘 족속아, 너희가 왜 죽고자 하느냐? 죽을 죄를 지은 사람이라도, 그가 죽는 것을 나는 절대로 기뻐하지 않는다. 그러므로 너희는 회개하고 살아라. 나 주 하나님의 말이다(에스겔 18장 31-32절).

진정한 아마추어
(11월 7일, 목요일)

조너스와 나는 중요한 한 주일을 함께 보내고 있다. 우리는 '쉼터,' 작업장, 전문가들을 찾아다니느라 정신이 없다. 외국인에게 내 고향을 소개하면서 그 와중에 나도 새삼스럽게 내 고향을 알아가는 것같다. 조너스는 질문도 하고 일들의 추이도 지켜보면서 사뭇 나와는 다른 비교 결과를 내놓았다. 그 덕분에 내가 이제껏 보아온 것과는 다른 라르쉬를 발견하게 되었다.

대규모의 장애우 수용소와 관계되는 일을 하는 심리학자 조너스에게, 라르쉬는 사람이 다른 사람을 그들의 수많은 문제에 얽혀들지 않으면서 치료하는 전문직업상의 거리감이 별로 보이지 않거나 아주 없는 장소다. 라르쉬는 얼핏 보면 전문가에게는 아마추어 티가 역력할 수 있다. 하지만 '아마추어'(*amateur*)라는 단어는 우리가 반드시 짚고 넘어가야 할 말이다. 이것은 그런 거리감의 진정한 본질을 어느 정도 이해하게 해주는 낱말이다. '사랑하다'에 해당하는 라틴어 '아마레' (*amare*)에서 유래한 것이 다름 아닌 아마추어이기 때문이다.

라르쉬에서 사는 삶은, 비단 장애우들뿐만 아니라 배척당하신 나사렛 예수 그리스도를 통하여 우리에게 계시된 생명의 하나님을 향한 사랑을 토대로 세워져 있다. 그리고 그 사랑은 다음과 같은 마음의 지식과 확고한 신념에 토대를 두고 있다:

죽음도, 삶도, 천사들도, 권세자들도, 현재 일도, 장래 일도, 능력도, 높음도, 깊음도, 그 밖에 어떤 피조물도, 우리를 우리 주 예수 그리스도 안에 있는 하나님의 사랑에서 끊을 수 없습니다(로마서 8장 38-39절).

그러므로 이 사랑은 어떤 기분이나 느낌보다 훨씬 더 심오하다. 우리는 이 사랑에 힘입어 세상 고통에 함몰되지 않으면서도 그 속에 깊이 개입하게 된다. 우리는 이 사랑에 힘입어 장애우들의 신음과 울부짖음에 냉정을 잃지 않으면서도 거기에 귀기울이게 된다. 그리고 우리는 이 사랑에 힘입어 건강하고 즐겁고 평화로운 삶을 영위하는 데 필요한 거리감각을 상실하지 않으면서도 아주 가까워지게 된다.

우리의 사랑이 하나님의 사랑 안에 뿌리박을 때, 우리는 인생의 무거운 짐을 지고서도 가볍게 느낄 수가 있다. 예수님은 우리를 부르고 계신다:

수고하며 무거운 짐을 진 사람은 모두 내게로 오너라. 내가 너희를 쉬게 하겠다. 나는 마음이 온유하고 겸손하니, 내 멍에를 메고 나한테 배워라……내 멍에는 편하고, 내 짐은 가볍다 (마태복음 11장 28-31절).

예수님의 짐은 고통받는 인간 모두의 짐이다. 하지만 우리가 예수님과 친교를 나누면서 그 짐을 걸머질 때 실은 그 짐이 가볍고 편하다는 사실을 알게 된다. 인간적으로 생각하면, 라르쉬의 도우미들이 그러듯, 장애우들과 함께 생활하는 일은 그리스도의 사랑에서 비롯된 경우가 아니면 불가능한 일이다. 이러한 사랑이 없다면, 그 삶은 '탕진'을 가져오고 만다. 그러나 이 사랑이 깊고 강력하면서 공동체로부터 끊임없이 자양분을 얻어낼 때, 장애우들은 우리를 안전하게 지켜주는 한층 더 위대한 사랑의 무대에서 안내자들이 될 수 있다.

그리하여 새로운 유형의 거리가 형성된다. 그 거리는 우리를 세상의 고통에 너무 가까이 다가가지 못하도록 막는 직업적인 거리가 아니다. 그것은 이 고통을 가벼운 짐으로 만들어 버리는 영성적인 거리다.

우정의 본질

(11월 8일, 금요일)

영성적인 거리를 유지하는 일은 내가 어제까지 이해하고 있던 것보다 한층 더 개개인과 깊이 관계되는 문제임이 틀림없다. 진정한 우정을 이해하고 생활화하는 일은 중요하기 이를 데 없다. 조너스와 나는 우리의 우정을 정리하려고 애쓰고 있다. 처음에는 둘 다 간접적으로만 언급하였다. 그러나 지난 2,3일 동안 우리의 관계를 좀더 직접적으로 검토할 수 있었다. 나로서는 배신당했다는 기분, 속았다는 기분, 인정받고 싶은 욕구, 동시에 여백이 있었으면 하는 욕구, 불안과 불신, 두려움과 사랑에 대하여 토로하기가 힘들다. 하지만 이런 느낌들 속으로 파고들면서 나는 진짜 문제점이 무엇인지를 발견하게 되었다―그것은 바로 오직 그리스도만이 주실 수 있는 것을 친구에게서 기대하고 있다는 것이었다.

나는 너무 쉽게 거절당했다고 느낀다. 친구가 찾아오지 않거나, 편지가 오지 않거나, 초대가 오지 않거나 하면, 나는 금새 이런 생각에 **빠진다**: '사람들이 나를 필요로 하지 않는구나! 나를 싫어하는 거야!' 그래서 자존심 상하는 암울한 기분에 젖어들면서 우울해진다. 일단 우울해지면 별뜻없는 몸짓마저도 스스로 자초한 어둠의 증거들로 해석하려 든다. 그래서 점점 더 그 어둠에서 빠져나오기가 힘들어진다. 그러나 스스로 초래한 이 옳지 못한 배신감의 순환고리를 면밀하게 주시하고, 그것에 관하여 조너스와 솔직하게 이야기를 나누었다. 그 결과, 반대 방향으로 움직일 수 있는 좋은 계기가 마련되었다.

조너스와 이야기하는 사이에 이루어진 일은 두 가지였다. 첫째로, 조너스는 내가 내 중심에서 빠져나오도록 강요하였다. 그에게도 생활이 있고, 갈등이 있고, 충족되지 못한 요구와 결함들이 있었다. 그리고 내가 그의 삶을 이해하려고 노력했을 때, 나는 깊은 연민과 함께 그를 감싸고 위로하고 싶은 욕구를 느꼈다. 그러면서 그가 나에게 충분히 신경을 쓰지 않았다는 문제로 그를 비판하고 싶은 기분이 점점 누그러졌다. 사람들은 흔히 온갖 관심이 다 자기에게로 쏠려야 한다고 믿는다. 하지만 상대방을 그의 입장에서 구체적으로 들여다보면, 자기에게서 한 발자국 물러설 수 있다. 그리고 진정한 우정이란 둘이서 함께 만들어 가는 것임을 곧 깨닫게 된다.

둘째로, 상대방이 그리스도가 아닌 까닭에 언제든 기꺼이 그를 용서하면서 그리스도께 참된 구심점이 되어달라고 부탁드릴 수 있어야 진정한 우정이라고 할 수 있다는 사실을 생생하게 실감하였다. 그리스도께서 어떤 관계를 중재하지 않으실 때, 그 관계는 자칫하면 요구하고 조종하고 억누르고 수많은 형태의 거부가 난무하는 각축장이 될 수 있다. 중재가 없는 우정은 오래 지속되지 못한다. 한쪽이 다른 쪽에게 너무 많은 것을 기대함으로써 상대가 성장하는 데 필요한 여백을 제공하지 않기가 일쑤다. 우정은 가까움과 애정과 지원과 상호격려를 필요로 한다. 하지만 거리, 성장을 위한 여백, 서로 다를 수 있는 자유, 그리고 고독도 필요하다. 따라서 우리가 어떤 관계의 양면을 두루 길러가려면, 그 어떤 인간관계가 제공할 수 있는 것보다 훨씬 깊고 훨씬 지속력 있는 인정을 경험해야 한다.

조너스와 나는 우리 우정의 참된 본질을 놓고 씨름하는 과정에서 바울이 로마사람들에게 써보낸 글을 읽어 보았다:

> 하나님을 사랑하는 사람들, 곧 하나님의 뜻대로 부르심을 받은 사람들에게는, 모든 일이 협력해서 선을 이룬다는 것을 우리는 압니다……하나님께서는 이미 정하신 사람들을 부르시고, 또한 부르신 사람들을 의롭게 하시고, 의롭게 하신 사람들을 또한 영화롭게 하셨습니다(로마서 8장 28-30절).

우리가 진실로 하나님을 사랑하고 그분의 영광에 참여할 때, 우리의 상호관계는 충동적인 성격을 탈피하게 된다. 그리하여 우리는 비단 사람들의 인정을 받기 위해서뿐만 아니라, 그들을 우리가 예수님을 통하여 이미 알고 있는 사랑에 동참시키기 위해서도 그들에게 접근하게 된다. 따라서 참된 우정은 좀더 위대한 사랑의 표현이 된다.
　서로에게 이 진리를 부단히 재확인시키는 일은 힘들다. 그렇지만 노력해 볼 만한 가치가 있다. 끊임없이 서로간에 용서하는 훈련과 하나님의 사랑을 향하여 끊임없이 자기를 개방하는 훈련을 통하여 우리는 우정 안에서 함께 성장할 수 있다.

유혹
(11월 9일, 토요일)

　오늘은 조너스와 함께 콩피에뉴에 가서 오후를 보냈다. 파리로 나갈까 생각 안해 본 건 아니다. 하지만 기차와 전철을 타고 앉을 곳을 찾아다니고 교회와 박물관을 구경하는 것이 과연 라르쉬에서 함께 보낸 우리 시간을 마무리하는 최선의 길이 될 것인지 확신이 서지 않았다. 그래서 우리는 일단 콩피에뉴로 가보고, 거기에서 두 사람 다 파리로 가고 싶어지면 그렇게 하기로 결정하였다.
　콩피에뉴는 마침 장날이었다. 수천 명의 인파가 길거리를 가득 메우고 있었다. 진열대를 왔다갔다하면서 구경하고 말다툼하고 물건을 사고……. 자녀들을 데리고 나온 부모, 몇 사람씩 무리를 이룬 10대들, 혼자 돌아다니는 남녀들, 노부부 등 모두가 공휴일에 쓸 물품들을 사두려고 시내로 몰려들고 있었다(11월 11일 월요일은 휴전기념일이다). 그 가운데는 은행일을 보려고 나온 이들도 있었다. 그냥 친구 만나 재미있게 지내려고 나온 이들도 있었다.
　조너스와 나는 충격을 받았다. 트로슬리에서 조용하고 경건하게 보낸 한 주일과 이곳 시내에서 맞부딪친 소란하고 분주하고 사람들이 들끓고 정신 없는 오후가 너무나도 대조적이니……. 너무 산만하였다. 중심을 잃고 갈피를 잡지 못하는 가운데 낯선 이들의 특징 없는 삶으로 끌려들어가는 느낌이었다. 공동체에서 평화와 기쁨의 시간을 보낸 다음인지라, 우리는 둘 다 상당한 내적 불안감과 서글픔을 맛보았다. 마치 도시가 자신의 향락으로, 수많은 색깔과 움직임과 살 물건들과 쳐다볼 사람들로 우리를 유혹하고 있는 것만 같았다.

조너스는 가난한 장애우들 사이에서 어느 정도 욕망을 벗어난 상태로 지낸 다음에 되돌아오는 '충동질'들에 관하여 이야기하였다. 한동안 우리에게서 떠났던 호기심이 새로운 세력으로 되밀려 왔다. 콩피에뉴에서 인파에 섞여 이리저리 움직이면서, 우리는 하나님 나라와 접촉을 끊고 이 세상의 수많은 '다른 것들'(누가복음 12장 31절)에 대한 욕망에 몸을 맡기고 싶은 유혹을 체험하였다.

우리는 이런 일들을 터놓고 이야기할 수 있어서 기뻤다. 이런 체험들은 흔히 내면으로 숨어들어 부끄러움과 죄책감을 유발하기 십상이다. 그에 반해서 우리는 우리가 세상의 매력에 얼마나 쉽게 유혹당할 수 있는가를 서로 고백함으로써, 우리의 참된 헌신을 재확인하였다. 또 서로 헌신하고자 하는 의지를 지켜줄 수 있었다. 예수님께서 왜 제자들을 혼자가 아니라 둘씩 짝지어 세상으로 내보내셨는지를 전보다 훨씬 잘 이해할 수 있었다. 그들은 둘이 다님으로써 일행과 함께 할 때 터득한 평화와 사랑의 정신을 그대로 유지할 수 있었다. 그 은사를 만나는 사람 모두에게 전할 수 있었다.

콩피에뉴에서 네 시간을 머문 뒤, 우리는 트로슬리로 돌아오기로 결정하였다. 그리고 이곳에서 조용하고 경건하게 일요일을 보냈다. 우리는 아직 파리에 갈 준비가 되지 않았던가 보다!

용서를 받아본 사람이 용서한다
(11월 11일, 월요일)

아침 묵상이 미처 준비되지 않은지라, 오전 7시에 기도실에 앉아 묵상 주제에 관련된 상념에 젖어 있다가, 거기서 나도 모르게 더 나아가 갖가지 생각들에 잠겼다가 그대로 일어서는 때가 잦다.

그런데도 나는 그 상태 그대로 앉아 있어야 한다. 그 일이 전혀 무의미하게 보이더라도. 오늘 아침에는 시편 103편, 나를 용서하고자 하시는 하나님의 간절하신 희망에 관하여 묵상하였다:

> 동이 서에서부터 먼 것처럼,
> 우리의 반역을 우리에게서 멀리 치우시며

나는 온갖 심란함 속에서도 나를 다시 또 다시 용서하고자 하시는 하나님의 열망에 감명을 받았다. 내가 죄를 범한 뒤, 뉘우치는 마음으로 하나님께 돌아가면, 하나님은 언제나 그곳에 계시다가 나를 껴안아 새롭게 출발할 수 있도록 해주신다.

> 주님은 자비롭고, 은혜로우시며,
> 노하기를 더디하시며, 사랑이 그지없으시다.

내 경우, 누군가가 정말 내 비위를 건드리면 용서하기가 어렵다. 그런 짓이 두 번 이상 반복되었을 때는 특히 그렇다. 두 번, 세 번, 또는 네 번 용서를 구하는 사람을 대하면, 그의 성실성에 의심이 가기 시작한다. 하지만 하나님은 셈을 하지 않으신다. 아무런 원망이나 복수하고자 하는 욕구도 없이, 그저 우리가 돌아오기만 기다리신다.

> 주님의 사랑은 그지없으시다.

내가 다른 사람을 용서하기 힘들어하는 이유는 분명히, 내 자신이 용서받고 있는 사람임을 절실히 믿지 않는 데 있을 터. 만일 내가 용서를 받음으로써 부끄러움이나 죄책감에 싸여 살지 않아도 된다는 사실을 충분히 받아들일 수만 있다면, 나는 진정으로 자유로워질 것이다. 그리고 그 자유에 힘입어 다른 이들을 일곱 번씩 일흔 번이라도 용서할 수 있게 될 것이다. 그럼에도 불구하고, 나는 용서하지 않음으로써 내 자신을 복수하고픈 욕망으로 얽어맨다. 스스로 자유를 상실한 채. 용서를 받아본 사람이 용서를 하는 법이다. "우리가 우리에게 죄 지은 자를 사하여 준 것 같이, 우리 죄를 사하여 주옵소서"라고 기도할 때 우리가 선언하고 있는 것도 바로 이것이다.

평생토록 따라다니는 이 갈등, 그리스도인의 삶의 중심에는 바로 이런 갈등이 있다.

용서와 자유

(11월 12일, 화요일)

조너스가 오늘 아침에 떠났다. 아침 일찍 일어나 포도주 잔 두 개를 깨먹으며 부엌을 휘젓고 다닌 끝에, 조너스가 기차에서 먹을 샌드위치를 만들어 가지고 그의 방으로 갔다. 둘이 기도실에서 함께 기도하고 서둘러 아침식사를 마쳤다. 나와 보니, 시몽도 조너스가 기차에서 먹을 샌드위치를 만들어 놓고 있었다.

바바라가 라르쉬의 르노 한 대에다 우리를 태워 역까지 데려다주었다. 역에 당도하자 곧 브뤼셀행 기차가 도착하였다. 우리는 포옹하고, 서로 작별 인사를 나누었다. 그리고 손을 흔들었다. 기차가 사라질 때까지. 바바라가 말하였다: "정말 멋진 분이에요. 저분이 와서 우리한테는 아주 좋았어요. 저분 자신에게도 좋았으면 좋겠어요."

오늘밤 영어권 도우미들을 위한 성만찬예식에서 우리는 예수님의 말씀을 들었다: "네 형제를 마음으로부터 용서하여라." 나는 용서가 가져다 줄 수 있는 자유에 대하여 이야기하였다. 그랬더니, 나중에 내 이야기를 아주 감명깊게 들었다고 말하는 사람이 많았다. 아주 개인적인 것이 아주 보편적이기도 하다는 점을 다시 한번 실감하였다. 조너스는 떠났다. 하지만 그는 아주 잘 떠났다. 이미 그 결실을 맺고 있으니……

8
예수님이 그 중심에 계시니

신실한 경배

(11월 15일, 금요일)

펜실베니아 이리에 있는 라르쉬 공동체의 공동설립자, 조지 스트로메이어가 몇 주일 예정으로 방문해 있다. 오늘 아침 기회다 싶어 라르쉬에 필요한 성직자는 어떤 사람이어야 하는가를 물어 보았다.

  그는 자신이 트로슬리에 처음 왔을 때 경험한 '회심' 이야기를 들려주었다. 그가 좀더 철저하게 예수님을 향하여 돌아선 두 가지 중요한 계기가 있었다. 감동적인 성례전 앞에서 드렸던 경배의 시간들, 그리고 영성지도자 토마와 몇 번 접촉한 일이었다. 그의 이야기를 듣는 동안 분명해진 것이 있었다. 곧 예수님께서 그의 삶 한가운데 자리하고 계시다는 것. 이 점이 성직자라면 누구에게나 분명할 것 같은데도, 늘 그런 것만은 아니다. 조지는 다른 성직자들과는 전혀 딴판으로 예수님을 알게 되었다. 그가 예수님의 이름을 언급할 때, 그것은 깊고 친밀한 만남에서 비롯되고 있음을 알게 된다. 그의 삶은 갈수록 단순해지고, 갈수록 숨겨지고, 갈수록 깊이 뿌리내리고, 갈수록 신뢰가 커지고, 갈수록 개방되고, 갈수록 복음화되고, 갈수록 평화로워지고 있었다. 조지에게는, 라르쉬에서 성직자가 된다는 건 사람들—장애우와 도우미—을 늘 예수님께 가까이 이끄는 것을 뜻한다.

  내 앞에 길고 힘겨운 여정이 가로놓여 있음을 나는 이제 확실히 안다. 이것은 예수님을 위하여 모든 것으로부터 훌쩍 떠나는 여행이다. 이제 나는 예수님이 진실로 중심이 되시는 가운데 살고, 기도하고, 사람들과 함께 있고, 보살피고, 먹고, 마시고, 자고, 읽고, 쓰는 길이 있음을 안다. 장 바니에로부터, 영성지도자 토마로부터, 이곳에 사는 수많은 도우미들로부터 이런 길이 존재한다는 사실을 배웠다. 그리고 부끄럽게도 나는 아직 이 길을 완전히 찾아내지 못했다는 사실을 알게 되었다.

내가 이 길을 어떻게 찾아내야 한단 말인가? 그 해답을 조지가 제시하였다: "신실한 마음으로 경배하여라." 그는 '기도'나 '묵상'이나 '관상'이라고 말하지 않았다. 그는 줄곧 '경배'라는 말을 썼다. 이 말이 모든 주의를 내가 아닌 예수님께 쏟아야 한다는 사실을 분명하게 해준다. 경배한다는 것은 내가 마음 쓰고 있는 모든 것을 떠나서 예수님의 현존 안으로 끌려간다는 것을 뜻한다. 이것은 내가 바라고 열망하고 계획한 것에서 벗어남으로써, 예수님과 그분의 사랑을 온전히 신뢰하게 된다는 것을 뜻한다.

영성지도자 조지와 나눈 대화가 나에게 상당한 질투심을 유발시키고 있다. 그는 마치 강 건너편에 서서 나를 부르며 뛰어들어 헤엄치라고 말하는 것 같다. 겁이 난다. 빠져죽을 것 같다. 강 이편의 온갖 좋은 것을 포기할 준비가 전혀 안 되어 있는데…… 그러면서 동시에 그쪽에 가고 싶기도 하다. 그는 자유와 기쁨과 평화를 이미 찾아낸 것 같다. 그에게는 나에게 없는 명확성, 철저한 단순성, 완전한 헌신, 독서나 연구에서 나온 것이 아니라 하나님께 선물로 받은 비전이 있다. 부럽다. 동시에 우유부단함과 망설임과 의심도 든다. 내 안에 한 소리가 있어 이렇게 말한다: "너는 광신자, 분파주의자, 변덕스런 예수쟁이, 편협한 열광주의자가 되고 싶어하지 않는구나……너는 여전히 수많은 존재방식들에 개방적이고, 수많은 선택들을 탐구하고, 수많은 일들에 대한 지식을 쌓으려 하고 있구나……." 이런 목소리를 믿어서는 안 된다는 걸 모르는 게 아니다. 이것은 나를 예수님께 온전히 헌신하지 못하도록, 하나님께서 내가 이 세상에서 걸어갔으면

하고 바라시는 길을 올바로 직시하지 못하도록 막는 소리다.

예루살렘 과부가 갖고 있는 돈 전부를 헌금했듯이, 부유해서가 아니라 가난함에도 불구하고 바치는 일은 복음서에 나오는 커다란 도전이다. 내 삶을 엄밀하게 들여다보면, 나의 헌금은 늘 수중에 많은 돈이 있을 때나 가능하였다. 내가 하나님이나 다른 이들에게 바치는 것은 가진 돈의 일부, 가진 시간의 일부, 가진 힘의 일부, 가진 생각의 일부일 뿐이다. 내 자신의 안전에 필요한 돈이나 시간이나 힘은 언제나 넉넉하게 남겨 두고 있다. 그리하여 하나님이 그 한없는 사랑을 보여주실 만한 기회조차 제대로 마련해 드리지 못하고 있으니……

아마도 영성지도자 조지의 선례를 따르는 일이 내가 할 수 있는 최선의 일일 것이다. 날마다 감격스러운 성례전 안에서 예수님을 경배하고, 영성지도자 토마의 말에 좀더 귀를 기울이고, 부단히 가난한 이들과 함께 하는 삶을 선택함으로써……

불순한 마음
(11월 17일, 주일)

지난 사흘 동안 탕자 이야기를 묵상해 왔다. 이것은 돌아오는 것에 관한 이야기이다. 돌아오는 것이 왜 중요한지를 나는 거듭거듭 깨닫는다. 내 삶은 하나님과 동떨어져 멀리 흘러가 버리곤 한다. 따라서 나는 돌아와야 한다. 내 마음은 내 첫사랑에서 멀어져 가곤 한다. 따라서 돌아와야 한다. 내 정신은 이상한 심상들로 방황하곤 한다. 따라서 돌아와야 한다. 돌아오는 일은 평생토록 이어지는 몸부림이다.

탕자가 다소 이기적인 동기를 지니고 있었다는 게 나한테는 충격이다. 그는 혼자서 이렇게 말하였다: "내 아버지의 그 많은 품꾼들은 빵이 남아도는데 나는 여기서 굶어죽게 되었구나. 일어나 아버지에게로 돌아가서 말씀드려야지." 그는 자기 아버지에 대한 사랑이 새롭게 솟구쳐서 돌아온 것이 아니었다. 그저 살아 남기 위하여 돌아왔다.

스스로 선택한 길이 자신을 죽음으로 몰아가는 길임을 확인하였기에……. 따라서 아버지에게로 돌아온 것은 살기 위해서 불가피한 일이었다. 자기가 죄를 지었다는 사실을 깨닫기는 하였다. 그러나 그것은 죄가 자신을 죽음 직전까지 몰아 넣었기 때문에 생긴 깨달음일 뿐이었다.

그런데 그 아버지가 좀더 고상한 동기를 요구하지 않았다는 사실이 나에게는 감동적이었다. 아버지의 사랑은 그저 아들이 집에 오는 것만을 반길 만큼 아주 완전하고 무조건적이었다.

참으로 용기를 주는 사랑이다. 하나님은 우리를 껴안기 이전에 순결한 마음을 요구하지 않으신다. 비록 우리가 우리 욕망을 따르다 행복을 얻지 못해서 돌아올지라도, 하나님은 우리를 거두어 주신다. 이교도가 되는 것보다 그리스도인이 되는 게 한결 편하기에 돌아올지라도, 하나님은 우리를 받아 주신다. 죄를 범하여 기대했던 것만큼 많은 만족을 얻지 못한 채 돌아올지라도, 하나님은 우리를 거두어 주신다. 만족을 손에 넣지 못하였기에 돌아올지라도, 하나님은 우리를 받아 주신다. 하나님의 사랑은 우리가 왜 돌아왔는지 설명해 보라고 조금도 요구하지 않으신다. 하나님은 우리가 집에 돌아온 사실 그 자체를 기뻐하신다. 그저 집에 돌아왔다는 이유만으로 우리가 바라는 것을 모두 베풀어 주려 하신다.

렘브란트가 그린 〈탕자의 귀향〉을 떠올려 본다. 연로하여 눈이 침침한 아버지가 돌아온 아들을 한없는 사랑으로 품에 껴안는다. 아들의 양 어깨에 올려놓은 두 손! 하나는 강하고 남성다운 손이요, 다른 하나는 부드럽고 여성스러운 손이다. 아들을 들여다보지는 않지만, 지친 아들의 젊은 육체를 감촉으로 느끼면서 그저 품 안에서 쉬도록 해준다. 아버지의 널찍하고 붉은 망토는 연약한 새끼들을 감싸는 어미새의 두 날개라고나 할까! 그는 단지 이렇게만 생각하는 것 같다: '내 아들이 집에 돌아왔어! 너무너무 기뻐! 내가 또다시 내 아들과 함께 있게 되다니!'

그런데 왜 이렇게 망설여지는 걸까? 하나님은 저기 서서 두 팔을 벌리고 나를 껴안아 주려고 기다리고 계신다. 그분은 내 과거에 대하여 아무 것도 묻지 않으실 것이다. 그분이 바라시는 것은 오직 내가 돌아오는 것뿐이다.

질투하시는 사랑

(11월 18일, 월요일)

하나님께서는 내 삶의 일부가 아닌 전부를 원하고 계신다는 생각이 커지고 있다. 아주 많은 시간과 관심을 하나님께 쏟으면서 나머지는 내 것으로 간직한다? 그것만으로는 충분치 못하다. 자주 뜨겁게 기도한 뒤 그곳을 떠나 내 일로 옮아간다? 그것만으로는 충분치 못하다.

내가 여전히 불안하고 초조하고 긴장되어 있는 이유를 알아내려고 노력하는 과정에서, 나는 내가 아직 모든 것을 하나님께 내드리지 않았다는 사실을 불현듯 깨달았다. 나는 특히 시간에 대한 나의 탐욕에서 이 사실을 감지하곤 한다. 사상을 발전시키고, 계획한 일들을 끝내고, 바라는 것을 이루기 위하여 충분한 시간을 갖는 것은 정말로 나의 커다란 관심사다. 따라서 내 삶은 사실 하나님을 위한 부분과 내 자신을 위한 부분, 이 둘로 딱 쪼개져 있는 셈. 이렇게 쪼개진 삶이니 평화로울 수가 있겠는가!

하나님께 돌아간다는 것은 나의 온 존재, 내가 지닌 모든 것, 바로 그것과 함께 하나님께 돌아가는 것을 뜻한다. 내 존재의 절반만 가지고 하나님께 돌아갈 수는 없다. 오늘 아침, 탕자 이야기를 다시 묵상하면서 아버지 품에 안긴 나 자신을 체험하려고 애썼다. 그 과정에서 별안간 느낀 게 있다. 아주 충분히 그리고 완전히 안기지 않으려는 어떤 저항이었다. 그러니까 안기고 싶은 욕망, 독립성을 상실하지 않을까 하는 두려움, 이 둘을 동시에 체험한 것이다. 하나님의 사랑은 질투하시는 사랑이라는 걸 깨달았다. 나의 일부가 아니라 나의 전부를 원하고 계셨다. 부모 같으신 하나님 사랑에 나 자신을 완전히 내

맡길 때라야, 끝없는 심란함에서 자유하게 되고, 사랑의 음성을 들을 준비가 되며, 내 자신의 독특한 소명을 알아차릴 수 있으리.

　이것은 참으로 머나먼 길이 될 것이다. 나는 기도할 때마다 갈등을 느끼고 있다. 이것은 하나님께서 내 온 존재의 하나님이 되시도록 만들려는 몸부림이다. 이것은 참된 자유가 하나님의 사랑을 향한 철저한 포기 속에 감추어져 있음을 믿으려는 몸부림이다.

　예수님을 따르는 것은 이 몸부림에 뛰어들어 참 자유를 발견하는 통로다. 이 통로는 십자가의 길이요, 참 자유는 죽음을 이기는 승리 속에서 발견된다. 아버지에 대한 철저한 순종은 예수님을 십자가로 이끌었다. 그 십자가를 통하여 더 이상 이 세상의 경쟁놀음에 종속되지 않는 생명으로 나아가셨다. 예수님은 아무 것에도, 심지어는 만족스런 신앙 체험들에도 매이지 않으셨다. "나의 하나님, 나의 하나님, 어찌하여 나를 버리셨나이까?"라는 말씀은 아버지를 향한 철저한 자기 포기를 어렴풋이나마 보여준다. 그분에게는 매달릴 만한 게 아무 것도 남지 않았다. 이처럼 완전한 자기 포기를 통하여 완벽한 일치와 완벽한 자유를 얻으셨다. 예수님께서 나에게 말씀하신다:

　　　와서 나를 따라라……내가 온 것은 네가 생명을 얻고 더 얻
　　어 넘치게 하려는 것이다(요한복음 10장 10절).

옳은 말을 찾아라
(11월 28일, 목요일)

　말, 말, 말! 오늘밤 우리는 '주말 묵상'에 들어갔다. 내일 공동체의 도우미들 전체를 대상으로 대화를 하는데, 그때 사용할 프랑스어 낱말들을 찾느라 온종일 사전을 뒤적였다.

　나는 외국어로 말하면서도 어떻게 하면 좀더 자연스럽게 할 수 있을까 끊임없이 고심한다. 실수하지 않으려는 욕구때문에 자유로운 표

현이 안 될 수도 있다. 하지만 지나치게 실수를 많이 하면 사람들의 정신을 분산시켜 전하려는 메시지를 제대로 듣지 못하게 만든다.

그러나 나의 주된 문제는 훨씬 더 차원이 깊다. 나보다 훨씬 더 깊이 회심하는 이들에게 내가 무슨 말을 하겠는가? 나는 절망으로 가득 찬 세상 한복판에서 희망에 대하여 이야기해 달라는 부탁을 받아 왔다. 하지만 스스로의 삶이 희망의 증거가 되고 있는 사람들에게 내가 무어라 희망을 이야기할 수 있단 말인가? 이곳 라르쉬에 있는 250명의 도우미들은 세상이 무용지물로 간주하는 이들과 소박한 삶을 영위하기 위하여 고향과 명예와 재산을 버린 사람들이다. 그리고 바로 이 사실이 희망을 아주 근본적인 방식으로 증거하고 있다.

그래서 나는 탄광의 본 고장 뉴캐슬로 석탄을 지고 가는 기분이다. 네덜란드 사람들의 표현대로라면, "올빼미 천지인 아테네에 올빼미를 데리고 가는 격"이다. 또 프랑스 사람들의 표현대로라면, "물을 들고 강에 가는 꼴"이다. 아무튼 어떤 표현을 쓰든, 회심한 이들에게 훌륭한 이야기를 한다는 일은 힘겨운 일이다. 내가 이야기를 해야 하는 까닭은 이야기해 달라는 요청을 받았기 때문이다. 기쁜 소식을 선포하는 것이 내 소명이기 때문이다. 이 경우에 내가 믿는 구석이 있다. 곧 내일 내 말에 귀기울일 사람들이 나의 더듬거리는 이야기 이면까지 알아들을 수 있으리라는 것이다. 그들이 기왕에 선택한 일을 스스로 재확인할 수 있으리라는 것이다. 나 스스로 내가 하는 말들을 철저히 믿음으로써 실천에 옮길 수 있는 용기를 얻도록 도와줄 수 있으리라는 것이다. 때때로 발언이 가져오는 중요한 결실이 발언자 자신의 회심이 되는 경우가 있다!

이러한 희망이 있기에, 나는 앞으로 나아갈 수 있다. 이러한 희망이 있기에, 내 말이 나에게 그 효력을 발휘할 수 있다.

진정 교회란 무엇인가?

(11월 29일, 금요일)

주말 묵상은 라르쉬에만 있는 특유한 것이다. 1년에 도우미들이 장애우 없이 함께 모여 라르쉬 생활을 성찰하는 유일한 시간. 일종의 영성수련이면서, 축제이기도 하다. 기도하고 찬양하고 생각하는 시간. 서로를 알고 서로가 한 몸의 지체들임을 피부로 느끼는 시간이다.
　'쉼터'들은 서로 다른 네 개의 마을에 분산되어 있다. 그리고 도우미들은 대부분 집안에만 있어야 한다. 그래서 평소에는 라르쉬에서 일하는 사람들이 얼마나 되는지 가늠하기가 힘들다. 그러다가 지난밤 주말 묵상을 시작하는 자리에서 라르쉬 공동체의 엄청난 규모를 직접 목격하고 깜짝 놀라지 않을 수 없었다. 그 자리에 모인 남녀는―젊은이, 노인, 기혼자, 미혼자 등 마음이 가난한 이들과 함께 하기 위하여 세계 도처에서 찾아든 이들인데―놀랍게도 250명 가량이나 되었다. 그들은 모두 함께 모여 즐기는 이 축제 분위기를 흐뭇하게 여기고 있었다. 남녀 장애우들 대부분은 도우미들이 마음놓고 기분전환을 할 수 있도록 고향집이나 '자매결연 가정'으로 떠나고 없었다.
　평소에 장애우 형제자매들과 함께 분주한 집에서 숨어 사는 이 사람들이 정말로 얼마나 너그러운 마음의 소유자들인지를 알게 되었다. 함께 이야기하고 웃고 노래부르고 기도하는 사이에, 교회라는 낱말이 지닌 가장 훌륭한 의미의 교회를 체험하였다. 곧 함께 하나님을 찬양하고 가난한 이들을 섬기도록 부름받은 사람들로 이루어진 교회였다.
　오늘 아침 내가 한 주제 발표는 반응이 괜찮았다. 기대했던 것보다 훨씬 좋은 반응이었다. 내가 구사하는 프랑스 말을 이해하는 데 곤란을 느꼈던 사람은 아무도 없는 것 같았다.
　나는 절망에서 희망으로 넘어가는 움직임에 대해 말했다. 절망이 상호관계 안에서, 크게는 세계에서, 그리고 교회 안에서 어떻게 드러나고 있는지를 죽 묘사했다. 절망하는 세계 한복판에서 어떻게 기도와 저항과 공동체가 희망찬 삶의 세 가지 흐름이 되는지도 말했다.
　도우미들의 따뜻한 반응에 고마움을 느낀다. 그 덕에 내가 이 공동체의 일원이라는 점을 더욱더 느끼게 된다. 나에게 너무도 많은 것을 베풀어 준 사람들에게 조그마한 보답이라도 했다는 기분이 든다.

9
중요한 일인가, 시급한 일인가

좀더 가까운 관계
(11월 30일, 토요일)

오늘 나에게 가장 중요했던 사건이라면, 내 공동작업자인 피터 웨이스컬이 이곳에 온 일이다. 피터는 오늘 아침 보스턴에서 브뤼셀로 날아와 오후 7시에 기차편으로 콩피에뉴에 도착하였다. 그가 두 주일 동안이나 이곳에 있게 되다니 굉장한 일이다.

우리가 엄청 멀리 떨어진 상태에서 함께 일한다는 것이 언제나 쉬운 일만은 아니었다. 비록 편지와 전화를 통하여 정기적으로 연락을 취하기는 했지만, 의사소통이 어려운 때가 많았다. 혼선을 빚는 경우도 간혹 있었다.

피터로서도 내가 이곳 프랑스에서 보내고 있는 일상 생활을 제대로 그려 내기가 힘이 들었다. 내가 이 일기에 묘사하고 있는 상황들을 부분적으로나마 완벽하게 감지하기도 힘이 들었다.

아무쪼록 그가 이곳에 머무는 두 주일 동안 라르쉬를 좀더 생생하게 느낄 수 있었으면 좋겠다. 그리고 더 바램이 있다면, 내가 여기서 기록하고 있는 몇 가지 관심사를 철저하게 사고하도록 도와줄 수 있었으면 좋겠다.

최초의 고딕식 홍예문!

(12월 1일, 주일)

오후에 피터와 함께 모리앙발 교회에 가서 저녁기도회에 참석하였다. 모리앙발은 트로슬리에서 차로 반 시간 가량 걸리는 작은 마을이다.

우리가 도착했을 때는 대림절 첫째주일을 맞아 30여 명이 저녁기도를 드리고 있었다. 뜻밖이었다. 전혀 예상하지 않았던 일이었다. 그들은 대부분 인근 수도원의 수도사들이었다. 이 소박한 예배를 이끌던 성직자는 1745년 베네딕트수녀회가 이곳을 떠난 후로 저녁기도를 한번도 드린 적이 없었고, 이 교회도 당시 수도원에서 쓰던 것이라고 말해 주었다. 몇 명 안 되는 신자들과 함께 기도드리는 것은 정말이지 감명 깊은 체험이었다. 우리는 몇 세기를 뛰어넘어 우리보다 앞서갔던 이들과 연결된 기분이었다. 자그만치 240년 동안이나 중단되었던 기도를 이렇게 이어받은 셈이니…….

이 사실 자체만으로도 아주 특별한 것이었다. 그런데 기도회가 끝나고 성전을 돌아보던 우리는 프랑스에서 가장 귀한 보물 가운데 하나를 둘러보고 있다는 사실을 알게 되었다. 1050년 경, 로마네스크 양식으로 세워진 이 교회에는 중앙 본당이 하나, 측랑이 셋, 거대한 시계탑이 하나 있었다. 널따란 익랑과 반원형 성가대 양쪽에는 아름답게 조각된 단아한 탑 두 개가 놓여 있었다. 대성전에 비하면 작고 수수한 예배당이었다. 그러나 11세기 성전이 이토록 훌륭하게 보존되어 있다는 것이 그저 놀랍기만 하였다. 중세의 봉토분쟁도, 프랑스혁명도, 1·2차 세계대전도 성전에 아무런 피해를 입히지 않았던 것이다. 이것은 프랑스에서 가장 훌륭하게 보존된 로마네스크 교회들 가운데 하나임이 틀림없었다.

그 교회를 섬기는 성직자는 우리에게 성전의 역사를 열심히 이야기해 주었다. 그는 우리를 반원형으로 튀어나온 처마로 데려갔다. 그리고는 상층부가 둥그런 다른 로마네스크 홍예문들과는 대조적으로, 그 부분이 뾰족한 홍예문을 보여 주었다. 그러면서 마치 비밀을 털어 놓기라도 하듯이 속삭였다: "사람들 말로는 이것이 세계 최초의 고딕식 홍예문이라고 하더군요." 그 설명을 들으면서 여러 세기를 지배한 고딕 양식의 최초 작품 앞에 서 있다고 생각하니 감회가 깊었다. 성전은 전체적으로 볼 때 여전히 둥그렇고 평평하고 단조로웠다. 하지만 건축가는 이미 여기서부터 좀더 높이 하늘나라로 치솟으려는 충동을 표현하고 있었다.

그 교회 성직자는 불이란 불을 죄다 켜보이고, 종각에 걸린 종들을 모조리 울리게 하였다. 그러자 사방이 빛과 소리로 가득 찼다. 우리는 900년 전에 살았던 사람들의 믿음과 신심을 어렴풋이나마 대하는 특전을 누리고 있음을 느꼈다. 그들도 우리가 방금 노래했던 시편들을 노래했으리라. 우리와 마찬가지로 똑같은 주님을 향하여 기도했으리라. 우리는 기쁨이 가득하고 희망을 주는 과거와 직결되어 있음을 다시 한번 느꼈다.

그 교회를 떠날 때, 트랜지스터 라디오를 크게 틀고 광장을 가로지르는 10대들이 우리를 20세기로 불러내고 있었다. 그럼에도 불구하고, 우리는 성전을 쳐다보며 이 기도의 집에 서린 아름다움을 알아차리고 서로 다짐하였다: "꼭 이곳에 다시 와서 저녁기도를 드립시다." 그렇게 하는 게 옳을 것 같았다. 성전은 기도드리기 위하여 지어진 집이니…….

조각난 우리 삶

(12월 2일, 월요일)

오늘은 쓸 것이 별로 없다. 있다면, 사소한 좌절, 훼방, 그리고 심란함뿐. 오늘도 그랬지만, 요즈음은 하루하루가 실감이 안 난다. 별 느낌이 없다고나 할까. 수많은 편지, 전화, 짤막한 방문, 간단한 대화가 줄을 이었음에도 불구하고, 참다운 일, 살아 있다는 생생한 느낌, 방향감각 등이 영 없었다. 조각나 버린 것 같은 하루—어쩌면 글로

적을 때를 제외하고는—도무지 하나로 모아지지 않는 것 같다.

영성 생활의 위대한 선물들 가운데 하나는 이런 날들도 결단코 낭비가 아니라는 점을 아는 것이다. 여전히 한 시간에 걸친 기도가 있었다. 여전히 성만찬예식이 있었다. 여전히 삶의 선물들에 감사드리는 순간들이 있었다. 그런가 하면, 이런 하루도 나를, 수많은 나날들이 이런 식임에도 전혀 손쓸 도리가 전혀 없는 수천, 수백만의 사람들과 결합시켜주고 있음을 깨닫는 기회도 맛보았다. 진실로 무수한 남녀들, 어린이들이 창조적인 삶을 꿈꾸고 있다. 그러나 자신의 삶을 조형할 수 있을 만큼 자유롭지 못하다. 그런 까닭에, 그들은 자신들의 꿈을 실현할 수 없다. 오늘밤은 그런 이들을 위하여 기도드려야지……

중요한 것을 선택하라

(12월 3일, 화요일)

오늘 아침 영성지도자 앙드레에게 내 자신의 초조에 관하여 이야기하였다. 앙드레는 벨기에 출신의 예수회 영성지도자다. 일년에 얼마를 트로슬리에서 보내고 있다. 그는 라르쉬에서 양성기 3년째를 맞이한 예수회 회원들을 지도하면서, 많은 도우미들의 영성지도도 담당하고 있다. 끔찍하게 바쁘다는 기분이 들면서도 올바른 길을 가고 있다는 진정한 느낌이 들지 않는 내 마음을 그에게 털어놓았다. 앙드레는 그것에 대한 답변으로, 시급한 일과 중요한 일의 차이점을 끊임없이 주목해야 한다고 말하였다. 시급한 일이 하루를 지배하게 되면 진실로 중요한 일을 하나도 하지 못할 것이고, 그러다 보면 언제나 불만을 느끼게 된다는 말이었다. "시급한 일들은 늘 주위에 널려 있을 겁니다. 그것이 부분적으로는 당신의 성격이요 당신의 생활방식입니다. 당신은 분주한 생활에서 벗어나고자 하버드에서 트로슬리로 왔지만, 트로슬리의 생활도 하버드나 다름없이 금방 분주해지고 만 겁니다.

당신에게는 어디에 있느냐가 문제가 아닙니다. 어디에 있든 그곳을 생활화하느냐 못하느냐가 문제인 것입니다. 그런 만큼 당신은 끊임없이 중요한 일을 선택할 수 있어야 합니다. 시급한 일도 기꺼이 뒤로 미루거나 그냥 넘길 수 있어야 합니다."

이 권고가 더없이 옳다는 사실을 왜 모르겠는가! 하지만 이것을 실천에 옮기는 일이 무척이나 어렵다는 사실도 안다. 그래서 되물었다: "그냥 넘겨도 좋은 것이 무엇인지 어떻게 안단 말입니까? 편지에 답장을 보내지 않아도, 책을 쓰지 않아도, 사람들을 찾아보거나 맞아들이지 않아도, 기도하지 않아도, 장애우들과 많은 시간을 보내지 않아도 된다는 말씀입니까?" 그러자 그가 말하였다: "당신이 순종하고자 하는 대상이 누구인가는 당신이 결정해야 합니다."

우리는 순종 문제에 대하여 많은 이야기를 나누었다. 그러던 가운데 그가 말하였다: "내가 당신의 윗사람이라면 이렇게 말할 겁니다. 당분간 저술을 중단하시오. 편지에 답장을 보내시오. 찾아온 이들을 반갑게 맞아 주시오. 기도하시오. 그리고 너무 심하게 걱정하지 말고 그냥 이곳 라르쉬에 머무시오."

집에 돌아왔을 때에는, 훨씬 자유로워진 느낌이었다. 답장들을 쓰기 시작했다. 이런 식으로 시간을 보내는 것이 마냥 기분좋게 느껴졌다. 심지어 내 자신을 향하여 '너는 더 이상 아무 것도 할 수 없어!'라고 할 수 있었다. 일에 집중하다 보니, 초조함도 사그러들었다.

마음의 지식
(12월 4일, 수요일)

오늘밤 나는 오아시스 '쉼터'로부터 주간 모임과 만찬에 참석해 달라는 초대를 받았다. 이 '쉼터'의 장애우 다니엘의 아버지가 돌아가셨다는 소식을 들은 참이라서 그런지, 평소와는 다른 저녁이었다. 자기 표현에 심각한 어려움을 겪는 이들을 위로하고 격려하려면, 각별한 주의와 배려가 필요하다. 오아시스의 도우미들은 이 시간에 슬픔에 잠긴 다니엘을 어떻게 이끌어 주어야 할지 막막해 하였다.

모임 내내 관심의 초점은 다니엘이었다. 다니엘은 아들의 죽음을 더없이 서러워하시는 할머니의 모습에서 큰 감명을 받았다는 이야기를 어렵게 꺼냈다. 사람들은 깊은 사랑과 관심을 가지고 그의 말에 귀를 기울였다. 마침내 다니엘이 깜짝 놀랄 제안을 하였다. '쉼터' 식구들 전부에게 자기 방으로 와서 기도를 해달라고 청한 것이다. 저녁기도에 한 번도 나오지 않고 자신의 사생활을 고집스레 감추려 들던 다니엘이었는지라 놀랄 수밖에 없었다. 사람들도 그의 방에 들어가 본 적이 없었다. 그런데 오늘밤에는 모두가 자신의 삶 속으로 좀더 깊숙이 들어와 슬픔에 잠긴 자신과 함께 있어 주기를 청한 것이다. 방바닥에는 촛불 몇 개와 작은 성화상 몇 개가 놓여 있었다. 또 다른 장애우인 페페가 돌아가신 자기 어머니의 사진을 가져다 촛대와 성화상 뒤쪽에 안치하였다. 슬픔을 함께 하는 이같은 연대표시는 매우 감동적이었다. 페페는 말이 거의 없는 사람이다. 그런데 자기 어머니의 초상화를 다니엘의 방에 가져다 놓음으로써 그 어떤 사람의 위로의 말보다 훨씬 깊은 말을 해주고 있었다.

우리 열두 사람은 다니엘의 좁은 침실에 웅크리고 앉았다. 그리고 그와 그의 아버지, 어머니, 할머니, 친구들을 위하여 기도하였다. 그리고는 그에게 예수상을 보여주면서 이분이 누구인지 아느냐고 물었다. 그랬더니 그는 "예수님이죠, 늘 숨어 있는 분이시죠."라고 대꾸하였다. 다니엘에게 예수님은 접근하기 힘든 분이었다. 하지만 오늘밤 이 몇 안 되는 벗들이 그에게 예수님을 다른 어느 때보다 피부로 느낄 수 있게 해주었던 것이다.

도우미 가운데 한 사람이 나를 차로 집에 데려다주면서 말하였다: "우리는 다니엘을 어떻게 도와야 할지 걱정하고 있었는데, 다니엘 자신이 그 누구도 생각해 내지 못한 방법을 제시해 준 셈이네요. 마음은 이성보다 훨씬 많은 것을 알고 있다는 증거죠."

가난한 사람들은 행복하다

(12월 5일, 목요일)

주말 묵상이 마감되는 지난 주일 아침에 장 바니에가 짤막한 설교를 하였다. 그 자리에서 그가 한 몇 가지 이야기는 한 주간 내내 내 머리 속을 떠나지 않았다. 이제 와서 깨달은 것이지만, 그의 이야기는 나에게 특별한 의미를 지니고 있었다. 그저 아름다운 이야기 정도로 지나쳐서는 안 되겠다는 생각이 든다.

나에게서 떠나지 않는 생각은 세 가지다. 첫째는, 장애우들과 함께 하는 삶과 일은 결코 시간이 더 오래 지난다고 해서 쉬워지는 법이 아니라는 것이다. 장 바니에는 오히려 더 어려워지는 경우가 많다면서 자신의 갈등을 이렇게 털어놓았다: "나는 곧잘 가난한 이들과 함께 있고 함께 사는 꿈을 꾸곤 합니다. 그러나 정작 가난한 이들이 필요로 하는 것은 내 꿈도, 내 아름다운 생각도, 내 심오한 성찰도 아닙니다. 구체적인 내 존재입니다. 나는 이 실질적인 존재를 존재하고 있다는 멋진 생각으로 대체하고 싶은 유혹에 늘 시달립니다."

둘째는, 우리가 느낌에서 신념으로 옮겨가야 한다는 것이다. 우리와 장애우의 관계가 느낌과 기분의 차원에 머무르고 있는 한, 장기적이고 평생 지속될 헌신은 이루어지지 못한다. 장애우들 곁에 머무르고 싶지 않은 기분일 때에도 곁에 머무를 수 있으려면, 하나님께서 우리를 기분이 좋든 나쁘든 가난한 이들과 함께 있도록 부르셨다는 확신이 필요하다. 장은 한 달, 반년, 또는 일년 기간으로 라르쉬를 찾아오는 수많은 이들에게 고마움을 전하였다. 이것도 그들 자신과 라르쉬에 중요한 일이라고 말하였다. 하지만 라르쉬가 가장 필요로 하는 것은 언제까지나 장애우들과 함께 머물도록 부름받았다고 확신하는 사람들이다. 그리고 이러한 신념을 통하여 비로소 서원까지 가능해진다. 가난한 이들과 영구적인 유대를 맺게 만든다.

끝으로, 가난은 아름답지도 즐겁지도 않다는 것이다. 정말 가난해지기를 바라는 사람은 아무도 없다. 우리 모두가 가난에서 벗어나고 싶어한다. 그렇지만……하나님은 가난한 이들을 각별한 형태로 사랑하신다. "예수님께서는 '가난한 이들을 섬기는 사람은 행복하다.'라고 말씀하지 않고, '가난한 사람은 행복하다.'라고 말씀하셨지요." 장의 이야기는 나에게 깊은 충격을 주었다. 가난해지는 일이야말로 예수님께서 우리에게 권하시는 일이요, 가난한 이들을 섬기는 것보다 훨씬 더 힘든 일이다. 우리 자신을 들어 높여주는 어떤 것들을 선사할 능력이 없는 사람들과 연대하는 드러나지 않고 보잘것없고 부러움살 일 없는 삶은 결코 매력적인 것이 못된다. 이것이 바로 가난에 이르는 길이다. 결코 수월한 길은 아니다. 그러나 바로 그것이 하나님의 길이요 십자가의 길이다.

  이상의 세 가지 주제는 나에게 심각한 충격을 주었다. 하나님께서는 내가 그냥 지나칠 수 없는 방식으로 나에게 말씀하고 계신다. 장의 생각들은 나에게 훨씬 더 필요한 것들이다. 새로운 삶의 방향을 식별하기 위하여 내 자신이 곰곰이 음미해 보아야 할 중요한 주제들이다.

10
가난과 부

은둔 생활

(12월 6일, 금요일, 파리)

피터에게는 유럽 방문이 처음이다. 그래서 조그만 마을 트로슬리와 인근 촌락들만 구경하는 것으로 끝내서는 안 되겠다는 생각이 들었다. 그래서 우리는 파리에서 하루 밤을 보내면서 이 위대한 도시의 아름다움을 만끽하고 이곳의 정신생활을 다소나마 느껴 보기로 하였다. 오늘밤 우리는, 프랑스 안에서 새로운 종교적 생명력이 가장 활발하게 일어나는 중심지 가운데 하나인 생제르베 교회에서 저녁기도와 예배를 드렸다.

생제르베는 '예루살렘 은둔수도회'의 영성적 고향이다. 남녀 수도회가 나란히 있는 이 수도 공동체는, 과거에 위대한 관상수도회들이 평화로운 시골에다 수도원을 세운 데 반하여, 이 도시를 자신들의 기도장소로 선택하였다.

생제르베 교회에서 수사수녀들과 함께 예배에 참석하려고 직장에서 곧바로 달려온 수백 명의 파리 시민들, 그들과 함께 기도드리는 일은 피터에게도 나에게도 정말 감명 깊은 체험이었다. 이곳 수사수녀들이 입은 흰옷은 길면서도 아주 우아하였다. 연주되는 음악은 경건하면서도 다채로운 음색이 비잔틴 예배를 연상시켰다. 성화상들과 촛대들이 있고 향불도 있었다. 사람들은 맨바닥에 앉기도 하고 작은 의자에 앉기도 하였다. 분위기는 더없이 차분하면서도 율동적이고 경건하며 평화로웠다. 부산하고 바쁜 도심의 거리에서 거대한 교회로 들어와 담담한 광채를 발산하는 예배에 몸담는다는 사실이 우리 두 사람에게 깊은 인상을 남겼다.

피터가 예루살렘 형제자매들의 영성을 기술한 안내지 한 장을 집어 왔기에 읽어 보았다:

오늘의 도시생활! 일부는 미래걱정, 일부는 유유자적! 서로가 서로를 모른 채 외롭게 살아가는 일종의 사막이다. 예루살렘의 형제자매들은, 현재 어디를 가나 그렇듯이, 사람들과 결속을 맺으며 살려고 한다. 그들은 누구에게나 자유로이 열려 있는 일종의 오아시스―기도로 살아있고, 따뜻한 환대와 나눔의 정신이 피어나는 고요한 장소, 실제 생활이 말과 행동 이상의 의미를 갖는 그런 자리―를 제공하고 싶어한다. 사회적 배경이나 연령 또는 인생을 바라보는 시각과 무관하게, 모든 사람이 와서 하나님을 함께 찾아가는 탐구에 동참할 수 있는 평화로운 장소, 그곳이 바로 이곳이다.

생제르베에서 우리는 이 말들을 실감하였다. 도시 한가운데서 정말 관상생활을 할 수 있는가 하는 문제는 내가 자주 생각해 오던 것이다. 과연 가능할까? 아니면 낭만적인 꿈에 불과한 것일까? 케임브리지에 있을 때, 나는 학생들을 데리고 이와 비슷한 생활을 해보려고 시도한 적이 있었다. 그러나 분주함과 초조함과 내적 갈등 등, 나에게는 그럴 만한 채비가 되어 있지 않다는 사실을 알게 되었다. 철저하게 요구만 하는 대학에서 쌓을 수 있는 것보다 훨씬 강도 높은 내적 수련이 필요했던 것이다. 그런데 예루살렘의 형제자매들은 그 일을 해내고 있다. 그들은 이렇게 자신들을 소개하고 있었다:

그들은 인구 천만의 대도시 파리에서 살기로 작정하였다.

그들은 스스로가 도시생활의 버거움, 소외, 갈등, 일, 제한사항을 체험해 보았다. 그들은 파리의 스트레스, 소음공해, 기쁨과 슬픔, 가득 찬 죄, 그리고 거룩을 알고 있다. 그들은 파리 사람들과 함께, 하늘나라를 선포하는 징표들을 바로 그 겸허한 방식으로, 하지만 전심전력을 다해 지적해 내고, 세상을 떠나되 세상과 친교를 나누고, 다른 이들과 떨어지되 함께 나누는……그런 삶에 도움을 주려고 애쓴다. 그들은 베네딕트수도회도, 트라피스트수도회도, 가르멜수도회도, 도미니코수도회도 선택하려 하지 않는다. 그들은 '도시 사람들', 다시 말해서 '예루살렘의 수사수녀들'이다.

파리, 그 부와 가난
(12월 7일, 토요일)

피터와 나는 오늘 파리 시내를 걸어다니면서 도시의 풍요와 빈곤을 동시에 느껴야 했다. 상점은 서점이든 식품점이든 다른 도시에서는 거의 찾아보기 힘들 만큼 풍부하고 다채로웠다. 시내를 가득 메운 사람들은 구경하고 사고 커피를 마시고 하하호호 이야기꽃을 피우고 웃고 입맞추고 놀았다. 지하도에서는 차에다 이동식 마이크와 고성능 스피커를 부착한 기타 연주자와 가수들이 락음악을 부르면서 돈을 요구하고 있었다. 우리가 탔던 어떤 지하철에서는 춤추는 달과 말하는 곰이 나오고 감미로운 선율이 흐르는 인형극을 보여 주었다.

파리는 생명과 움직임, 미술과 음악, 나이와 인종과 국적이 각양각색인 사람들로 차고넘치는 곳. 너무 많은 것들과 맞부딪치기 때문에—그것도 흔히 동시에—엄청나게 다양한 인상들에 얼떨떨해지는 곳이다. 파리는 실로 사람을 유쾌하게 하고 놀라게 하고 흥분하게 하고 욕망에 부풀게 한다. 반면, 무척 피곤하게 만들기도 한다.

우리는 또 다른 면도 보았다. 아예 길거리에 살면서 잠은 지하철역에서 자고 성전 계단에 쭈그리고 앉아 돈을 구걸하는 가난하고 굶주린 이들도 수두룩했다. 수많은 실업자들, 수많은 알코올 중독자들, 수많은 마약 중독자들, 수많은 정신병자와 장애우들이 흩뿌려져 있었다. 혹 누군가 살 곳과 먹을 것과 조언을 제공하고 싶어도 한이 없을 것만 같았다. 파리의 온갖 아름다움과 부요함과 풍요로움 한가운데 엄청난 고통과 뿌리칠 수 없는 외로움과 한없이 뻗어나가는 인간의 고뇌가 도사리고 있었다.

비참과 자비가 만나는 곳에
(12월 8일, 주일, 트로슬리)

장 바니에는 주일마다 오후 5시가 되면 복음에 대한 자신의 성찰 결과를 몇 가지 정도 공동체와 함께 나누는 습관이 있었다. 그러나 올해는 세계 여행이 많아서 이 '나눔의 시간'(partage)도 어쩌다 한 번씩 있는 일이 되고 말았다.

오늘은 장이 집에 있었다. 그래서 그는 40명 가량의 사람들에 둘러싸여서 레 마로니에 강당 바닥에 자리잡고 있었다. 장애우 몇 사람과 도우미 몇 사람, 그리고 상당수는 방문객들이었다. 그는 먼저 누가복음을 낭독하고는 방금 읽은 말씀을 큰 소리로 설교하였다. 마치 친구의 기도 속으로 들어오도록 초대받은 것 같은 기분이 들었다. 심오한 신학적 분석도, 어려운 낱말도, 복잡한 사상도 없는, 그야말로 하나님의 말씀 속으로 충실하게 스며드는 그런 설교였다.

장은 나를 감동시키는 말을 많이 하였다. 그 가운데서 줄곧 내 안에 자리잡고 거듭 커져가는 말 한 마디가 있었다. "예수님께서는 우리를 끊임없이 작은 곳으로 이끌고 계십니다. 그곳은 비참과 자비가 만나는 곳입니다. 우리가 하나님을 대면하는 자리이지요."

파리의 빈곤을 어느 정도 목격하고, 지난 주일에 가난한 이들을 섬기라고 부름받은 것이 아니라 가난해지라고 부름받은 것이라는 그의 말을 들었던 터라, 나는 이 말에 큰 충격을 받았다. 작은 사람들,

작은 기쁨, 작은 슬픔을 선택하고 바로 그 자리에 하나님께서 다가오신다고 믿는 것—이것이 바로 힘든 예수님의 길이라는 것이다. 이 길을 선택하고 싶지 않은 강력한 반발심을 다시 한번 맛보았다.

나는 작은 사람들을 위하여 일할 생각이다. 하다 못해 작은 사람들과 함께 하는 일일지라도 아주 기쁘게 할 생각이다. 하지만 나는 지금 그것이 아주 거창한 사건이라도 되어 주기를 바라고 있는 게 아닐까? 내 안에는 예수님의 길을 끊임없이 세상의 눈에 영광스럽게 보이는 어떤 길로 바꾸고 싶어하는 무엇인가가 존재하고 있다. 나는 늘 작은 길이 큰 길이 되어 주었으면 하고 바란다. 그러나 세상이 비켜가기를 원하는 장소로 애써 향하시는 예수님의 발길을 성공 이야기로 만들 수는 없는 노릇…….

우리가 가난의 자리에 이르렀다고 생각할 때마다, 그 자리 너머 훨씬 더 심한 가난을 발견하기 마련이다. 부요, 재물, 성공, 갈채, 특전으로 되돌아갈 길은 실제로 없다. 물질적 가난 너머에는 정신적 가난, 정신적 가난 너머에는 영성적 가난, 그리고 너머에는 적나라한 신뢰밖에 없다. 하나님은 자비이시라는…….

이 길은 우리가 홀로 걸어갈 수 있는 길이 아니다. 예수님과 함께라야 우리는 오직 자비밖에 존재하지 않는 자리로 나아갈 수 있다. 예수님께서 "나의 하나님, 나의 하나님, 어찌하여 나를 버리셨나이까?"라고 하신 것은 바로 이 자리에서였다. 그리고 예수님께서 새 생명으로 부활하신 것도 바로 이 자리에서였다.

예수님의 길은 예수님과 함께라야 걸을 수 있는 길이다. 이 길을 나 혼자 걸어 보려고 할 경우, 그것은 영웅 행위처럼 변하기 쉽다. 일종의 역전된 영웅 행위가 되고 만다. 완전한 자기 포기와 자비의 자리로 걸어갈 수 있는 것은 하나님의 아들 예수님뿐이다. 그렇기 때문에 그분은 우리에게 잘려 나간 가지처럼 되지 말라고 경고하신다. 그분은 "나 없이는 너희가 아무 것도 할 수 없다."고 하셨다. 그리고 동시에 약속해 주고 계신다.

내 안에 머무는 사람, 그리고 내가 그 안에 머무는 사람,
그런 사람은 많은 열매를 맺는다(요한복음 15장 5절).

　기도 없는 행동이 아무런 결실도 맺지 못하는 이유를 이제는 분명하게 알 수 있다. 우리는 예수님과 긴밀하게 연결될 수 있다. 그분과 합일하여 그분의 길을 함께 걸을 힘을 얻을 수 있다. 오직 기도 안에서만, 그리고 기도를 통해서만!

보기와 듣기
(12월 9일, 월요일)

　피터가 온 뒤로 나는 듣기보다 보기에 더욱 더 많은 관심을 쏟아 왔다. 피터가 이곳에서 두 주간을 보내기로 한 이유 가운데 하나는 트로슬리에 있는 라르쉬 생활을 포토에세이로 엮기 위해서였다. 그 통에 말할 수 없는 많은 것들이 드러나게 되었다. 얼굴 하나에 말로 표현할 수 없는 것들이 표현되기도 하였다. 장애우들에게는 말이 가장 중요한 의사소통 수단은 아님이 분명하다. 이들의 경우 종종 눈이 입보다 많은 이야기를 한다.
　피터는 수백 장의 사진을 찍었다. 그는 건물과 문, 조각물들이 지닌 아름다움과 매력을 담아내는 일로부터, 함께 놀고 웃고 먹고 기도하는 사람들 속에 감추어진 아름다움과 매력을 담아내는 일로 점점 옮겨 갔다. 그는 한참을 기다린 다음에야 이곳 공동체에서 살아가는 남녀들을 사진에 담기 시작했다. 그것은 잘한 일이었다. 사람마다 기꺼이 사진 찍히고 싶은 마음이 들도록 하려면, 그에 앞서 신뢰 관계가 형성되어야 하기 때문이다.
　놀랍게도 사람들은 사진을 찍어도 좋다는 허락보다는 녹음을 해도 좋다는 허락을 훨씬 쉽게 해주곤 한다. 목소리가 녹음되는 것보다는 사진 찍히는 것을 한층 더 심각한 침해라고 느끼는 것 같다. 다행히 사람들은 갈수록 사진작가 피터를 허물없이 대하게 되었다. 그러다

마침내는 자기 집이나 작업장으로 피터를 초대하여 사진을 찍게 하곤 했다. 그의 친절과 인내 때문에 그가 위험한 존재라는 인상은 점점 사라지고 더욱 더 친구로 느끼게 되었다. 사람이란 친구에게 자기 얼굴을 드러내고 싶기 마련 아닌가?

복음서에 가장 잘 나오는 단어 가운데 하나가 '보다'와 '듣다'이다.

> 너희의 눈은 지금 보고 있으니 복이 있으며, 너희의 귀는 지금 듣고 있으니 복이 있다. 그러므로 내가 진정으로 너희에게 말한다. 많은 예언자와 의인이 너희가 지금 보고 있는 것을 보고 싶어하였으나 보지 못하였고, 너희가 지금 듣고 있는 것을 듣고 싶어하였으나 듣지 못하였다.

하나님을 보고 듣는 것은 우리가 부여받을 수 있는 최대의 선물이다. 둘 다 앎의 통로가 되기는 마찬가지. 그러나 성경 전체를 살펴볼 때, 하나님을 보는 일이 한층 더 친밀하고 인격적이다. 이는 내 자신의 체험이 뒷받침하고 있기도 하다. 전화 통화는 직접 대면하는 것에 비하면 자리를 함께 하는 방식으로서는 불완전하기 짝이 없다. 우리는 전화할 때 상대방에게 "조만간 찾아뵐게요."라는 말을 얼마나 자주 하는가? 이것은 보는 것이 듣는 것보다 훨씬 낫다는 뜻이다. 훨씬 더 가깝기도 하고.

내가 듣거나 읽을 수 있는 말들을 찾고자 애쓰는 데 반해서, 피터는 눈으로 보는 심상들을 찾으려고 애쓰고 있다. 라르쉬 사람들 가운데 내가 쓴 글을 읽거나 내가 하는 말을 들을 사람은 별로 없다. 그렇지만 피터가 찍은 사진들을 두고두고 바라볼 사람은 많다.

피터가 이곳에 와준 것이 큰 선물이 되고 있다. 나뿐만 아니라, 그가 보았던 것을 볼 사람들에게, 그리고 그가 보면서 맛본 기쁨을 맛볼 모든 사람들에게.

하기와 있기

(12월 12일, 목요일)

피터가 오늘 떠났다. 그는 이곳 공동체를 알게 되면서 점점 평화를 느끼고 있었다. 그가 좀더 오래 머물렀으면 하는 생각이 들었다. 그가 머문 열이틀로는 할 일을 전부 다 끝내고, 만날 사람을 전부 다 만나고, 볼 것을 전부 다 보기에는 부족하다는 생각이 들었다. 그래도 아무튼 그가 와준 것이 고맙기만 하다. 이제 그는 트로슬리의 라르쉬 생활에 대하여 감을 잡게 되었다. 이것은 틀림없이 앞으로 한 해 동안 함께 일하는 데 큰 도움이 될 것이다. 그는 이제 내 생활의 주변 환경을 머리에 떠올릴 수 있게 되었다. 내 글에서 언급되는 사람들의 이름도 알아들을 수 있게 되었다. 케임브리지로 그를 찾아오는 사람들에게 라르쉬가 프랑스에서 어떤 공동체인지도 설명해 줄 수 있게 되었다. 이곳에 머물면서 찍은 600장 이상의 사진들도 분명 도움이 될 것이다.

우리가 함께 있었던 시간이 너무 적어 참 슬프다. 무엇인가 해야 할 일이 끊일 새가 없었던 것 같다. 고요하고 잠잠한 이곳 시골마을에서도 시간은 날아가는 듯싶다. 우정은 더없이 성스러운 선물이건만, 우린 거기에 너무 신경쓰지 않는다. 해야 할 필요가 있는 것이 살기 위해 필요한 것보다 우선되는 일이 너무나 많다. 우정은 우리가 함께 하는 일보다 훨씬 더 중요하다. 피터도 나도 그 점을 느끼고 있다. 하지만 아직도 그리 훌륭하게 실천하지는 못하고 있는 형편이다.

기차가 역구내를 빠져나갔다. '피터가 다시 와서 좀더 오래 머물며 함께 기도하고 함께 대화하고 그냥 함께 시간을 보낼 수 있어야 한다.'는 생각을 하였다. 그러자면 나부터 사람이 좀 달라져야겠지.

우리가 함께 지낸 시간이 우리의 유대를 강화시키고 서로에 대한 사랑을 키워준 것만은 사실이다. 그리고 이 사랑은 비록 우리 서로가 원하는 만큼의 상태는 못 되더라도, 끊임없이 서로를 용서하는 가운데 성장하는 그런 사랑이다.

11
명확한 소명

부르심

(12월 13일, 금요일)

어제는 피터가 떠난 날일 뿐 아니라 캐나다의 '새벽'으로부터 자신들의 공동체와 결합해 달라는 장문의 편지를 받은 날이기도 하였다.

피터가 떠나던 바로 그 날에 이 편지가 도착했다는 사실이 나에게는 커다란 상징적 의미가 있다. 8월 15일이면 피터는 나와 함께 했던 작업을 마무리짓고 지질학 연구에 들어갈 것이다. 그리고 조 이건이 나에게 '새벽' 공동체에 와서 함께 살자며 지정한 날짜는 8월 29일이다. 무엇인가가 끝나가고 무엇인가가 새롭게 시작되고 있는 것이다. 나의 케임브리지 시대가 마감되면서 새로운 방향으로 발걸음을 떼어놓으라는 권유를 받고 있는 셈이다.

조는 이렇게 적고 있다:

> 이 편지는 '새벽' 공동체 평의회에서 보내 드리는 것입니다. 부탁드리고 싶어서요. '새벽' 공동체에 오셔서 우리와 함께 생활하는 문제를 고려해 보시라는 것입니다……우리는 그대가 우리에게 줄 선물을 지니고 있다고 느낍니다. 그와 동시에 '새벽'도 그대에게 유익한 장소가 되리라는 것을 우리는 느끼고 있습니다. 우리는 그대를 사랑하고 그대의 성장을 촉구시켜

줄 공동체와 가정을 그대에게 제공함으로써, 그대가 해야 할 글쓰고 말하는 중요한 소명을 후원해 드릴 수 있었으면 합니다.

　이 편지는 나에게 깊은 감명을 주었다. 일생 동안 이처럼 명확하게 부르심을 받기는 이것이 처음이었다. 성직을 받은 이래 성직자로서 해온 내 일들은 하나같이 나 자신의 주도 아래 이루어졌었다. 내가 메닝거 치유센터와 노트르담, 예일, 하버드 그리고 라틴 아메리카에서 했던 일도 내 스스로 선택해서 했던 일들이다. 지극히 만족스러운 일들이기는 했지만, 어디까지나 나 자신의 선택이었던 것이다. 지금까지도 영성지도자 앨프링크와 윌리브랜즈의 감독을 받고 있긴 하지만, 그들 가운데 그 누구도 나를 불러 특별한 임무를 맡긴 적은 없었다. 언제나 나의 선택을 추인하고 지원해 주었을 따름이다.

　그런데 지금은 한 공동체가 말하고 있다: "우리가 그대를 부릅니다. 와서 우리와 함께 살면서 우리에게 베풀고 우리에게서 받으십시오." 조의 초청이 직장 알선이 아닌, 와서 가난한 이들과 함께 살라는 순수한 부르심임을 모르지는 않는다. 그들은 줄 돈도, 매혹적인 거처도, 부여할 만한 특전도 없는 이들이다. 이것은 정말 완전히 새로운 일이다. 이것은 그리스도를 따르라는, 성공과 성취와 명예의 세계를 떠나라는 부르심이다. 예수, 오직 예수님만을 신뢰하라는 구체적인 부르심이다.

　'새벽'에서는 도우미들과 장애우들 모두와 협의를 거쳤다―따라서 이 부르심은 온 공동체의 부르심인 셈이다. 그리고 많은 기도와 심사숙고를 거친 부르심이다. 예수님께서 나에게 보여주시기를 바라는 구체적인 표징이 있다면, 바로 이것이다.

　몹시 망설여진다. 새로운 나라에서 장애우들과 함께 하는 삶은 쉽게 마음 끌리는 것이 못된다. 그럼에도 불구하고, 내 마음 속에 들리는 속삭임은 조의 편지가 나에게 무슨 일인가를 해달라고 부탁하는 여느 편지와는 다르다는 것이다. 이것은 내가 예수님께 기도드리며 어디로 가야 하는지를 물었던 물음에 대한 응답이다. "주님, 주님의 뜻을 밝히시면 따르겠습니다." 나는 이런 기도를 자주 드려왔다. 그리고 이제 내가 기대했던 것보다 훨씬 더 구체적이고 훨씬 더 명확한 응답이 내 앞에 다가온 것이다.

앞으로 몇 달간은 신실한 응답을 위하여 성숙의 시간을 가질 것이다. 네덜란드에 있는 영성지도자 시모니스에게 말하고 조의 초청을 받아들여도 좋다는 허락을 받아야 한다. 예수님께서 내가 가고 싶지 않은 곳으로 나를 부르신다 하더라도, 그분께 진실로 순종할 수 있는 힘과 용기를 달라고 기도해야지…….

현재에 존재하다
(12월 18일, 수요일)

세잔의 그림들이 복사된 우편엽서 몇 장을 산 지 꼭 한 주일만에 라이너 마리아 릴케의 〈세잔에 관한 편지들〉을 성탄선물로 받았다. 기분좋은 우연의 일치였다. 〈젊은 시인에게 보내는 편지들〉을 읽은 뒤, 나는 릴케가 나와 밀접하게 이어져 있음을 느끼고 있었다. 이제는 그가 나에게 세잔을 소개해 줄 차례다. 나는 세잔의 그림들을 좋아하면서도 아직까지 깊이 알지 못한다. 그런 점에서 릴케는 나에게 도움을 줄 것이다.

릴케는 아내 클라라에게 세잔의 그림 〈생트 빅투아르 산〉을 이야기하면서 이렇게 적고 있다:

> 모세 이래로 이렇게 장엄한 산을 구경한 사람은 아무도 없었소……세잔이 자신의 작품과 합일하는 정도로 하나님과 합일할 수 있는 사람은 성자밖에 없을 것이오.

릴케에게 세잔은 진정 우리가 실재를 새로운 방식으로 바라볼 수 있도록 만드는 신비가였다. 그는 화가 세잔이 "하나의 사물을 너무도 해맑게 화폭에다 축소시켜 놓음으로써, 이전의 기억들은 모두 지워지면서 사물은 마침내 색깔들을 초월하여 새로운 존재로 태어나기에 이른다."고 말한다.

릴케가 보기에 세잔은 현재에 온전히 존재할 수 있었다. 그래서 사물을 있는 그대로 바라볼 수 있었다. 그리고 이것은 릴케 자신의 희망이기도 하였다. 그는 현재 속에 온전히 존재함으로써 현재를 분명하게 바라볼 수 없는 자신의 무능력을 고통스러워하였다. 그래서 이런 글이 나오는 것이다:

> 사람이 아주 형편없이 살아가는 건 한결같이 완성되지 않고 무력하고 흐트러진 상태로 현재를 대면하기 때문이다. 내 일생을 되돌아보면서 이같은 불만이나 그 이상의 후회를 느끼지 않을 수 있는 순간은 전혀 없었다. 내가 아무 것도 상실하지 않고 살아낸 때는 유일하게 루스(릴케의 딸)가 태어났던 열흘간. 그때야말로, 비록 묘사할 수는 없지만 실재를 분명 끊임없이 존재하는 그대로 가장 미세한 부분들까지 발견할 수 있었다.

릴케의 눈에 비친 세잔은 '상실되지 않은 채' 살아가고, 현재에 온전하게 존재하며, 진실하게 바라볼 능력이 있는 사람이었다. 그리고 릴케 자신이 추구하는 것도 바로 그것이었다.

릴케와 세잔을 이렇게 대면하게 되니 무척이나 기쁘다. 두 사람 다 내가 진정한 삶과 진정한 앎이 하나되는 자리에 좀더 가까이 나아가도록 이끌어 주기 때문이다.

참된 영광과 헛된 영광
(12월 19일, 목요일)

라르쉬에는 작은 '형성 그룹들'이 많이 있다. 평화나, 분쟁해결이나,

의학문제 등에 관한 그룹들도 있다. 그런가 하면 영성, 정치, 경제 등에 관한 그룹들도 있다. 장 바니에는 나에게 요한복음 그룹을 이끌어 달라고 부탁하였다. 오늘밤에는 세 번째 모임을 가졌다.

이 자리에서 '영광'이 거론되었다. 이 낱말이 요한복음에서 얼마나 핵심적인 위치를 차지하고 있는지 점점 깨닫고 있다. 하나님의 영광이 있다. 이는 생명으로 인도하는 참된 영광이다. 요한은 자신의 복음서 전체를 통하여, 우리 인간이 하나님께로부터 나오는 영광보다 헛된 영광에 끌리도록 얼마나 많은 유혹을 받고 있는지를 내보인다.

이것은 인간의 영광이 형태야 어떻든 한결같이 경쟁과 결부된다는 사실을 깨닫기 전까지만 해도 나에게 별다른 의미를 주지 못하였다. 인간의 영광은 다른 사람들보다 더 낫고, 더 빠르고, 더 예쁘고, 더 힘세고, 더 성공했다는 판단에서 생기는 결과다. 인간들이 부여하는 영광은 다른 사람들과 비교해서 더 낫다는 평가에서 비롯된다. 인생이라는 점수판에서 좋은 점수를 올리면 올릴수록 우리는 좀더 큰 영광을 얻는다. 이 영광은 상층지향적인 움직임에서 나온다. 성공의 사다리를 높이 오르면 오를수록 우리는 더 많은 영광을 끌어모은다. 그렇지만 바로 이 영광은 우리의 어둠을 창출하기도 한다. 경쟁을 토대로 하는 인간의 영광은 적대감을 유발한다. 그리고 적대감은 폭력의 시발점이 된다. 폭력이 향하는 곳은 물론 죽음이다. 그렇기에 인간의 영광은 헛된 영광이요, 거짓된 영광이며, 사멸하는 영광이다.

그렇다면 우리가 하나님의 영광을 보고 얻으려면 어떻게 해야 하는가? 요한이 자신의 복음서에서 우리에게 내보이는 것에 따르면, 하나님은 수모를 통하여 자신의 영광을 드러내기로 작정하셨다. 이것은 기쁨과 동시에 혼란을 불러일으키는 소식이다. 끊임없이 지혜로우신 하나님은 자신의 신성을 경쟁이 아닌 자비를 통하여, 다시 말하면 우리와 함께 고통을 나누심으로써 우리에게 드러내기로 작정하셨다. 하나님께서는 하층지향적인 길을 택하신 것이다.

예수님께서는 영광을 주고받는 문제를 언급할 때마다 번번이 자신이 겪을 수모와 죽음을 이야기하신다. 예수님께서는 십자가의 길을 통하여 하나님께 영광을 드리고, 하나님께로부터 영광을 받고, 하나님의 영광을 우리에게 알리신다. 부활의 영광은 십자가의 영광과 별개의 것이 될 수 없다. 부활하신 예수님이 한결같이 우리에게 내보이시는 것도 바로 자신의 상흔이다.

그러니까 하나님의 영광은 인간들의 영광과 대립된 위치에 있다. 사람들은 위를 향함으로써 영광을 추구한다. 하나님은 아래로 향함으로써 자신의 영광을 드러내 보이신다. 따라서 하나님의 영광을 진실로 보려면, 우리는 예수님과 함께 아래로 향하지 않으면 안 된다. 가난하고 억압받고 장애를 지닌 사람들과 연대하여 살아야 하는 결정적인 이유도 바로 여기에 있다. 이 사람들이야말로 하나님의 영광을 우리에게 드러내 보여줄 수 있는 통로다. 그들은 우리에게 하나님께 이르는 길, 구원에 이르는 길을 보여준다. 라르쉬가 나에게 가르침을 주고 있는 것도 이것이다.

친구가 되다
(12월 21일, 토요일)

나단과 나는 점점 더 가까운 친구 사이가 되어가고 있다. 새롭게 싹트는 우정을 체험하는 일이란 정말 놀랍기만 하다. 나는 늘 하나님께서 나에게 베푸시는 최고의 선물들 가운데 하나가 우정이라고 생각해 왔다. 이것은 내가 상상할 수 있는 것 가운데 생명을 내어주는 최고의 선물이다.

트로슬리에 온 뒤, 놀랍고 정답고 자상한 사람들을 매우 많이 만났다. 그들은 나에게 커다란 기쁨의 샘이 되었다. 내가 떠나고 나면 고마움과 애정으로 서로를 기억할 것이다. 하지만 한편으로는 서로를 사랑하고 격려하는 영속적인 관계를 언제까지나 지속시키기가 힘들 것이라는 사실도 안다. 그러기에 많은 사람들 가운데 한 친구가 나타나 인생의 동반자요 어디를 가든지 언제든지 함께 해줄 새로운 존재로 부각되는 것은 정말이지 아름다운 체험이다.

　나단은 캐나다 사람이다. 침례교 신자인 부모는 캘거리 부근에 조그마한 영성수련 센터인 '왕의 양떼들'을 세운 사람들이다. 그런데 나단은 2년 전에 교회 공동체로 들어왔다—라르쉬에서 장애우들과 살며 일하기 위하여 트로슬리로 온 직후였다. 그는 정말 인정 많은 사람이었다. '쉼터'에서 친구들과 함께 있을 때 보면, 아주 심한 장애를 지닌 남녀들에게 보여주는 그의 절절한 애정은 깊은 감명을 주곤 하였다. 이것은 장애우로 살다가 몇 년 전에 죽은 아우를 보살피던 정성에서 온 것이었다.

　지난 한두 달 사이에 우리는 점점 더 서로를 잘 알게 되었다. 그가 한 달 동안 가족과 친구들을 만나러 캐나다로 가기 전까지만 해도 나는 우리의 관계가 나에게 얼마나 큰 의미를 가지고 있는지 미처 알지 못하였다. 그때 나는 그를 애타게 그리면서 어서 돌아오기만을 기다렸다.

　그리고 그가 이틀 전에 돌아왔다. 그래서 우리는 오늘 저녁 함께 식사하러 외출하였다. 내가 그를 얼마나 애타게 그리워했는지를 그에게 알릴 필요가 있다고 생각하였다. 그래서, 그가 없어지자 우리가 서로를 알고 난 이후로 우리 사이에 싹튼 진정한 애정을 새삼스레 깨닫게 되었노라고 말해 주었다. 그도 우리의 우정을 강력하게 확인해 주었다.

　과거의 경험과 미래의 계획에 관하여 좀더 깊이 이야기하다 보니, 하나님께서 우리를 가까이 끌리도록 만드신 이유가 명확하게 드러났다. 나단은 토론토에서 신학공부를 시작하고 싶어했다. 공부하는 동안에는 '새벽'에서 살 생각이었다. 하나님께서 나를 새로운 나라, 새로운 공동체로 부르실 뿐 아니라 그 부르심을 좀더 쉽게 따르도록 새로운 우정도 함께 내려 주셨구나라는 사실에 한없는 기쁨과 고마움을 느꼈다.

함께 경청하다

(12월 22일, 주일)

성탄절을 목전에 둔 오늘 봉독된 복음서는 마리아가 엘리사벳을 방문하는 대목이었다. 최근 몇 달간, 마리아가 사촌언니 엘리사벳을 방문하는 이야기는 나에게 아주 소중한 것이 되었다.

마리아는 자신이 '가장 높으신 분의 아들'을 낳는 어머니가 되리라는 엄청나고 충격적인 소식을 전해 듣는다. 도무지 이해할 수 없는 소식이다. 자신의 소박한 삶을 너무도 철저히 교란시키는 소식이다. 마리아는 스스로 완전히 외토리가 되어 버렸음을 깨닫는다. 요셉을 비롯하여 친구나 친척 가운데 자신의 처지를 이해해 줄 사람이 어디 있으랴? 자신도 믿겨지지 않는 이 은밀한 사실을 과연 누구에게 털어놓을 수 있으랴?

하나님은 마리아가 자신의 새로운 삶을 외롭게 감당해 나가기를 바라지 않으셨다. 천사가 말한다:

> 보아라, 그대의 친척 엘리사벳도 늙어서 임신하였다. 임신하지 못하는 여자라 불리던 그가 임신한 지 벌써 여섯 달이 되었다. 하나님께는 불가능한 일이 없다(누가복음 1장 36-37절).

하나님은 마리아가 도저히 털어놓을 수 없는 사실을 털어놓을 수 있는 사람을 한 명 절친한 벗으로 보내 주신다. 엘리사벳도 마리아와 마찬가지로 신앙의 응답을 요구하는 하나님의 개입을 체험한 사람이다. 그래서 그녀는 그 누구도 할 수 없는 방법으로 마리아와 함께 할 수가 있었다.

그러므로 "마리아가 일어나, 서둘러 유대 산골에 있는 한 동네로 가서"(누가복음 1장 39절) 엘리사벳과 만난 사실은 이해할 만하다.

이 간단하면서도 신비로운 만남은 나에게 깊은 감명을 주고 있다.

믿어줄 줄 모르고 의심 많고 참견하기 좋아하는 냉소적인 세상에서, 두 여인이 만나 서로에게 주어진 약속을 확인하고 인정한다. 그들에게는 인간으로서는 불가능한 일들이 일어나고 있었다. 하나님께서 대대로 약속하신 구원을 이루시려 자신들에게 오신 것이다. 하나님께서는 이 두 여인을 통하여 역사의 진로를 바꾸어 놓기로 작정하셨다. 그 누가 이런 사실을 이해할 수 있으랴? 그 누가 이런 사실을 믿을 수 있으랴? 그 누가 이런 일을 수용할 수 있으랴? 그러나 마리아는 "말씀대로 저에게 이루어지기를 바랍니다."라고 말한다. 그리고 그 즉시 엘리사벳만은 자기 속을 알아 주며 "그래!"라고 긍정해 주리라 깨닫는다. 마리아와 엘리사벳은 석 달을 함께 생활하면서 자신들에게 부여된 어머니 직분을 전적으로 수용하자고 서로를 격려한다. 엘리사벳은 마리아가 곁에 있어 줌으로써 "가장 높으신 분의 예언자"(누가복음 1장 76절)를 아들로 두는 어머니가 되리라는 사실을 좀더 확실히 인식하게 된다. 그리고 마리아는 엘리사벳이 곁에 있음으로써 "가장 높으신 분의 아들"(누가복음 1장 32절)을 낳을 어머니가 되리라는 사실을 알면서 자라게 된다.

마리아도 엘리사벳도 외로움 속에서 시간이 가기만을 기다릴 필요가 없었다. 그들은 함께 기다리면서 불가능한 일이 아무 것도 없으신 하나님에 대한 믿음을 서로 키워갈 수 있었다. 그러니까 두 사람은 공동체를 이루어 밀물처럼 밀려오는 하나님의 역사 개입에 귀를 기울이고 받아들였던 것이다.

마리아가 엘리사벳을 방문한 이야기는 나에게 우정과 공동체의 의미를 가르쳐 준다. 내가 받은 하나님의 은총이, 그것을 확인시키고 심화시키고 다져 주는 사람들의 공동체 안에서 생활하지 않을 때, 어떻게 내 내면세계에서 온전히 작동할 수 있겠는가? 우리는 새로운 삶을 혼자 살아갈 수가 없다. 하나님은 자신의 은총으로 우리를 고립시키고 싶어하지 않으신다. 반대로 우리가 새로운 우정과 새로운 공동체─곧 자신의 은총이 온전히 성숙되어 결실을 맺을 수 있는 자리들─를 엮어 내기를 바라신다.

만남을 통하여 교회 안에서 새로운 삶이 드러나는 경우가 아주 많다. 도로시 데이는 〈일하는 사람들〉을 자신의 고안물이라고 주장해 본 적이 없다. 그녀는 늘 그것을 피터 모린과 만남에서 얻어진 결실이라고 이야기했다. 장 바니에도 라르쉬를 자신이 시작했다고 주장하지 않는다. 그는 한결같이, 라르쉬의 실질적인 출발점은 영성지도자 토마와 만남을 통해서라고 지적하고 있다. 두 사람이나 그 밖의 사람들은 이같은 만남을 통하여 서로가 부여받은 은사들을 확인하고 "말씀대로 그들에게 이루어지도록" 서로를 격려할 수 있다. 그리고 이를 통하여 새로운 희망이 세상에 흘러 들어온다.

엘리사벳은 마리아가 하나님의 어머니가 될 수 있도록 도왔다. 그리고 마리아는 엘리사벳이 자기 아들의 예언자 세례 요한의 어머니가 되도록 도왔다. 하나님께서는 우리를 개별적으로 선택하실 수 있다. 그러나 늘 자신의 선택이 열매를 거두도록 우리가 한데 어울리기를 바라신다.

크리스마스 기도

(12월 23일, 월요일)

오 주님, 주님의 길을 수용하기가 너무나 어렵습니다. 주님은 집을 멀리 떠나 태어난 조그맣고 힘없는 아기로 저에게 다가오십니다. 주님은 저를 위하여 주님의 땅에서 나그네처럼 사십니다. 주님은 저를 위하여 자신의 백성에게 배반 당하시고, 자신의 친구들에게 오해 받으시고, 자신의 하나님께 버림 받으시는 느낌 속에서, 성문 밖으로 끌려나와 범죄자로 죽으십니다.

주님의 성탄을 축하하고자 준비 중인 저는 이 세상에서 사랑받고 인정받고 평안을 맛보려고 애쓰고 있습니다. 끊임없이 엄습해 오는 소외감과 분리감에서 벗어나려고 안간힘을 쓰고 있습니다. 그러나 간간이 밀려드는 소속감보다 깊은 고적감이 저를 더 주님께 가까이 결합시켜 주고 있는 것은 아닌지요? 제가 주님의 성탄을 축하해야 할 자리는 어디입니까? 아늑한 가정입니까, 낯선 집입니까? 반가워하는 친구들 속입니까, 낯모르는 나그네들 사이입니까? 행복감을 누리는 자리입니까, 외로움에 젖는 거리입니까?

주님과 가장 가까운 이 체험들로부터 멀리 달아나야 할 까닭은 없습니다. 주님께서 이 세상에 속하지 않으시듯이, 저도 이 세상에 속하지 않습니다. 이런 느낌이 들 때마다 저는 감사하는 마음에 주님을 더욱 힘차게 끌어안고 주님의 기쁨과 평화를 더욱 더 온전하게 맛보곤 합니다.

오시옵소서, 주 예수님, 제가 한없이 가난하다 느끼는 바로 그 자리에 저와 함께 해주시옵소서. 이 자리야말로 주님께서 자신의 구유를 발견하고 빛을 가져오실 자리라고 굳게 믿습니다. 오시옵소서, 주 예수님, 어서 오시옵소서. 아멘.

준비하라!

(12월 24일, 화요일)

영성지도자 토마는 설교를 통하여 끊임없이 힘주어 말하였다. 성탄절 직전의 날들은 오시는 그리스도를 맞아들일 마음의 준비를 하기 위하여 열심히 기도하는 날이 되어야 한다고. 그러니까 그리스도를 영접할 준비가 실질적으로 이루어져야 한다. 그리스도께서는 우리 안에 태어나려 하시지만, 이를 위하여 우리는 기꺼이 수용력 있는 자세로 마음을 열어 그분을 진실로 반갑게 맞이할 수 있어야 한다. 대림절, 특히 성탄절 직전의 며칠은 바로 이를 위하여 있다.

나는 거의 매일 나 자신에게 말하곤 한다: '오늘은 어떻게든 시간을 내보아야지. 마냥 기도하고, 마냥 기대 속에 기다리고, 마냥 조용히 앉아 있는 시간을!' 그러나 하루는 늘 내 주의를 끄는 수많은 사소한 일들로 소진되어 버리곤 한다. 그래서 하루가 지나면 으레 화가 나고 혼란스럽고 자신에 대하여 실망감을 맛보게 된다.

특히 오늘은! 아침만 해도 오늘은 완전히 자유로워 기도에만 전념할 수 있을 거라고 생각하였다. 그런데 저녁이 된 지금, 정신을 가다듬고 보니 시간이 어디로 사라져 버렸는지 알 수 없을 지경이다. 성탄절을 위한 외형적인 일들―선물, 장식, 잡다한 심방―이 시간을 빼앗아 가버렸다. 그래서 하루는 둑 터진 도랑물처럼 누수되고 말았다. 시급한 일과 중요한 일을 구분해야 한다는 영성지도자 앙드레의 말을 잊지 않기가 무척이나 힘든 것 같다.

나는 종종 생각해 본다: '일생은 하루와 같다. 너무도 빨리 지나가고 말 것을! 만일 하루하루를 분별없이 보낸다면, 어떻게 일생을 소중하게 다룰 수 있겠는가?' 내가 시급한 일들을 잠시 밀쳐두고 진실로 중요한 일에 관심을 쏟아야 한다는 점을 온전히 확신하지 못하고 있는 것은 사실이다. 이것은 결국 깊고 강한 신념 문제로 귀결된다. 그러니까 마음을 준비하는 일이 성탄트리를 만드는 일보다 한층 더 중요하다고 진실로 믿을 때, 하루가 끝나면서 느끼는 나의 불만감은 훨씬 더 줄어 들게 될 것이다.

성탄전야에 이보다 나은 내용을 기록할 수 있었으면 얼마나 좋았겠는가! 하지만 경건한 내용보다 진실한 내용을 기록하는 편이 훨씬 더 나을 것이다. 하나님은 오고 계신다. 그리고 그분을 맞이하는 내 마음은 불안하고 초조하다. 그분께 내 좌절과 혼란을 드린다. 그것으로 그분이 무엇인가 하시리라 믿는다.

'삭막한' 크리스마스
(12월 25일, 수요일)

크리스마스가 다시 찾아왔다. 성탄전야제는 수많은 녹색 가지들이며 붉은 전등, 하얗게 차려 입은 이들로 이루어진 축제였다. 성전에는 사람들이 빽빽이 들어찼다. 노래는 감미로웠다. 영성지도자 토마의 설교는 감동적이었다. 내가 바니에 부인댁 식당에서 영어로 집례한 성탄새벽예배는 조촐하고 조용하였다. 11시에 드린 성탄축하예배는 훌륭한 영성지도자 토마의 여러 가지 유익한 말씀들로 풍성하고 즐거운 예배가 되었다.

토마는 성탄의 신비가 너무도 심오하여 교회가 스스로를 표현하는데 3번의 예배가 필요할 정도라고 설명하였다. 성탄은 우리의 가장 내밀한 자아, 우리의 가정과 공동체 생활, 질서있게 창조된 전체에 영향을 끼치는 사건이라는 것이었다.

성탄축하예배 뒤에는 성대한 잔치가 베풀어졌다. 우리는 서로 선물을 교환하였다. 오후에는 잠깐 잠을 청한 다음, 바니에 부인과 캐나다의 '새벽' 공동체에서 방금 도착한 조 코크를 만나 짤막한 대화를 나누었다. 약간의 글도 썼다.

모든 것이 하나되어 장엄한 성탄을 엮어 내고 있었다. 하지만 나만은 진정으로 함께 하지 못하고 있었다. 마치 애처로운 방관자같은 느낌이었다. 아무리 애를 써도 기분을 바꿀 수가 없었다. 나 자신은 성탄축제와 무관한 것만 같았다. 때로는, 모든 사람이 왜 저렇게 바쁘고 흥분에 들떠 있는가 의아해하는 비신자처럼 돌아가는 일들을 멍청히 지켜보고 있는 자신을 발견하기도 하였다. 영성 면에서 볼 때, 위험한 자세가 아닐 수 없다. 그러나 그것이 나 자신이 바라거나 선택한 자세는 아니었다. 내 힘으론 어쩔 도리가 없는 정신 상태였다.

그럼에도 불구하고, 이 모든 일 속에서, 나는 오늘이 결국 하나의 은총이 될 수도 있음을—비록 피부로 느끼지는 못해도—알 수 있었다. 노래, 음악, 쾌적한 기분, 아름다운 예배, 멋진 선물, 성대한 식사, 수없이 감미로운 말들이 성탄을 만드는 것이 아님을 깨달은 것이다. 성탄은 온갖 기분과 느낌을 넘어서는 어떤 것을 향하여 "예" 하고 있다. 성탄은 내가 생각하거나 느끼는 바와는 전혀 관계없이, 하나님의 주도권에 바탕을 둔 어떤 희망을 향하여 "예" 하고 있다. 성탄은 세상의 구원이 내 작품이 아닌 하나님의 작품임을 믿는 믿음이다. 사물은 그냥 올바로 보이거나 그냥 올바로 느껴지는 일이 없다. 만일 그렇다고 하는 사람이 있다면, 그 사람은 거짓말을 하고 있는 것이다. 세상은 전체가 아니다. 오늘 나는 이 사실을 나 자신의 참담함을 통하여 체험하였다. 그럼에도 불구하고, 더없이 높으신 분의 아들이자 평화의 왕 구세주라 불리는 한 아기가 바로 이 부서진 세계 속으로 들어오신 것이다.

나는 그분을 바라본다. 그리고 이렇게 기도드린다:

주님, 제 느낌이나 생각과는 무관하게 오셨으니 주님께 감사드립니다. 주님의 마음은 제 마음보다 한없이 넓으십니다.

아마도 '삭막한' 크리스마스, 느낌도 생각도 별로 없는 이 크리스마스가 우리와 함께 하시는 하나님의 참 신비로 나를 좀더 가까이 이끌어 줄 것이다. 크리스마스가 요구하는 것은 정녕 순수한 신앙, 발가벗은 믿음이다.

12
귀향

걱정
(12월 26일, 목요일, 네덜란드)

네덜란드에 있는 가족과 친구들에게 향하는 동안 왠지모를 두려움과 걱정에 휩싸였다. 젊은 시절을 함께 했던 이들 대부분이 교회에서 멀어져 버려 그런 대로 영성적이라 할 만한 것과는 거의 무관한 상태다. 영성적인 사람들에게 영성적인 일을 이야기하기란 쉽다. 그렇지만 '하나님의 말씀'이 가슴 아픈 추억으로 직결되는 이들에게 우리 마음과 우리 가족과 우리 일상생활 속에 계시는 하나님과 하나님의 현존에 대해 이야기하는 일은 거의 불가능에 가깝다.

어쨌든 지금 내 고국에 돌아와 있다. 이곳 언어는 다른 어느 언어보다 내가 잘 아는 언어다. 그렇다고 진실로 하고 싶은 말을 낱말들로 표현해 낼 수 있을까? 로센다알에서 브레다로, 아인트호벤에서 헬몬트로 가는 동안 기도를 드린다. 기도송을 읊조리다 보니 아주 침착하고 소박하고, 어쩌면 아주 조용해야 할 것이라는 느낌이 든다.

놀라운 방문객
(12월 27일, 금요일)

귀향 첫날은 좋기도 하고 놀랍기도 하였다. 우선 올해 연세가 여든둘이신 아버지가 따뜻하게 영접해 주시니 좋았다. 아버지는 건강이 좋으신 데다 정신도 맑으셔서 국내외 사정에 굉장한 관심을 가지고 계신다. 그것에 대하여 이야기하고 싶어하신다. 법원에 마련해 두었던 거대한 도서실 장서는 이미 팔아 버렸는데도, 독서용 의자 주변에는 문학, 역사, 예술에 관한 신간도서들이 잔뜩 널려 있었다. 아버지가 줄곧 하시는 말씀은 "이 책을……저 책을……그 책을 읽어 보았니? 정말로 재미있더라." 하는 식이었다. 오랜 세월을 유복하게 살았던 추억들, 고향집에 오니 마냥 좋기만 하였다.

또 놀라운 하루가 되었던 까닭은 필립주식회사의 주요 공장들이 자리잡고 있는 도시 아인트호벤의 시장이 나를 만나보고 싶다는 전화를 걸고, 몇 시간 후에 직접 찾아왔기 때문이다. 아인트호벤 시장이 이토록 시급하게 나를 만나보려 하는 까닭을 아무리 생각해도 알 수가 없었다. 그에 대한 이야기를 한 번도 들어본 적이 없다. 그가 어떻게 내 이야기를 들었는지도 모르고 있었다. 알고 보니, 내 저서들을 읽고 아버지에게 내가 언제 집에 오는지 물어 보았단다.

이 질레스 보리라는 사람은 나와 '하나님의 일'에 관하여 이야기하고 싶어하는 사람이었다. 온화하고 매우 점잖고 경탄스런 인물이었다. 마음과 마음이 통하는 대화가 있었다. 네덜란드의 교회에 관하여, 트라피스트 수도원의 생활에 관하여, 기도에 관하여, 끊임없는 하나님 추구에 관하여 이야기를 나누었다. 대화 도중, 그의 아내에게서 전화가 왔다. 어머니가 심장발작을 일으켜 생명이 위독하다는 것이었다. 나이가 90대에 들긴 하였지만, 아주 건강한데다 무척이나 몸조심을 하시던 분이라고 하였다. 우리 관계는 갑자기 깊어졌다. 충격과 비탄의 순간이 우리를 친구로 만들어 버린 것이다. 우리는 함께 기도하면서 질레스에게 더없이 중대한 이 순간을 살펴 보았다. 그런 다음, 그는 다시 연락하겠다는 약속을 단단히 하고 떠나갔다.

아무런 계획이나 사전 작업도 없이 하나님을 찾는 이와 만났다가 슬픔에 동참하게 된 게 깊은 감동으로 다가왔다. 마치 하나님이 고국으로 돌아온 나를 반가이 맞으면서 이렇게 말씀하시는 것만 같았다:

알맞은 말이나 적당한 어조를 구사하는 데 신경을 쓰지 말아라. 네가 비록 아무런 준비가 되어 있지 않다 하더라도, 내 영이 너를 통하여 이야기할 것이라고 믿어라.

멋있지만 산만해
(12월 28일, 토요일)

네덜란드에서 가장 두드러진 현상은 번영이다. 프랑스나 영국이나 미국과는 달리 이곳에는 가난한 사람이 거의 없다. 어디를 가나 사람들은 살이 오르고 차림새가 훌륭하고 집도 근사하다. 특히 올 성탄에는 모두가 원하는 것을 사들이고 먹고싶은 것을 먹고 가고싶은 곳을 갔다. 스위스나 오스트리아로 스키를 타러 간 네덜란드사람이 셀 수 없이 많았다. 그밖의 사람들은 집에서 먹고 마시고 텔레비전을 보았다. 몇몇 사람들은 정선된 관현악이 울려 나오는 멋진 예배에 참석하기도 하였다. 이 나라는 포만감을 만끽하고 있다. 안팎으로 하나님과 함께하거나 하나님하고만 지낼 수 있는 공간은 거의 남아 있지 않다.

네덜란드가 불과 한 세대 사이에 더없이 경건한 나라에서 더없이 세속적인 나라로 둔갑한 이유는 설명하기가 쉽지 않다. 들먹일 만한 이유는 많다. 하지만 주변을 둘러보고 사람들과 만나 이야기해 본 결과, 이들이 구가하는 황홀한 부야말로 무엇보다 분명한 이유가 되고 있다. 사람들은 먹고 마시고 이곳저곳 찾아다니느라 한참 바쁘다.

유명한 네덜란드 코미디언 폴 반 블리에트가 출연한 크리스마스 텔레비전 쇼에서 주제의 하나로 선택한 것은 '멋있지만 한없이 산만한 우리'였다. 실제로 우리 국민은 우리에게 가장 필요한 것이 무엇인지 알고 있다. 하지만 장난감을 가지고 노는 데 너무 열중한 나머지, 거기 신경 쓸 여지가 거의 없다. 가지고 놀 게 너무 많다! 일어나서 서로를 사랑하기에는, 꼭 필요한 일을 하기에는 시간이 너무 없다.

네덜란드사람들은 너무 산만한 국민이 되어 버렸다—매우 착하고 친절한 무골호인들이면서도, 너무 많은 일에 얽매여 있는 이들······.

파송해 주세요

(12월 30일, 월요일)

오전 10시, 나를 담당하고 있는 위트레흐트 교구의 영성지도자 시모니스를 만나 '새벽' 공동체로부터 부름받은 일을 설명하고 기꺼이 나를 그곳으로 파송해 달라고 부탁드렸다.

내가 점점 더 중요하게 깨달은 사실은, 어디를 가든 부름받아서 가야 하지만, 동시에 파송도 받아서 가야 한다는 점이다. 캐나다에 살면서 일하라고 부름받은 것도 좋은 일이지만, 교회로부터 임무가 뒷받침되지 않으면 풍요한 열매를 거둘 수 없다고 생각한다.

살고 있는 장소와 하고 있는 일이 단순히 자신의 선택만이 아닌 소명의 일부라는 것을 알게 될 때, 사정은 완전히 달라진다. 어려운 일들이 발생할 경우, 파송받았다는 사실을 알고 있으면 도망치지 않고 충실히 머물 수 있는 힘을 얻을 것이다. 일이 지루하고 담당하는 역할이 보잘것없고 인간관계가 불미스러워도, '이런 시련들을 도피의 사유가 아닌 마음을 정화하는 기회'로 받아들일 수가 있기 때문.

시모니스는 그 부르심을 기도에 대한 응답으로 느끼고 있느냐고 물었다. 이 물음에 거짓없이 "예"라고 대답할 수 있었다. 나는 "주님, 저에게 길을 보여 주시면 따르겠습니다."라는 기도를 자주 드려 왔다. 장 바니에가 나를 불러 라르쉬를 소개하고 이 첫번째 초대에서 '새벽'으로 부르신 것은 나의 기도에 대한 응답이 분명하였다. 그럼에도 불구하고, 위로부터 감독을 받아야 할 성직자 신분인지라, 나한테는 교회의 허락도 매우 중요하였다. 부르심을 받았다는 느낌만으로는 충분하지 못하다. 반드시 파송을 받을 필요가 있다.

대화가 끝날 무렵에 시모니스는 말하였다: "우선은 그대가 그곳으로 가야 한다는 것이 내 답변입니다. 하지만 나에게 며칠 말미를 주고 토요일 정오에 전화하도록 합시다. 그 동안 그대가 '새벽'에서 받은 편지를 읽어보고 좀더 생각해 볼테니까."

기분 좋은 대화였다. 장 바니에나 토마나 앙드레와 나눈 대화에 비하면 한결 격의있고 실제적인—재정적 책임문제와 당장 직면하게 될 연금문제, 보험문제 등이 거론된—대화였다. 하지만 나는 프랑스가 아닌 네덜란드에 있는 몸이요, 영성지도나 정신적 조언이 아닌 새로운 임무부여를 요구하는 자리였다. 교회의 권위를 대표하는 시모니스. 그가 나에 대한 부르심을 확신한다면 단순히 허락하는 선에서 끝나지 않고 진실로 이 새로운 사역에 파송을 해주리라 기대한다.

외로운 송년

(12월 31일, 화요일)

오늘은 꽤 힘든 날이었다. 아침 일찍 기도드릴 만한 교회를 찾아 유트레히트 시내를 이리저리 돌아다녔다. 두 군데 정도 찾아냈으나, 모두 문이 잠겨 있었다. 할 수 없이 길거리를 거닐었다. 마냥, 기도를 읊조리면서. 아, 내 땅 한가운데서 이방인이 된 기분!

    남동생 가족과 송년을 함께 보내기 위하여 로테르담으로 왔다. 오후 7시에 인근 교회에서 성만찬예식을 집례하였다. 여섯 살 된 어린 조카딸 하나만 나를 따라나섰다. 나머지는 모두 집에 있고 싶어하였다. 유서 깊은 커다란 교회에는 아무도 없었다. 교회를 지키는 관리인과 어린 사라와 나를 빼고는. 나와 가장 가까운 이들과 하나님의 선물을 함께 나눌 수 없어 무척이나 외로웠다. 나에게는 가장 소중한 생각과 느낌이 그들에게는 낯선 것이 되어 버린 셈…….

    뒤이어 화려한 만찬과 여유 있는 대화, 새해를 축하하는 유쾌하고 화기애애한 시간. 과거처럼 기도를 하거나 성경을 봉독하는 절차는 아예 없었다. 그 신심 깊던 가족이 어떻게 불과 한 세대만에 이토록 철저히 하나님과, 그리고 하나님의 교회와 발을 끊을 수 있는지 내내 의아스럽기만 하였다. 축하할 만한 것이라곤 아무 것도 없는 자리에서 내 온 존재로 축하하기란 너무나 힘들 수밖에. 소중한 이들과 이토록 가까이 있으면서도 뼈속깊이 외로움이 인다.

세 세대

(1986년 1월 1일, 수요일)

해마다 정월초하루면 아인트호벤 근처 리샤우트에 사는 반캄펜 가족과 성만찬예식을 베푸는 것이 일종의 전통처럼 되어 버렸다. 반캄펜 가족은, 내가 기억하는 한, 아주 옛날부터 우리 부모와 친구 사이였다. 어머니가 돌아가시던 해인 1978년에 예순여덟 살이던 필립 반캄펜 씨가 심한 마비증세를 보였다. 그때 이후로 반신불수가 되고 말았다. 한때는 성공한 은행 경영주요 사업가였던 그가 지금은 아내와 간호사들의 보살핌을 받아야 하는 무력한 사람이 되어 버린 것. 그의 아내는 그의 생일인 정월초하루에 여섯 자녀와 그 가족들을 집으로 불러 성만찬예식과 식사를 함께 하도록 하고 있다.

해마다 이 날은 내가 네덜란드 교회의 비극을 마주 대하는 시간. 필립과 그의 아내 퍼크 여사는 모두 믿음이 아주 깊은 사람들이다. 두 사람의 삶은 성만찬예식을 중심으로 이루어지고 있다. 날마다 움직이지 못하는 남편을 헌신적으로 돌보며 지내는 퍼크 여사는 지금도 삶 속에 현존하시는 예수님에게서 희망과 힘을 얻고 있다. 하지만 자녀들에게는 '하나님'과 '교회'라는 말이 아주 모호한 것이 되어 버렸다. 몹시 비판적이거나, 심지어 적대감까지 촉발시키는 경우도 많아졌다. 이 아들 둘은 가족과 함께 정규적으로 교회에 나간다. 그들은 그리스도 안에서 사는 생활이 중요하다고는 생각한다. 그러면서도 자신들이 참석하는 예식들이 정말로 영성생활에 자양분을 공급해 주는 것인지 회의하는 때도 많다. 그 아래 자녀들은 훨씬 더 소원해져 버렸다. 교회는 그들에게 전혀 무관한 존재가 되어 버렸다. 그들 대부분에게 성경은 더 이상 존재하지 않는 것이나 마찬가지. 성례전은 아예 모르고 산다. 기도도 없어진지 오래다. 현실보다 위대한 삶이란 일종의 환상? 손자들의 경우는 종교예식을 꽤 짜증스럽게 느끼는 것 같았다. 그들 가운데 여섯 명은 세례조차 받지 않았다. 예전복을 입고 스톨을 걸친 나를 별로 인기없는 연예인 대하듯 쳐다보았다.

부모는 열정적으로 헌신하는 그리스도인, 자녀들은 갈수록 교회를 불편하게 느끼고, 손자들은 대부분 하나님의 사랑에 관한 이야기를 들어본 적도 없는, 그런 대가족에 둘러싸여 기도드리고 성만찬예식을 베풀고 있으니……. 참 이상야릇한 체험이었다.

이들은 모두가 아주 선하고 자상하며 책임감이 강한 사람들이다. 그들과 나누는 우정은 나에게 소중한 의미를 갖는다. 한 마디로 즐거운 일이다. 하지만 부모에게 그토록 대단한 생명력을 부여하는 신앙이 모든 자녀와 손자들에게는 그리 생명력을 주지 못하고 있다는 사실이 애절한 슬픔으로 다가온다.

누구를 탓하겠는가? 나도 지난 몇십 년 동안 네덜란드 교회에 밀어닥친 엄청난 소용돌이에 휩쓸렸다면 오늘 어떻게 되어 있을까 하는 생각이 들곤 한다. 중요한 것은 사람들의 마음에서 하나님의 사랑을 듣고 받아들일 수 있는, 분노로부터 치유된 자리를 찾아내는 일이다.

복음서 봉독이 끝나고, 하나님의 '첫사랑'에 관하여 이야기하였다. 인간관계로 갈등을 느껴온 이들(우리 가운데 안 그런 사람이 어디 있으랴?)이 귀기울여 들으면서 이리저리 연상해 보고 있음을 알 수 있었다. 그들은 내가 이야기한 고통에 대해서는 "맞아요!" 하지만, 그 고통을 치유하러 오신 분에게는 모두가 "예!" 할 태세가 갖추어져 있지 않은 것 같았다. 서른에서 쉰 사이에 들어서 있으면서 교회를 더 이상 힘의 원천으로 간주하지 않는 이들이 예수님께서 상처를 치유하실 수 있도록 스스로를 내어맡길 수 있을지 미심쩍기만 하다. 그러나 그 자녀들은 어느 날 해묵은 질문을 던지게 될 것이다. "예수님이 그 메시아이신가요, 아니면 또 다른 사람을 기다려야 하나요?"

의미의 탐구

(1월 2일, 목요일)

가장 친한 네덜란드 친구 집에서 그의 가족과 오후 내내 함께 지냈다. 우리는 1960년대 초에 만났다. 그 때 우리는 임상심리학자로서 네덜란드 군대에서 근무하고 있었다. 그는 지금 유트레히트 대학교에서 의료심리학을 가르치고 있다. 정신건강 문제에 대해서는 자타가 공인하는 권위자가 되어 있다. 그 동안 직접 만나는 것은 일년에 한 번꼴밖에 되지 않았다. 그렇지만 줄곧 연락하며 여러 해를 지내다 보니, 우리 우정도 사뭇 깊어지게 되었다.

우리 논의는 이내 아주 내면적인 방향으로 흐르게 되었다. 우리는 지금 삶 속에서 둘이 동시에 체험하고 있는 존재론적 외로움에 관하여 이야기하였다. 이 외로움은 친구가 없거나, 부부문제나 자녀문제가 있거나, 아니면 직업적으로 인정받지 못하는 데서 생기는 것이 아니었다. 이 영역이라면 우리는 둘 다 아무런 불만도 없었다.

그럼에도 불구하고…… '지금 무엇을 하고 있으며, 이것을 하는 이유는 무엇인가?'라는 의문이 친구와 가족과 일에 대한 더없는 만족감 이면에서 꿈틀거리고 있었다. 웜은 '심리학적'으로 설명할 수 없는 '탈현실' 체험들을 이야기하였다. 둘 다 오십고개를 넘긴 우리, 그런 우리가 우리 사는 세상을 바라보면서 종종 목격하게 되는 것은 내면에서 고개를 드는 이상야릇한 의문이다:

    나는 지금 여기서 무엇을 하고 있는가? 이것이 정말 우리의
    세계, 우리의 민족, 우리의 존재란 말인가? 모든 사람이 무엇
    때문에 이토록 바쁜 것일까?

이러한 의문은 감정이나 느낌이나 열정보다 더 깊은 곳에서 생겨난다. 이것은 존재의 의미에 대한 의문이다. 이 의문은 정신만이 아니라 탐구하는 마음 속에서도 제기된다. 이것은 바로 자신의 삶의 자리에서 스스로가 이방인처럼 느껴지는 데서 비롯되는 의문이다.

사람은 로봇같은 특성을 지니고 있는 것 같다. 수많은 일을 하지만 내적 생명력은 없어 보인다. 어떤 외부 동력이 '그들을 휘감아' 하고 있는 일들을 시키는 것처럼 보인다. 이러한 '탈현실' 체험은 지

극히 고통스럽다. 그러나 한편으로는 더욱 더 심원한 연결로 이어지는 통로가 될 수도 있다.

윔과 나는 이것보다 더 깊은 연결에 관하여 이야기를 나누었다. 뿌리깊은 소속감이 없으면, 모든 삶은 이내 차갑고 소원하고 고통스런 반복의 연속이 될 우려가 있다. 이것보다 더 깊은 연결이란 이름이 '사랑'이신 분, 우리가 그 '사랑'으로부터 태어났다는 사실을 새롭게 깨닫게 해주면서 우리에게 이 '사랑'으로 되돌아오도록 끊임없이 촉구하시는 그분과의 연결을 말한다. 그리고 이는 하나님이 생명의 하나님, 언제 어디에서 죽음이 위협하더라도 끊임없이 생명을 내려주시는 하나님이시라는 새로운 깨달음으로 우리를 이끌어 준다.

궁극적으로 그것은 기도로 이끈다. 인간이 되고 자녀가 되고 형제자매가 되고 어머니 아버지나 할머니 할아버지가 되는 데서, 사랑 가득한 하나님의 손 안에 붙잡히는 새로운 체험이 나온다.

들을 척만 할 뿐
(1월 4일, 토요일)

오늘 아버지의 어든세 번째 생신을 축하드렸다. 아버지는 모든 자녀들과 형제자매들과 그 배우자들을 초청하여 자리를 함께 할 수 있게 하였다. 전국에서 모두 모여드니 스물한 명이나 되었다. 밤 12시 반에 모두들 마을 교회로 가서 성만찬예식을 베풀었다.

나는 제단 위에 의자들을 둘러놓아 모든 식구들이 제대를 에워싸고 둘러앉을 수 있도록 하였다. 가족들은 대부분 여전히 '개업상태의 신자들'이었지만, 상당한 거리감이 느껴졌다. 나는 우리와 한평생 함께 걸으시며, 우리의 갈등과 고통이 절망과 참담함을 뚫고들어가 심오한 치유력을 발견하게 하는 통로가 될 수 있음을 가르쳐 주시는 예수님에 관하여 이야기하였다. 그들은 내 말을 들은 척만 할뿐, 받아들이지는 않았다. 예식이 끝나고 주고받는 말이 고작 발이 시리다느니,

집에 가는 길이 미끄럽겠다느니……. "그래, 자네는 아까 철저한 확신을 가지고 그런 이야기를 했겠지만, 나는 그렇게 생각하지 않네." 삼촌들 가운데 한 분이 하신 말씀이었다.

나는 희망 차고 생명력 있는 메시지를 전하려고 하였다지만, 결국 그런 말을 찾아내지 못한 셈. 형이 저녁식사 전에 분위기를 주도하면서 점성술 책을 이용하여 아버지의 성격을 아주 재미나고 그럴싸하게 풀이하였다. 모두가 진지하게 받아들이고 박수갈채를 보냈다. 형은 모인 사람들에 대해 나보다 훨씬 더 잘 알고 있었던 것이다.

가족 속에서 나그네 같은 신세가 되었다는 느낌이 온종일 강하게 작용하였다. 파티에 참석한 이들 가운데 상당수는 10년만에 처음이었다. 이번의 재회를 통하여 그 동안 그들과 나에게 엄청난 변화가 있었다는 사실을 깨달았다. 나 자신이 우리 모두가 공유하고 있는 토양을 파악하지 못할 지경에 이르렀다고 생각하니 서글펐다.

한편, 아버지는 힘차고 행복하고 기운에 넘쳐 있었다. 나에게 중요한 일은 어떻게 늙어가느냐인 반면에, 그분에게는 어떻게 젊음을 유지하느냐가 중요한 일이었다. 그러므로 내가 주님과 소중한 만남을 준비하는 데 쏟는 정성은 우리의 공통된 관심사가 될 수 없었다.

이 와중에, 영성지도자인 시모니스에게 전화를 걸어 '새벽'으로 가는 문제에 대해 어떤 결론을 내렸는지 물어 보았다. "그렇게 하라"고 하였다. 참모진들과 이야기를 나눈 결과, 훌륭한 생각이라는 결론을 내렸다는 것. 하지만 끝에 이런 말이 덧붙여졌다: "3년 기한으로 그렇게 하도록 하세요. 그 다음에 고국으로 돌아오고 싶은 생각이 들 수도 있으니까. 선택의 여지는 남겨 두는 것이 좋다고 생각합니다."

그가 나의 미래를 축복해 주니 너무나 기뻤다. 흥분된 기분으로 이 사실을 아버지와 가족에게 알렸다. 그러나 그들의 마음은 이미 다른 데 가 있었다. 내 인생에 중요한 전환점이 되는 이 일이 그들에게는 한낱 뉴스거리 정도밖에 되지 않았다. 뉴스로는 별것 아닐지 몰라도, 나에게는 기쁜 소식임이 틀림없다.

13
몸부림 기도

기도에 이르는 길

(1월 10일, 금요일, 트로슬리)

기도를 드리는 것은 언제나 아주 힘들다. 그럼에도 불구하고, 라 페름의 정원을 거닐면서 기도를 드리고 기도실에 들어가 하나님의 현존 안에서 그저 조용히 한 시간을 보내노라면, 결코 시간낭비를 하고 있지 않다는 사실을 알게 된다. 마음이 아주 심란할 때에도, 하나님의 영이 내 안에서 역사하고 계심을 알아차린다. 깊은 신앙적 통찰이나 느낌이 아주 없다고 해도, 생각과 감정을 초월하는 평화를 맛보게 된다. 이른 아침기도가 아무런 성과를 더하지 못하는 것같아도, 이 때를 기다리며 소중한 시간으로 간직한다.

12월 14일자 〈타블렛〉(*Tablet*)에 실린 돔 존 채프먼의 기도에 관한 짤막한 글이 나에게 커다란 희망을 안겨 주었다. 그의 영성편지 가운데 하나에서 발췌한 것이었다. 그 글은 이렇게 이어진다:

> 기도는, 하나님과의 연합이라는 의미에서, 모든 일들 가운데 가장 괴로운 일이다. 사람은 하나님을 위하여 기도하지 않으면 안 된다. 하지만 '나는 기도를 썩 훌륭하게 한다. 나에게는 아주아주 그럴싸한 기도법이 있다.' 하는 느낌 면에서 보면, 거기에서 얻어낼 만족은 아무 것도 없게 마련이다. 만일

만족을 얻는다면 그것이야말로 참담한 불행이 아닐 수 없다. 우리가 터득하고자 하는 것이 다름 아닌 우리 자신의 연약함과 무력함과 무가치함뿐이기 때문이다. 사람은 내가 말하는 '초자연적 실체에 대한 감각'을 기대해서도 안 된다. 그리고 사람은 하나님께서 우리에게 허락하시는 기도—어쩌면 지극히 산만하여 모든 점에서 불만스러운 기도—외에 어떤 기도도 희망해서는 안 된다.

그런가 하면, 기도에 이르는 유일한 길은 기도하는 것이다. 그리고 기도를 잘하는 길은 기도를 많이 드리는 것이다. 그럴 만한 시간이 없다면 최소한 정기적으로 기도를 드려야 한다. 기도를 적게 하면 할수록 사정은 점점 악화된다. 만일 주변 환경 때문에 기도를 정기적으로 드리지 못한다면, 당사자는 막상 기도하려고 노력할 때 기도가 되지 않으리라는 사실을 인정하고 감내하지 않으면 안 된다—그리고 이 때의 기도는 십중팔구 하나님께 그 점을 아뢰는 기도가 될 것이다.

새롭게 시작할 것인지, 아니면 어디론가 떠날 것인지, 거기엔 선택의 여지가 없다고 생각한다. 단지 그대는 자신이 현재 서 있는 그 자리에서 시작하지 않으면 안 된다. 하고 싶은 행동, 해야겠다고 느끼는 행동을 하여라. 그러나 그대 자신에게 어떠한 종류의 '느낌'도 강요하지 말아라.

그대가 교회 안에서 15분을 있으면서 무엇을 해야 좋을지 모르겠다고 한다면, 그것은 지극히 당연하다. 그렇다, 내 생각에 해야 할 일은 단 하나, 교회 문을 닫아걸고 모든 것을 몰아낸 다음, 그대 자신을 하나님께 바치고 그분의 자비를 구하면서 그대에게 밀려드는 모든 산란한 마음을 그분께 드리는 일이다(*The Spiritual Letters of Dom John Chapman, O.S.B.*, London: Sheed and Ward, 1983, 52-53쪽. *The Tablet*, 1985년 12월 14일자에서 인용).

여기에서 가장 내 마음에 드는 대목은 "……기도에 이르는 유일한 길은 기도하는 것이다. 그리고 기도를 잘하는 길은 기도를 많이 드리는 것이다."라는 부분이다. 채프먼의 건전한 지혜는 나에게 정말 큰 도움이 되고 있다. 아주 타당하고 아주 진실한 조언이다. 조언의 주요 핵심을 요약하면 다음과 같다—우리가 기도드려야 하는 최우선적인 이유는 기도하면 기분이 좋거나 도움이 되어서가 아니라, 하나님이 우리를 사랑하시고 우리의 주목을 바라신다는 데 있다.

겸손의 길을 택하라
(1월 12일, 주일)

오늘은 예수님이 세례받으신 것을 기념하는 날이다. 어제오늘, 이 기념일에 관하여 많은 생각을 해보았다. 예수님은 죄가 없으신데도 요한에게 세례를 받으려고 기다리는 죄인들과 나란히 줄을 서 계신다. 자신의 사역을 시작하시는 마당에 죄 많은 인류와 연대하기로 작정하신 것이다.

> 그러나 요한은 "내가 선생님께 세례를 받아야 할 터인데, 선생님께서 내게 오셨습니까?" 하고 말하면서 말렸다. 예수님께서 그에게 말씀하셨다. "지금은 그렇게 하도록 하십시오. 이렇게 하여, 우리가 모든 의를 이루는 것이 옳습니다(마태복음 3장 14-15절).

예수님께서 겸손한 길을 명백하게 선택하고 계시다는 사실이 여기서 드러난다. 그분은 권세있는 구세주로서 요란한 팡파르를 울리며 나타나 새 질서를 선포하지 않으신다. 그와는 반대로, 회개의 세례를 받는 수많은 죄인들 틈에 끼여 조용하게 나타나신다. 그리고 그분의 이러한 선택은 하늘에서 들려오는 음성에 따라 인정을 받는다:

이는 내가 사랑하는 아들이다. 내가 그를 좋아한다(마태복음 3장 17절).

이 선택이 얼마나 단호한 것이었던가 뒤이은 유혹들에서 명확히 드러난다. 악마가 제의하는 것은 다른 선택이었다: "현실적으로 굴어라. 무엇인가 멋들어진 일을 행하여라. 세상의 힘을 받아들여라." 이것이 세상의 길이다. 그러나 예수님은 이 길을 거부하고 하나님의 길, 점점 십자가의 길임이 밝혀지는 비천한 길을 선택하신다.

하나님이 스스로를 비우는 겸손한 나사렛 사람의 길을 통하여 우리에게 자신의 거룩한 현존을 계시하려 하셨다는 사실은 믿기 어려운 것이다. 내 안에는 영향력, 권세, 성공, 인기를 추구하려는 욕망이 굉장히 많다. 그러나 예수님의 길은 은둔과 무력함과 연약함의 길이다. 따라서 이것은 별로 매혹적인 길로 보이지 않는다. 그럼에도 불구하고, 내가 예수님과 진실하고도 깊은 친교에 도달할 때, 나는 이 작은 길이 참 평화와 기쁨으로 이어지고 있음을 알게 될 것이다.

예수님의 세례를 기념하는 이 날, 좁은 길을 선택하고 그 선택을 저버리지 않을 용기를 가질 수 있게 해달라고 기도드린다. 라르쉬는 분명 내가 그렇게 하는 데 도움을 줄 것이다.

치유 기도

(1월 14일, 화요일)

오늘의 예배 첫번째 성경봉독에서, 우리는 사무엘서에 나오는 한나의 기도 이야기를 들었다. 한나는 주님께서 자신을 태를 닫아 놓으셨기에 한없이 낙담하고 있었다. 그래서 성전에 나아가 아들 하나를 내려서 자신의 수모를 벗겨달라고 주님께 뜨겁게 기도하곤 하였다. 그녀가 얼마나 애절하게 기도를 드렸으면 엘리 제사장이 그녀를 술취한 여자로 오해했겠는가! 그런 제사장에게 한나는 이렇게 말한다:

제사장님, 저는 술에 취한 것이 아닙니다. 포도주도 독한 술을 마신 것도 아닙니다. 다만 슬픈 마음을 가눌 길이 없어서, 저의 마음을 주님 앞에 쏟아 놓았을 뿐입니다. 이 종을 나쁜 여자로 여기지 마시기 바랍니다. 너무나도 원통하고 괴로워서, 이처럼 기도를 드리고 있습니다(사무엘상 1장 15-16절).

그러자 엘리는 그녀를 축복했고, 그녀는 절망에서 벗어나 집으로 돌아올 수 있었다. 그리하여 "음식을 먹었고, 다시는 얼굴에 슬픈 기색을 띠지 않았다"(사무엘상 1장 18절). 이윽고 그녀는 임신하여 아들을 낳아 이름을 사무엘이라 지었다.

이 이야기에서 가장 깊은 감명을 주는 대목은 한나가 기도드리고 나서 수심이 걷힌 때는 주님께서 그녀의 기도에 응답하여 아들을 주시기 훨씬 전이었다는 것이다. 그녀의 기도는 수모와 소외와 원망 등의 느낌 일체를 하나님께 바치는 고뇌에 찬 기도였다. 이 기도 덕분에 그녀의 내적 어둠은 걷히게 되었다. 그녀의 남편 엘카나는 "여보, 왜 울기만 하오? 왜 먹지 않으려 하오? 왜 늘 그렇게 슬퍼만 하는 거요? 당신이 열 아들을 두었다고 해도, 내가 당신에게 하는 만큼 하겠소?"(사무엘상 1장 8절)하는 말까지 하며 그녀를 달랬다. 그러나 그녀에게는 조금도 위로가 되지 못하였다. 그런 그녀가 '괴로운 마음'을 하나님께 전부 쏟아놓고 하나님이 자신을 어루만져 주시도록 했을 때(사무엘상 1장 10절), 그녀는 새로운 여자로 다시 태어나면서 하나님이 자신의 기도를 들어 주시리라는 사실을 느끼게 되었다.

기도는 치유한다. 기도에 응답을 받을 때만 치유되는 것은 아니다. 우리가 하나님과 경쟁을 포기하고 전혀 아무 것도 남기지 않은 채 우리 마음 모두를 그분께 바칠 때, 우리를 향한 하나님의 사랑을 발견하면서 우리가 그분의 품 안에서 더없는 안전을 누리고 있음을 깨닫게 된다. 일단 하나님이 우리를 저버리시지 않고 자신의 심장 가까이에 붙잡아 두고 계시다는 사실을 새롭게 깨닫기만 하면, 비록 하나님이 우리가 바라는 방향과는 다른 방향으로 우리의 삶을 이끄실지라도, 우리는 또다시 삶의 기쁨을 발견할 수 있다.

기도는 너무나 중요하다. 기도는 이제까지 그 어떤 인간보다도 더 뜨겁게 우리를 사랑하시는 분과 점점 더 긴밀한 친교를 이루며 살도록 우리를 이끌어 준다. 한나는 기도드린 다음에 하나님이 자신을 사랑하고 계시다는 사실을 다시 한번 깨달았다. 그녀는 기도를 통해서 진정한 자아를 재발견하였다. 그리고 자녀를 갖는 일이 아닌, 오로지 온전하고 한없는 하나님의 사랑만을 자기 행복의 기준으로 삼을 수 있었다. 그 덕분에 그녀는 눈물을 씻고 다시 음식을 들고 수심을 떨쳐 버릴 수 있었다. 그리하여 하나님께서 사랑으로 그녀에게 아들을 주셨을 때, 그녀는 진실로 감사드렸다. 그녀 자신의 선함이 아니라 하나님의 선하심이 이 기쁨의 근원이 되었기 때문이다.

버리는 기도

(1월 15일, 수요일)

오늘 아침 기도시간에는 하늘 아버지 손에 나를 던져 보려고 애썼다. 나의 내심에는 스스로 성취하고 싶은 내 뜻, 스스로 실현하고 싶은 내 계획, 스스로 꾸리고 싶은 내 미래, 스스로 내리고 싶은 내 결단들이 너무도 많아서 참으로 힘겨운 한 판의 몸부림이었다. 질병 또는 건강, 실패 또는 성공, 가난 또는 부, 소외 또는 찬사, 어디로 이어지는 길이든 간에 하나님께서 바라시는 길을 사랑할 수 있도록 해주실 때, 거기에서 기쁨이 나온다는 사실을 나는 알고 있다. "주님, 주님께 기쁨을 드리는 일이라면 무엇이든 기꺼이 받아들이겠습니다. 아무쪼록 주님의 뜻대로 하옵소서."라고 말씀드리는 일이 나에게는 쉽지가 않다. 그럼에도 불구하고, 내가 내 아버지야말로 흠없는 사랑이심을 진실로 믿을 때 이런 말이 점점 마음로부터 우러나올 수 있음을 나는 알고 있다.

샤를 드 푸코는 언젠가 자신을 버리는 기도를 지어, 내가 소유하고 싶은 영성적 자세를 아름답게 표현해 준 적이 있다. 아직은 한 마디 한 마디가 마음에서 온전히 우러나고 있지는 않다. 그래도 종종 드리는 기도라 여기에 적어 본다:

아버지,
이 몸을 아버지의 손에 바치오니,
좋으실 대로 하옵소서.
저를 어떻게 하시든지 감사드릴 뿐,
저는 무엇에나 준비되어 있고,
무엇이나 받아들이겠습니다.
아버지의 뜻이 저와 모든 피조물 위에
이루어지게 하옵소서.

오 주님,
이 밖에 다른 것은 아무 것도
바라지 않습니다.

내 영혼을 아버지 손에 맡겨 드립니다.
주님, 내가 주님을 사랑하기에
이 마음의 사랑을 다하여
제 영혼 바치옵니다.
끝없이 믿으며
남김없이 이 몸을 드리고
아버지 손에 맡기는 것이
어쩔 수 없는 저의 사랑입니다.
주님은 저의 아버지이시기에.

이 기도를 종종 드리는 것이 좋겠다. 거룩하신 분의 기도일 뿐 아니라 내가 걸어야 할 길을 보여 주는 기도이기도 하다. 나 자신의 노력만으로는 이 기도를 진정으로 내 것으로 만들 수 없으리란 것을 안다. 하지만 내게 오신 예수님의 성령께서 도와주신다면, 이 기도를 드리고 실현시켜 나갈 수 있을 것이다. 내 내면세계의 평화는 이 기도를 기꺼이 내 기도로 만들려는 몸부림에 좌우될 것이라는 사실을 나는 알고 있다.

14
깊은 뿌리

초청
(1월 16일, 목요일)

1월 19일 주일은 헤르더출판사 사장 헤르만 헤르더 씨가 60회 생신을 맞는 날이다. 축하하는 자리에 와달라는 초청을 받았다. 그래서 내일은 독일 프라이부르크로 출발할 예정이다. 만찬과 오르간 연주회, 리셉션, 루돌프 슈나켄부르크의 강연이 있을 예정이다. 이 일정에 전부 참석하게 될 것같다.

    이 기회를 이용해서 독일에 6주간 머무르며 독일쪽 편집장과 함께 성화상에 관한 소책자를 마무리지을 작정이다.

아름다움과 질서
(1월 17일, 금요일, 독일, 프라이부르크)

언어가 다르고, 양식이 다르고, '어투'가 다르다. 유럽이 한없이 작다는 사실과 서로 바싹 붙어 사는 사람들 사이에 엄청난 차이가 있다는 사실에 끊임없이 놀라고 있는 중이다.

    파리에서 스트라스부르크로 가는 열차를 탔다. 그곳에서 내 친구이자 헤르더출판사 편집장으로 있는 프란츠 요나를 만났다. 그의 차로 프라이부르크 경계선을 넘었다. 웅장한 뮌스터 교회를 중심으로 건설된 아름답고 매혹적이면서도 친근감을 주는 도시 프라이부르크는 라인강과 검은 숲 맨 앞 구릉들 사이로 난 계곡 속에 소중한 보석처럼 자리잡고 있다.

이곳은 공장이 거의 없는 대학도시다. 도심지에는 차가 들어가지 못한다. 그래서 사람들은 물이 거세게 흐르는 좁은 수로들이 줄지어 있는 길거리 한복판으로 걸어다닌다. 아름다운 교회, 성문, 좁디좁은 중세풍 골목, 현대식 조각품이 서 있는 작은 광장이 눈에 많이 띄었다.

이곳은 제2차 세계대전 이후 완전히 새로 건설된 신도시다. 그럼에도 불구하고, 과거 양식과 분위기를 살려서 재건한 까닭에 유서깊은 도시처럼 보인다. 모두가 하나같이 귀티가 난다. 즐비한 상점마다 의류, 식품, 서적, 현대기구, 공예품 등 각양각색의 상품들이 넘쳐난다.

오후 11시, 프란츠는 나를 내 숙소로 지정된 합스부르크 거리에 있는 빈첸시오수녀회 본원으로 태워다 주었다. 수녀들은 나를 열정적으로 따뜻하게 반겨 주었다. 내가 기거할 수 있도록 커다란 방도 내주었다. 이곳에 온 것이 매우 행복하게 느껴진다.

이 나라에 와본 것은 몇 번 되지 않는다. 머문 기간도 아주 짧았다. 제2차 세계대전 동안에 일어났던 네덜란드 점령사건으로 우리가 독일에 오는 일은 쉽지 않았다. 어떤 면에서 내 관심도 여태까지는 서쪽으로만 쏠리고 있었다. 그러나 이번에는 새로운 나라, 새로운 국민, 그리고 하나님을 찬양하는 새로운 양식을 알 수 있을 것이다.

좀더 깊은 문제

(1월 21일, 화요일)

아침식사와 저녁식사 자리에서 빈첸시오수녀회 본원에 거하고 있는 영성지도자들과 나눈 대담으로 독일 교회가 앓고 있는 몸살을 다소나마 이해할 수 있었다. 동료들이 화제에 오른 문제점 대부분에 서로 의견을 달리하고 있다는 간단한 사실에서, 이 몸살이 결코 예사롭지 않다는 것을 확연히 알 수 있었다. 혼신을 다하는 격렬한 논쟁을 지켜보고 깜짝 놀란 경우가 한두 번이 아니었다.

그래도 한 가지에는 의견의 일치가 이루어지고 있다. 산아제한, 낙태, 안락사에 관한 문제들은 하나같이 종교계 지도자의 임명, 성직자의 복장, 예배양식 등에 관한 문제들이나 마찬가지로 "우리가 진실로 하나님을 믿고 있는가?"라는 훨씬 더 깊은 문제에 좌표 구실을 하고 있다.

독일사람들이 새로운 시대로 접어들기는 프랑스사람들이나 네덜란드사람들과 다름이 없다. 하나님의 존재, 그리스도의 신성, 교회의 영적 권위 등은 더 이상 서구유럽 사회의 근본요소가 되지 못하고 있다. 17-19세기 사회가 주로 그리스도교적 전통의 가치 체계를 토대로 구축될 수 있었다면, 20세기 말의 사회에서는 남아 있는 공통된 가치를 어느 것 하나 발견해 내기 어렵게 되었다. 생명을 출현시키고 죽음을 유발하는 것처럼 핵심적인 사회 문제를 입법화할 때에도, 모두가 신성시하는 공통된 조회처가 더 이상 존재하지 않는 것이다. 생명은 하나님께서 내려주신 선물로서 마땅히 육성하고 개발하고 어떤 대가를 치르더라도 존중해야 한다는 그리스도교의 핵심적인 인식도 더 이상 모든 입법가들의 결정을 주도하지 못하고 있다. 따라서 법률과 규정과 규범은 갈수록 기능화되고 실용화되는 추세에 있다. 그래서 문제가 된 것이 "현재 대다수 국민에게 가장 좋다고 생각되는 것은 과연 무엇인가?"이다.

그러는 사이에 많은 교회 지도자들이 흔히 우리의 소명감을 심화시키기보다 오히려 우리를 산란하게 만드는 문제들에 귀중한 시간과 정력을 낭비하고 있는 실정이다. 그러니까 진보주의자와 보수주의자가 교회 안에서는 열심히 싸움을 벌이면서도 현대사회를 조형하는 일에는 전혀 무관심한 위험스런 소지가 끊임없이 병존하고 있는 것이다.

돌보시는 하나님은 과연 존재하는가? 역사가 자비로운 손길에 인도되고 있다는 어떤 징표들이 나타나는가? 개인간, 집단간, 국가간 장벽들을 넘어설 수 있는 상호관계는 실제로 존재하는가? 생명은 심리학자, 사회학자, 생물학자, 화학자 등이 정의하고 있는 것 이상의 무엇인가? 우리가 흙으로 돌아간 이후에도 기대할 만한 무엇이 정말로 존재하는가?

이러한 물음들은 사변적인 차원을 크게 뛰어넘고 있다. 우리 문명의 핵심과 직결되는 것이 바로 이런 문제들이다. 과연 교회는 이 문제들을 개인적인 차원이 아닌 일상생활의 차원에서 다룰 자세가 되어 있는가? 여전히 교회에 나가면서도 사후세계를 믿지 않는 독일사람들이 많다. 그들은 아주 다양한 이유로 교회를 찾고 있다. 교회에서 내보이는 말씀을 읽고 듣기 위해서가 아니다. 따라서 그들이 얼마 동안이나 교회에 몸담고 살아갈지는 미지수다.

앞으로 몇 주간은 이런 문제 모두를 생각해 볼 수 있는 기회를 넉넉히 제공해 줄 것이다. 이런 문제들을 분명하게 떠올릴 수 있도록 도와줄 동료들이 있어서 매우 기쁘다. 그 덕분에 우선 나 자신의 신앙은 물론이거니와 그리스도교 신앙의 핵심이 무엇인지까지도 파고들어야 할 것 같다.

예상 가능성: 미덕과 책임
(1월 22일, 수요일)

예상치 못한 일이나 놀랄 만한 일이 벌어질 소지가 거의 또는 전혀 없는 나라에서 지내는 나에게, 사무엘이 다윗을 간택하고 다윗이 골리앗을 무찌른 성경 이야기는 좋은 경고가 되었다. 이곳 생활이 그렇듯, 미리 예정된 삶을 좋아하는 내 습성을 인정할 수밖에 없다. 이곳 사람들이 오후 4시에 나를 데리러 오겠다고 말했을 경우, 단 1분도 늦게 오거나 빨리 오는 법이 없다. 오르간 연주회를 오후 5시에 시작하기로 되어 있으면, 시계종이 다섯 번 울리고 난 그 순간에 오르간의 첫 음을 들을 수 있다. 사람들이 6시 15분에 식사가 시작될 것이라고 말하면, 정확히 6시 15분에 음식이 나온다. 장소도 시간과 마찬가지로 정확하다. 모든 게 제자리가 있다. 아침식사를 하고 내 방으로 돌아와 보면, 모든 물건이 만지기 전의 자리로 되돌아가 있다.

이처럼 정확한 예상 가능성은 나를 더없이 편안하게 해준다. 예상치 못한 일들이 전혀 발생하지 않음에 따라, 내가 세운 계획을 흔들림 없이 실행시킬 수가 있기 때문이다. 하지만 다윗의 경우는 왕이 된다거나 골리앗을 때려 눕힌다는 것을 조금도 예상하지 못하였다. 불레셋사람들과 전쟁을 벌인 결과도 전혀 예상할 수 없었다. '다윗의 아들'이신 예수님은 어떠하셨나? 나다나엘은 그분을 두고 이렇게 말한다:

   나사렛에서 무슨 선한 것이 나올 수 있겠소?(요한복음 1장
 46절).

예수님의 제자도 스승이나 마찬가지로 정말 뜻밖의 삶을 살게 된 사람이 많았다. 이곳의 생활방식은 예상치 못한 일들이 일어날 여지를 완전히 없앤 것이다. 질서정연하다. 많은 독일 남녀들이 프랑스 라르쉬에서 장기간 체류하면서도 정작 독일에는 라르쉬 공동체를 하나도 세우지 못한 이유가 이것으로 설명될 수도 있을까? 독일에서는 장애우 보호가 극도로 조직화되어 있다. 그래서 비교적 자유분방하고 임의적인 라르쉬 방식이 수용될 여지가 거의 없다. 하지만 하나님의 영을 잡아 묶어둘 수는 없는 노릇!

   바람은 불고 싶은 대로 분다……성령으로 태어난 사람은 다
 이와 같다(요한복음 3장 8절).

예수님께서 하신 말씀이다. 바울도 이렇게 말한다:

> 영을 끄지 말라(데살로니가전서 5장 19절).

내 작업을 해나가는 데 가장 좋은 곳은 독일일 것이다. 하지만 성령께서 내 안에서 일하실 수 있는 진짜 기회를 드릴 생각이라면 프랑스의 '자유방임주의'가 어느 정도 내 안에서 살아 숨쉬게 만드는 것이 좋겠다.

그리스도의 부요하심을 선포하라
(1월 24일, 금요일)

쉰네 번째 생일이다. 오늘 성 프란치스코 살레시오를 기념하는 예배에서 봉독된 첫번째 성경말씀이 내 느낌을 간결하게 요약해 주고 있었다. 바울이 에베소사람들에게 이렇게 써보내고 있다:

> 하나님께서 모든 성도 가운데서 지극히 작은 자보다 더 작은 나에게 이 은혜를 주셔서, 그리스도의 헤아릴 수 없는 부요함을 이방 사람들에게 전하게 하시고, 만물을 창조하신 하나님 안에 영원 전부터 감추어져 있는 비밀의 계획이 무엇인지를 [모두에게] 밝히게 하셨습니다(에베소서 3장 8-9절).

오늘 내 삶을 성찰하면서, 내가 진실로 하나님의 성도들 가운데 가장 보잘 것 없는 사람이라는 느낌이 든다. 돌아보건대, 내가 29년 전 성직의 길에 들어서던 날, 그 때 지녔던 문제점들을 지금도 고스란히 안은 채 몸살을 앓고 있음을 깨달았다. 그 동안 드렸던 수많은 기도, 영성수련으로 보낸 나날들, 수많은 친구와 조언자와 영성지도자에게 받았던 갖가지 충고들에도 불구하고, 내면세계의 일치와 평화를 추구하는 내 모습은 거의, 거의, 변하지 않고 있다. 나는 이 영성 순례를 시작할 당시나 지금이나 여전히 불안해하고 신경질적이고 격분하고 산만하고 충동지향적이다. 이처럼 너무나 미흡한 내면세계의 성숙도 때문에, 나는 '성숙한' 나이에 들어서도 때때로 울적해지곤 한다.

그럼에도 불구하고, 나에게 위로의 샘 하나가 있다. '그리스도의 측량할 수 없는 부'를 선포하고 '세세대대로 하나님 안에 감추어져 온 신비의 내적 움직임'을 조명하고 싶은 욕구가 그 어느 때보다 강하게 느껴진다. 이 욕구는 그 강도와 절박성이 날로 더해 가고 있다. 그러니까 그리스도의 부를 이야기하고픈 욕구는 1957년 성직의 길에 들어설 때에 비하면 훨씬 더 커진 셈이다.

나를 성직의 길에 들어서게 했던 영성지도자 버나드 앨프링크가 자신의 겉옷 소매에 써넣었던 글 '그리스도의 부요하심을 선포하라' (*Evangelizare Divitias Christ*)가 지금도 생생하게 기억난다. 오늘 예배에서 같은 말씀을 대하면서 내가 그 동안 이 말씀을 점점 내 것으로 만들어 왔음을 깨달았다.

진실로 그리스도의 위대하신 부를 큰 소리로 명확하게 이야기하고 싶다. 이야기하되 깊은 확신 속에 단순하고 평이하고 직설적으로 하고 싶다. 무언가 내 안에서 성장했음을 여기서 느낀다. 지금 여기에서 내가 29년 전의 내가 아니라는 사실을 감지하고 있다.

어쩌면 갈수록 커져가는 그리스도의 측량할 길 없는 부를 알리고 싶은 욕구와 함께, 갈수록 심화되는 나 자신의 죄에 대한 인식 때문에, 나는 오만하거나 독선적이거나 남을 조종하거나 억누르지 못할 것이다. 오늘 나는 내 죄 때문에 내가 겸손하게 해달라고, 그리고 그리스도를 증거하는 소명을 과감하게 실천하게 해달라고 기도드린다. 프란치스코 살레시오는 오늘 내가 내 생명을 두고 하나님께 감사드리고 부여받은 임무를 충실히 수행할 수 있도록 간청하는 데 매우 소중한 귀감이 되고 있다.

겸손, 그 중세기적 교훈
(1월 27일, 월요일)

1210년에 지은 프라이부르크의 화려한 성전 뮌스터 교회의 로마네스크식 현관문에 조각된 석재부조 하나는 익살스런 광경으로 교회에 오는 사람들에게 겸손을 촉구하고 있다. 왕이 조그마한 광주리에 들어앉아 있다. 광주리를 매단 밧줄 양끝에는 거대한 새가 한 마리씩 목이 묶여 있다. 그리고 왕이 양손에 긴 가래를 하나씩 쥐고 있다. 가래날에는 토끼가 한 마리씩 꿰어져 있다. 그러니까 허기진 두 마리 새가 저마다 부리로 토끼를 쪼아 보려고 안간힘을 쓰는 사이, 왕은 공중으로 높이 오르게 된다.

이 익살스런 부조는 온 세상을 정벌하고 나서 하늘나라까지 손에 넣으려 드는 알렉산더 대왕의 이야기를 담은 것이다. 이 이야기는 여러 가지 다른 내용으로 전해진다. 그 가운데 하나는 알렉산더가 자기 발 아래 놓여 있는 땅이 거대한 대양 한가운데 떠 있는 작은 모자 정도밖에 되지 않는 것을 보고, 세상이 실제로 아주 작다는 사실과 함께 이것을 정복하려고 일생을 허비한 것이 얼마나 어처구니 없었던가를 깨달았다는 내용이다. 그러니까 알렉산더는 경건한 신자들에게 어리석은 오만의 표본으로 제시되고 있는 셈이다.

뮌스터 교회를 주제로 한 아름다운 책 〈돌로 된 하늘나라〉을 쓴 저자 콘라드 쿤체는 1260년경에 있었던 베르톨트 폰 레겐스부르크의 설교를 이렇게 요약하고 있다:

> 세상이 너무 작아 보이기만 했던 알렉산더는 결국 가장 가난하게 태어난 여느 사람이나 다름없이 7피트짜리 흙먼지가 되고 말았습니다. 알렉산더는 하늘 제일 높이 떠 있는 별들까지 자기 손으로 잡아 끌어내릴 수 있을 거라고 생각하였습니다. 여러분도 할 수만 있다면 공중으로 날아오르고 싶을 것입니다. 그렇지만 알렉산더 이야기는 그런 고공비행이 초래하는 결과를 보여줍니다. 알렉산더 대왕이 실제로는 고금에 볼 수 없는 가장 지독한 바보들 가운데 하나였음을 여실히 보여 주고 있습니다.

그렇다, 이 이야기는 난해할 것이 하나도 없다! 베르톨트가 보잉 747기를 보았다면 무슨 생각을 했을지 궁금하다. 그럼에도 불구하고……하늘을 찌르는 고딕 첨탑들을 지닌 뮌스터 교회는 하나님이 보시기에 겸손 못지 않게 시민적 자만을 과시하고 있는 것으로 볼 수도 있다. 사람들은 언제고 근본 취지들을 뒤섞는 버릇이 있었다. 아무쪼록 하나님께서 우리를 불쌍히 여기시기를 바랄 뿐이다…….

인간의 애도
(1월 30일, 목요일)

모든 신문들이 7명의 우주비행사가 당한 비극적인 죽음을 대서특필하고 있다. 온 미국이 비탄에 잠겨 있다. 텔레비전으로 사건을 목격한 수백만의 사람들, 특히 자기 선생님들 가운데 한 분이 우주탐사라는 대모험에 가담하고 있어 그 장관을 구경하러 갔던 어린이들 대부분은 아직도 충격에서 헤어나지 못하고 있다. 인간의 위대함을 목격하리라 기대했던 그들의 눈에 인간의 취약성만 노출되고 만 셈이다.

눈앞에서 벌어진 이 비극적인 광경을 직접 목격한 어린이들에게 사건이 미칠 항구적인 파장을 걱정하는 이들이 많다. 미국에서는 죽음을 눈으로 목격하기가 거의 힘들게 되어 있다. 그런 판에 갑자기 죽음을 공공연히 목격하게 되었으니 그 파장을 파악하기란 불가능에 가깝다고 보아야 할 것이다. 이럴 때 우리는 어떻게 슬퍼해야 할까? 어떻게 다른 사람들도 슬퍼하도록 도울 수 있을까? 우주를 정복할 만한 인간의 능력이 저지른 실패를 슬퍼해야 하는가? 인류발전에 기여하기 위해서 자신의 목숨을 내걸었던 영웅들의 죽음을 슬퍼해야 하는가? 아니면 그토록 자신있게 시작한 사업을 지속시켜 나가는 데 필요한 새로운 활력을 얻어 내기 위하여 슬퍼해야 하는가?

미국의 우주계획이 국가방위와 밀접하게 연결되어 있다는 사실을 생각할 때, 그리고 이 비극이 최소한 우위 확보와 세계 지배를 겨냥

한 국제 경쟁의 와중에서 빚어진 결과의 일부분이라는 점을 감안할 때, 우리의 슬픔이 평화로 이어질지 아니면 좀더 단호한 전쟁 준비로 이어질지 그저 궁금할 따름이다. 아무튼 우주정거장 프로그램을 통하여 부분적으로 준비하고 있는 것이 다름아닌 전략방위계획이다.

진정한 인간의 슬픔은 우리 안에 싹트고 있는 불사(不死)의 환상이 잦아들도록 만드는 것을 뜻한다. 우리가 '끔찍이도 사랑하는' 사람들이 죽을 때 우리 내부에서도 무언가가 함께 소멸되기 마련이다. 만일 그런 일이 일어나지 않는다면, 우리는 진실과 동떨어질 것이다. 우리의 삶도 갈수록 뜬구름이 될 것이다. 남을 긍휼히 여기는 우리 인간의 능력도 상실되어 버리고 말 것이다.

일곱 명의 우주비행사가 당한 죽음을 슬퍼하는 범국가적인 애도가 결실을 맺으려면, 이것이 무슨 짓을 해서라도 최고가 되고 가장 힘센 자가 되려는 허세와 범국가적 욕망을 떨쳐내고 군사적 우위에 의존하지 않는 평화의 길을 모색하도록 만드는 데 보탬이 될 수 있어야 한다.

크리스타 매콜리프는 우리가 사는 세계에 관한 새로운 것을 어린이들에게 가르치려는 의도에서 우주선 '챌린저'(Challenger) 호에 발을 들여놓았다. 이제 이 진정한 도전은 어린이들이 자기 부모와 선생님, 자기 영웅들과 자기 자신의 연약성과 사멸성을 이해하고 두려움 없이 받아들이는 데 도움이 되어야 한다. 이 비극을 통하여 어린이들이 자기 자신과 자신들을 이끌어 주는 어른들을 소중하면서도 지극히 취약하고 죽을 수밖에 없는 인간으로 사랑하게 된다면, 그들은 연대와 관용을 기술적인 재능과 다른 사람들을 지배하는 능력보다 한층 더 위대한 선물로 받아들이는 사람들이 될 수 있을 것이다. 진정 평화를 일구는 사람들로!

고집불통 가이드

(2월 4일, 화요일)

오늘 오후에 뮌스터 교회를 다시 한번 찾아보려고 도심지로 내려갔다. 중년여자 한 사람과 공동으로 가이드를 고용하였다. 정말 놀라운 경험이었다. 퇴직 공무원인 가이드는 교회의 역사, 건축가와 조각가의 이름들, 석상과 그림과 제단에 깃들어 있는 의미를 이야기해 주었다. 관람여행을 설교기회로 삼기까지 하였다. 우리를 회개시켜 기도하게 만드는 것이 자신의 임무라고 생각하는 사람 같았다.

구원받은 이들과 정죄받은 이들 모두가 생생하게 조각되어 있는 웅장한 정문을 보여 주면서 그는 이렇게 말하였다: "우리가 오른쪽 무리에 낄 수 있도록 기도합시다." 그리고 멜기세덱이 짠 태피스트리를 보여 줄 때는 구약성경 이야기와 그 속에 담긴 성만찬예식의 의미를 유창하게 열거하였다. 그런가 하면 석판이나 유리나 화폭에다 새기거나 그린 신약성경의 장면들을 설명할 때는 길고 긴 복음서 구절을 줄줄 외우기도 하였다.

그는 간간이 자신의 정치적 소신도 피력하였다. 막강한 합스부르크 가문, 막시밀리안 1세, 펠리페 1세, 샤를 5세, 페르디난드 1세 등을 그려넣은 수려한 스테인드글라스가 달린 '황제 경당' 두 개를 돌아볼 때 그가 한 말은 이러하였다: "요즘에는 학생들에게 이렇게 위대한 인물에 대하여 가르치지 않고 있습니다. 지금은 마르크스와 레닌을 가르치고 있으니까요. 하지만 우리가 이 그리스도인들을 잊지 않고 생각하는 것이 훨씬 더 좋을 것입니다." 우리가 중앙복도를 걸어 들어가는데, 모자를 쓴 젊은이 한 명이 가이드 눈에 띄었다. 그러자 그는 이곳은 하나님의 집이라며 모자를 벗든지 나가든지 하라고 호통을 쳤다. 젊은이는 어리둥절한 표정으로 자리를 떴다.

나는 이렇게 대담하고 신심 깊고 민족적이고 더없이 도덕적인 가이드에게서 적지않은 충격을 받았다. 뮌스터 교회에 딱 어울리는 적임자라는 생각이 들었다. 안내하는 방식이 이 교회의 위용이나 중세적이고 성직자 중심적이며 권위주의적인 성격들 모두를 훌륭히 드러내 보이는 것이었다. 하지만 쫓겨난 젊은이는 어떤가? 과연 다시 찾아와 온유하시고 모든 것을 용서하시는 하나님의 사랑을 발견할 수 있을까?

　가이드에게서 소책자 몇 권을 샀다. 다시 찾아오겠다는 약속도 남기면서……. 그는 이 하나님의 집을 300년 넘게 걸려 완성한 사람들의 사고방식을 좀더 잘 알게 해주었다. 아울러 이제는 중세의 권위적인 하나님보다는 자신의 상처입은 마음을 치유해 주실 수 있는 온유하고 자비하신 하나님을 찾는 이들을 대상으로 하는 사역에 대하여 몇 가지 가슴 아픈 질문을 해보도록 하였다.

15
인생은 선택이다

성찰하는 마음
(2월 5일, 수요일)

프라이부르크는 마르틴 하이데거(1889-1976)를 배출한 곳이다. 이곳에 도착한 직후, 프란츠 요나의 차를 타고 가다, 하이데거가 살면서 수많은 철학서를 저술한 뢰테부르크베크 47번지를 지나친 적이 있다.

  하이데거만큼 내 사상에 많은 영향을 준 철학자도 별로 없다. 하이데거 밑에서 직접 공부한 적은 없다. 그러나 내 사고를 정립시켜 준 수많은 철학자, 심리학자, 신학자들이 바로 그에게서 깊은 영향을 받은 사람들이었다. 발그라페, 빈스방거, 라너 모두가 하이데거의 실존주의를 떠나서는 온전히 이해될 수 없는 사람들이다.

  오늘은 그가 1955년에 자신의 출생지인 메스키르히에서 역시 그곳 출신인 음악가 콘라트 크로이처를 기리며 짤막하게 행한 연설문을 읽었다. 제목은 '겔라센하이트'(*Gelassenheit*)였다.

  여기에서 하이데거는 우리 시대의 가장 큰 위험은 기술혁명의 일부에 해당하는 계산적인 사고방식이 유일무이한 지배적 사고방식이 될 것이라는 데 있다고 천명한다. 이것이 그토록 위험한 이유는 무엇일까? 하이데거는 이렇게 말한다:

그렇게 되면 우리는 가장 숭고하고 가장 성공적인 사고발달을 계산적 차원에서 파악하면서 성찰에 대한 무관심과 철저한 무사고(無思考)를 낳게 될 것이다……인류는 성찰하는 능력이라는 자신의 가장 숭고한 부를 방기하고 저버리게 될 것이다. 지금 당장 시급한 일은 인간성의 본질을 견뎌 내는 일이다. 지금 당장 시급한 일은 우리의 성찰적 사고력(des Nachdenken)을 온전하게 지켜 내는 일이다.

하이데거는 새로운 기술이 우리 일상생활에 기여하는 한에서는 "좋다" 하되, 우리 온 존재를 전부 다 내놓으라고 주장할 때는 "안 돼!" 하는 자세를 촉구한다. 그의 주장은 일종의 '실재가 말하게 함'(Gelassenheit zu Dingen)과 사물의 신비에 대한 개방이다. 하이데거에 따르면, 이러한 고요와 개방성을 통하여, 우리는 새롭게 뿌리를 내리고, 새롭게 지반을 조성하며, 새롭게 소속감을 느끼게 해준다. 그리하여 우리는 여전히 성찰적인 인간으로 존속하면서 일종의 '계산적인' 존재의 희생제물로 전락하지 않게 된다.

하이데거의 사상이 오늘도 더없이 중요하다는 것은 분명한 사실이다. 우리는 그 어느 때보다도 우리의 성찰 정신을 보전할 필요가 있다. 실제로 하이데거는 새로운 영성, 세계 속에 결여된 새로운 존재방식의 필요성까지도 간접적으로 다루고 있다.

보호받고 있다는 느낌
(2월 7일, 금요일)

점점 내 기도 생활 속에서 새로운 영역을 포착해 가는 중이다. 무어라 말로 표현하기는 힘들다. 그러나 산만함과 두려움과 유혹과 내적 혼란 한가운데 현존하시는 하나님과 천사들의 보호의 손길 같은 느낌이다.

내 기도가 강렬하거나 심오한 것은 결코 아니다. 그렇지만 한 주간 내내 기도로 시간을 보내고 싶다는 욕구를 느낀 것만은 사실이다. 빈첸시오수녀회 건물 한 구석에 있는 조그맣고 어둠침침한 기도실에 앉아 있는 것이 좋았다. 그럴 때면 내 주위가 온통 착함과 부드러움, 친절과 환대로 충만해지는 느낌이었다. 마치 천사들의 날개가 나를 안전하게 지켜주는 것 같았다. 안온한 구름이 나를 내리덮어 일어나지 못하게 하는 듯싶었다. 표현하기는 매우 힘들지만, 아무튼 이 새로운 체험은 어떤 유혹 세계가 파놓은 함정들로부터 보호받고 있다는 체험이었다.

그럼에도 불구하고, 이 보호의 손길은 매우 부드럽고 친절하고 자상하다. 이것은 담벼락이나 철의 장막 같은 그런 보호막이 아니다. 이것은 어깨에 올려놓은 손길이나 이마에다 해주는 입맞춤에 훨씬 더 가깝다.

이 모든 보호막에도 불구하고 내가 위험들에서 벗어나 있는 것은 아니다. 나는 유혹의 세계를 초탈하지 못하고 있다. 폭력, 증오, 육정, 탐욕을 떨쳐 버리지 못하고 있다. 이것들은 실제로 내 존재의 중심부에 자리하면서 나에게 거기다 온 정신을 쏟으라고 악을 바락바락 써대고 있다. 이것들은 초조해하며 소란을 피워댄다. 그래도 이 손, 이 입술, 이 눈들이 여기에 있다. 내가 하늘나라의 선한 영들에게 보호받고 돌봄받고 사랑받아 안전하다는 사실을 나는 안다.

그래서 나는 어떻게 기도해야 하는지를 알지 못하면서도 기도하고 있다. 초조함 속에서 휴식을 취하고, 유혹 속에서 평화를 맛보고, 여전히 불안해하면서도 안전하고, 여전히 어둠에 잠겨 있으면서도 빛의 구름에 둘러싸이고, 여전히 의심하면서도 사랑에 감싸여 있다.

그런 은총 덕분에 나는 낮에는 언제라도 방을 나와 기도실로 가서 그냥 거기에 머물며 안식을 맛보는 시간을 갖는다. 하나님의 천사들은 늘 그곳에서 나를 기다리고 있다가 곧바로 나를 둘러싸고 자기 날개로 덮는다. 내 내면의 어둠 속에서 솟구치는 온갖 아우성에 개의치 않고 휴식을 취하게 해준다. 그들은 별로 말이 없다. 그들은 이것 저것 설명하지 않는다. 그저 그 자리에 있을 뿐. 하나님의 마음이 내 마음보다 한없이 더 넓다는 사실을 깨우쳐 해주면서.

그리스도의 자비하신 눈길

(2월 8일, 토요일)

프라이부르크의 아우구스티너 박물관에 소장된 〈나귀를 타신 그리스도〉(*Christ on a Donkey*)는 내가 알고 있는 가장 감동적인 그리스도의 모습 가운데 하나다. 이 조각품이 인쇄된 우편엽서를 많은 친구들한테 보냈다. 한 장은 내 기도서 책갈피에 꽂아 두고 있다.

오늘 오후에 이 〈나귀를 타신 그리스도〉(*Christus auf Palmesel*)와 함께 조용한 시간을 보내려고 박물관으로 갔다. 이 14세기 조각품은 원래 라인강변의 브라이자흐 근처에 있는 조그마한 도시 니더로트바일에서 나온 것이다. 본디 이것은 종려주일 행렬 때 마차에 싣고 다닐 목적으로 만들어졌다. 그런데 1900년에 아우구스티너 박물관에 팔려와서 첫번째 전시실 한가운데 진열되기에 이르렀다.

반듯한 이마, 내면을 들여다보시는 두 눈, 긴 머리카락, 흩날리는 작은 콧수염 등, 그리스도의 길고 여위신 얼굴에 표현된 고통의 신비가 나를 진정으로 매료시킨다. "나무에서 가지를 꺾어다 길에 깔며"(마태복음 21장 8절) "호산나!" 외치는 사람들에 둘러싸여 예루살렘으로 입성하시는 예수님의 모습은 정신이 완전히 다른 곳에 가 있는 모습이다. 그분의 시선은 흥분된 군중을 바라보고 있지 않다. 손을 흔들고 계시는 것도 아니다.

그분은 눈앞에서 전개되는 온갖 소란과 움직임 너머를 보고 계신다. 배신과 고문, 십자가 처형, 그리고 죽음에 이르는 고뇌에 찬 여정! 그분의 초점 없는 시선은 주변의 사람 그 누구도 보지 못하는 것을 보고 계신다. 반듯한 그분의 이마는 모든 인간의 이해능력을 한없이 초월하여, 다가올 일들을 꿰뚫어보시는 지혜를 반영하고 있다.

그분의 모습에는 감상에 젖어 있으면서도 아주 평화로운 수용자세가 서려 있다. 변덕스런 인간의 마음을 아시는 통찰력과 함께, 무한한 연민이 깃들어 있다. 말할 수 없는 고통을 당하게 되리라는 절박한 인식과 함께, 하나님의 뜻을 실현하겠다는 단호한 결단도 스며 있다. 그리고 무엇보다도 사랑이 서려 있다. 뗄래야 뗄 수 없는 하나님과의 긴밀한 합일에서 태동하여, 사람이 지금 어디 있고 과거에 어디 있었고 미래에 어디 있든지간에 모두에게 빠짐없이 도달하는, 원대하고 끝없고 깊디깊은 사랑이…….

이 〈나귀를 타신 그리스도〉를 바라볼 때마다 그분이 내 온갖 죄악과 허물과 수치를 꿰뚫어보시면서도 여전히 한없는 용서와 자비와 긍휼로 나를 사랑하고 계시다는 사실을 거듭 깨닫곤 한다.

아우구스티너 박물관에서 그분과 함께 있는 것 자체가 일종의 기도다. 나는 그저 바라보고 바라보고 또 바라본다. 그렇게 바라보는 가운데, 그분도 내 마음 저 깊은 곳까지 들여다보고 계심을 알게 된다. 그러기에 나는 전혀 두려워할 필요가 없다.

틈새 표정
(2월 10일, 월요일)

오늘은 프라이부르크의 로젠몬타크(*Rosenmontag*: 카니발의 월요일)다. 오후 2시에 도심지로 카니발 행렬을 구경하러 갔다. 광대, 악단, 크고 작은 장식차량, 한없이 다채로운 가면, 수없이 휘날리는 색종이들을 보았다. 무지무지 추웠다. 사람들은 구운 와플과 글루바인(*Glühwein*: 조미료를 넣어 데운 포도주)으로 몸을 따뜻하게 녹이고 있었다. 퍼레이드가 149가지 구경거리를 선보이며 우리 앞을 통과하는 데에는 장장 2시간이 걸렸다.

그 가운데 아주 인상적인 것은 대형 가면들이었다. 그것들은 분노, 기쁨, 증오, 사랑, 선악 같은 다양한 감정들을 표현하고 있었다. 그 가운데는 예술품에 가까운 것도 많았다. 몇몇 가면은 정말 실감이 났다. 가면을 쓴 사람들이 가면에 표현된 감정과 다른 감정을 지녔으리라고는 상상하기도 힘들 정도였다.

몇몇은 가면이 너무 커서, 가면을 쓴 사람의 표정을 목틈새로 들여다 보아야만 알아볼 수 있었다. 많은 사람들이 트럼펫이나 플룻이나 호른을 불고 있었다. 놀라운 것은 가면의 표정과 목틈새로 보이는 사람의 표정이 아주 대조적이라는 사실이었다.

'틈새 표정들'은 가면에 나타난 요란한 표정들과는 달리 모두가 아주 진지하였다. 퍼레이드는 우리에게 이날 하루만큼은 바보들이 되어보라고 초청하는 듯했다. 하지만 내가 확인한 바로는 사람들이 긴장을 풀고 진실로 축제에 빠져들기가 너무도 어렵다는 것이었다. 길가에서 퍼레이드를 지켜보는 사람들도 이 행사를 아주 진지하게 받아들이고 있었다. 수많은 악단들이 자리를 함께 하지 않았다면 더없이 암울한 행사가 되었을 것이다.

시종일관 의무적인 성격. 심지어 요란하게 차려입은 사람들마저 미소짓느라 곤욕을 치르고 있었다. 그들은 맡은 역할이 진지한 것이었다. 어린이들도 누구보다 진지해 보였다. 고양이, 쥐, 북극곰, 스크루드라이버, 인디언, 멕시코사람, 마녀, 어떤 것을 보든지 간에, 조그마한 얼굴들은 하나같이 스스로가 중요한 역할을 담당하고 있다는 표정을 짓고 있었다.

와플 한 개와 글루바인 두 잔을 먹고 마시면서 이 모든 광경을 지켜본 다음 숙소로 돌아왔다. 문을 열어 주는 수녀가 가식없이 활짝 웃는 얼굴로 인사를 하며 맞아 주었다. 조금도, 조금도 가식이 없는 표정이었다. 불현듯 그 어떠한 가면도 우리 인간을 진정으로 행복하게 해줄 수는 없다는 생각이 들었다. 진정, 행복은 내면으로부터 우러나야 한다.

사순절 기도

(2월 11일, 화요일)

사랑하는 주 예수님,

내일이면 사순절이 시작됩니다. 이제는 좀 특별한 방법으로 주님과 함께 머물러야 할 시간입니다. 이제는 기도해야 할 시간입니다. 이제는 금식해야 할 시간입니다. 그리하여 주님을 따라가야 할 시간입니다. 예루살렘으로, 골고다로, 마침내는 죽음을 넘어 최후의 승리까지 주님 가신 길을 따라 나아가야 할 시간입니다.

그러나 저는, 지금도 아주 분열되어 있습니다. 주님을 진실로 따르려 하면서도, 한편으로는 제 자신의 욕망을 뒤쫓고 특혜와 성공, 인간의 존경과 쾌락, 권세와 영향력을 이야기하는 음성에 귀가 솔깃합니다. 도와 주옵소서. 이런 음성엔 귀를 막고 생명의 좁은 길을 택하라고 하시는 주님의 음성을 더 귀담아 듣게 해주옵소서.

사순절이 저에게 매우 힘든 시기가 되리라는 것은 알고 있습니다. 주님의 길을 선택해야 합니다. 사는 동안, 순간순간, 거듭거듭. 생각도 주님의 생각을 선택해야 합니다. 말도 주님의 말씀을 선택해야 합니다. 행실도 주님의 행실을 선택해야 합니다. 선택이 없는 시간, 선택이 없는 장소, 그것은 있을 수 없습니다. 그리고 제 자신이 주님을 선택하는 일을 얼마나 완강하게 거부하는지도 알고 있습니다.

주님, 제발 순간순간 모든 장소에서 저와 함께 해주옵소서. 이 계절을 신실하게 살아, 부활이 올 때 주님께서 저를 위하여 마련해 주실 새 생명을 기쁨으로 맛볼 수 있도록 힘과 용기를 내려 주옵소서. 아멘.

기쁨을 선택하라
(2월 13일, 목요일)

오늘 성만찬예식에서 내가 들은 첫번째 성경말씀이다:

> 나는 오늘……생명과 사망을……당신들 앞에 내놓았습니다.
> 당신들과 당신들의 자손이 살려거든, 생명을 택하십시오. 당신
> 들의 주 하나님을 사랑하십시오. 그분의 말씀을 들으며, 그분
> 을 따르십시오. 그러면 당신들이 살 것입니다(신명기 30장
> 19-20절).

내가 생명을 선택하려면 어떻게 해야 하는가? 죽음과 생명이 늘 내 앞에 놓여 있는 만큼, 선택의 기회가 없는 순간이란 거의 존재하지 않는다는 것을 깨달아 가고 있다. 생명 선택의 한 단면이 기쁨 선택이다. 기쁨은 생명을 준다. 그에 반해서 슬픔은 죽음을 유발한다. 슬픈 마음은 그 안에서 무엇인가가 죽어가고 있다는 징조다. 그리고 기쁜 마음은 그 안에서 무언가 새로운 것이 태어나고 있다는 전조다.

나는 기쁨은 기분의 차원을 훨씬 초월하는 것이라고 생각한다. 기분은 우리를 엄습하는 무엇이다. 기분은 선택하는 것이 아니다. 우리는 행복한 기분이나 비참한 기분에 빠지면서도 이런 기분이 어디에서 비롯되는지를 모르는 경우가 허다하다. 영성 생활은 기분을 초월하는 생활이다. 이것은 우리가 기쁨을 선택하고 스스로 덧없는 행복감이나 우울감에 얽매이지 않는 생활이다.

사람이 기쁨을 선택하는 일은 가능하다고 확신한다. 우리는 순간순간마다 사건이나 사람에게 슬픔 아닌 기쁨으로 대응하겠다고 마음먹을 수 있다. 하나님이 생명이심을, 진정 유일무이한 생명이심을 믿을 경우, 우리를 비참한 죽음의 세계로 끌어들일 힘을 가질 수 있는 것은 아무 것도 없다. 기쁨을 선택한다는 것은 행복하다는 느낌이나 흥을 불러일으키는 외형적인 분위기를 선택한다는 뜻이 아니다. 기쁨을 선택한다는 것은 무슨 일이 일어나든지 그것을 통하여 생명의 하나님께 한 걸음 더 가까이 다가갈 수 있도록 하겠다는 다짐을 뜻한다.

이것은 묵상하고 기도드리는 고요한 순간에도 아주 중요할 수 있다. 이 선택이 자신의 기분을 비판적인 시선으로 들여다보도록 해주기 때문이다. 그리하여 강요된 굴종에서 자유로운 선택으로 이행할 수 있도록 해주기 때문이다.

오늘 아침 잠을 깼을 때 왠지 울적하였다. 이유를 알 길이 없었다. 그저 가슴이 뻥 뚫린 것 같고 내 자신이 쓸모없는 것 같고 피곤한 느낌이었다. 음산한 영들한테 공격을 받은 기분이었다. 그러자 나는 이 기분이 거짓된 것임을 깨달았다.

삶은 결코 무의미한 것이 아니다. 하나님은 사랑의 표현으로 생명을 창조하셨다. 그리고 비록 느낌으로 알 수는 없을지라도, 내가 이런 깨달음에 도달한 것도 바로 그분의 사랑 덕택이었다. 이 깨달음이 토대가 되어, 나는 또다시 기쁨을 선택할 수 있었다. 기쁨을 선택한다는 것은 다른 것이 아니다. 무엇보다도 그것은 진리에 따라 행동한다는 것을 의미한다.

물론 울적한 기분이 완전히 가시지는 않을 것이다. 그것은 내가 억지로 마음에서 몰아낼 수 있는 것이 아니다. 하지만 적어도 이 기분의 거짓가면을 벗겨낼 수는 있다. 그리하여 이것이 내 행동의 토대가 되지 못하도록 막을 수는 있다.

나는 기뻐하도록 부르심을 받았다. 나는 기쁨을 선택할 수 있다. 이 사실을 알고 나니 상당히 위로가 된다.

모든 게 좋기만 하다
(2월 15일, 토요일)

토요일 오후 5시. 나는 지금 뮌스터 교회에 와 있다. 뮌스터 광장은 그저 적막하기만 하다. 보일락말락 하는 가볍디가벼운 눈발이 자갈들 위로 부드럽게 내려앉고 있다. 뮌스터 교회를 에워싸고 있는 집들이 화톳불가에 둘러앉아 동화에 귀룰 기울이는 아이들마냥 조용하고 평화롭고 정답기만 하다. 소음은 거의 들리지 않는다. 상점들은 정오부터 문이 닫혀 있었다. 차도 없다. 고함소리도 없다. 심지어 아이들이 노는 소리도 들리지 않는다. 여기저기에서 눈 덮인 텅 빈 광장을 가로질러 와 교회로 들어가는 사람들이 눈에 들어온다.

해는 이미 졌다. 그러나 아직 그렇게 캄캄하지는 않다. 잿빛 하늘은 온통 자그마한 하얀 점들로 수놓아져 있다. 고급 숙박시설 바깥에 켜진 몇 개의 불빛들이 들어와서 포도주를 마시고 맛좋은 음식을 먹으라고 사람들을 부르고 있다.

뮌스터 교회 탑을 올려다본다. "전번에 해준 이야기, 또 해주세요!" 하는 손자들에게 미소를 보내는 지혜로운 할머니처럼, 탑은 말없이 자기 이야기를 들려준다. 광선들이 첨탑 전체를 뒤덮고 있다. 열어제친 꼭대기에서는 내부로부터 솟아오른 따사로운 내면의 빛이 쏟아져 나오고 있다. 그 모습을 지켜보는 나는 평화로운 위로를 느낀다. 탑은 이렇게 말하고 있는 것 같다: "너무 걱정하지 말아요. 하나님이 그대를 사랑하고 계셔요!"

교회 안은 어둡다. 그러나 커다란 동정녀와 아기 석상 바로 앞에는 빛들이 섬을 이루고 있다. 수백 개의 작은 촛불이 만들어 내는 빛은 살아 움직이는 존재처럼 보인다. 상당수 사람들이 거기에 서서 눈을 감고 기도드리고 있다.

중심제단을 둘러싸고 있는 작은 기도실들 안에서는 성직자들이 신자들의 말을 들어주고 있다. 사람들은 조용하게 오고간다. 나도 한 성직자 앞에 무릎을 꿇고 내 속마음을 털어놓는다. 그는 내 이야기를 주의깊게 듣고나서 부드러운 말로 항상 기뻐하는 것이 중요하다고 이야기한다. 그리고 그가 아버지와 아들과 성령의 이름으로 용서를 선언할 때는, 앞서 이야기한 기쁨을 맛보게 된다. 얼마간이나마……

동정녀의 모습을 바라본다. 그리고 그 자리에서 얼마 동안 기도를 드린다. 그리고 나서 평화로 충만된 가슴을 안고 집으로 걸어온다. 이때쯤 주변은 아주 어두워져 있다. 환하게 밝은 교회 탑은 여전히 제자리에 선 채, 나에게 미소를 보낸다. 모든 것이 좋기만 하다.

행복한 재회

(2월 19일, 수요일)

오늘 저녁 7시에 조너스가 보스턴에서 왔다. 몇 주일 전에 나에게 전화로, 내가 독일에 머무는 마지막 며칠을 함께 보내고 싶다고 했었는데……. 굉장히 기뻤다.

조너스는 며칠 휴가를 얻은 데다 값싼 유럽행 비행기표까지 입수할 수 있었다. 그래서 오늘 아침 브뤼셀에 도착하여 열차편으로 콜로뉴를 경유하여 프라이부르크에 도착할 수 있었다. 세상이 너무 좁아졌다. 지난밤만 해도 우리는 수천 마일이나 떨어져 있었다. 그런데 오늘밤에는 함께 저녁을 먹고, 오만 가지 일들을 이야기하고, 교회에서 함께 기도를 드리고 있다. 어떻게 하면 함께 평화로운 며칠을 보낼 수 있을까 궁리 중이다.

분리를 제거하라
(2월 21일, 금요일)

오늘 아침 조너스와 나는 복음서에 있는 예수님의 말씀을 읽었다:

> 네가 제단에 제물을 드리려고 하다가, 네 형제나 자매가 네게 어떤 원한을 품고 있다는 생각이 나거든, 너는 그 제물을 제단 앞에 놓아두고, 먼저 가서 네 형제나 자매와 화해하여라. 그런 다음에 돌아와서 제물을 드려라(마태복음 5장 23-24절).

이 말씀이 온종일 우리 머릿속을 떠나지 않았다. 내가 아직도 온전히 화해하지 못하고 있는 이들이 많다는 생각이 든다. 과거의 우정과 만남과 대결을 돌이켜볼 때면, 분노와 씁쓸함과 통한이 여전히 내 마음 속에 눈에 띄지 않는 섬처럼 자리잡고 있음을 깨닫는다.

내가 개인적으로 알고 있거나, 소문을 통하여 들었거나, 글로 만난 사람들 모두를 머리 속에 떠올려 본다. 내 편을 드는 사람과 나에게 반대하는 사람, 내가 좋아하는 사람과 좋아하지 않는 사람, 내가 함께 있고 싶어하는 사람과 무슨 일이 있더라도 피하고 싶은 사람……. 이토록 철저하게 갈라놓고 있다니! 내 내면 생활이 이토록 내 '형제자매들'에 대한 의견과 판단과 선입견으로 가득 차 있다니! 진정한 평화는 아직도 멀기만 하다.

예수님의 말씀을 숙고할 때, 내가 이러한 갖가지 갈라놓기식 생각과 감정을 모조리 제거함으로써 하나님의 백성 모두와 진정한 평화를 누릴 수 있어야 한다는 것을 깨닫게 된다. 그리고 이것은 곧 아무런 제한 없이 기꺼이 용서한다는 의미다. 내 안의 해묵은 두려움과 쓸쓸함과 통한과 분노와 육욕을 떨쳐내고 화해를 이룬다는 의미다.

이렇게 할 때, 나는 평화를 실현하는 진정한 중재자가 될 수 있다. 그리고 내 내면세계의 평화가 나와 만나는 모든 사람에게 평화의 원천이 될 수 있다. 그렇게 해서 내가 하나님의 제단에 바치는 제물도 내 형제자매들과 나누는 평화의 선언이 될 수 있다.

나에게 반감을 지닌 형제자매들과 화해하는 구체적인 방법을 모색해 보아야겠다. 그렇다고 내가 잃을 것이 무엇이겠는가? 화해한다는 것은 내가 안이한 판단에서 벗어나 나와 내 적들을 함께 손바닥에 올려놓고 계시는 하나님과 원수를 사랑할 수 있게 되는 것이다.

오늘 나는 조너스와 나 사이에 맺은 우정에 깊은 감사를 체험하고 있다. 지난 11월, 우리가 그렇게도 평화 일구기에 힘썼는데, 이제 그 열매가 이렇게 눈에 보이게 드러나고 있는 것이다.

우리 몸을 비추시는 하나님의 빛

(2월 23일, 주일, 스트라스부르크)

오전 8시, 프란츠와 로베르트 요나가 조너스와 나를 차로 스트라스부르크까지 데려다 주었다. 그 덕분에 오전 11시에는 이곳 교회에서 성만찬예식에 참석할 수 있었다. 이곳 성직자가 나에게 예배를 함께 집례하자고 초청해 주었다. 스트라스부르크대학교에서 섬기고 있는 키 크고 젊은 프란치스코회 성직자가 설교를 맡았다.

복음서에서 거룩하신 변모 이야기가 봉독되었다. 그리고 나서, 프란치스코회 성직자가 교회 한가운데에 아름답게 조각된 설교단으로 올라섰다. 예배에 참여한 모두가 설교자를 바라보면서 이야기를 잘 들으려고 설교단을 중심으로 의자를 돌려 앉았다.

그는 예수님의 거룩하신 변모에서 시작하여 모든 만물의 성스러운 변화까지 이야기하였다. 이야기 도중에 그는 교회 출입문 위의 밝은 노란색, 흰색, 파란색이 뒤섞인 원화창(圓華窓)을 가리키며 말하였다: "저것은 탁월한 예술품이기는 하지만, 지니고 있는 광채가 온전히 우리 눈에 들어오려면 태양빛이 저기로 비쳐들어야 합니다."

그리고 나서 우리 몸과 우리 손으로 만든 작품, 그리고 존재하는 모든 것은 거기에 하나님의 빛이 투과하도록 할 때라야 비로소 광채를 발할 수 있다고 설명하였다.

그가 이야기하고 있을 때, 나는 줄곧 장미창문—가로 13미터짜리로 동서고금을 통해 가장 커다란 창문—을 바라보면서, 다볼산에서 일어난 거룩하신 변모를 예수님의 몸에서 번쳐나는 하나님의 빛이라는 새로운 의미로 인식하고 있었다. 그러니까 6세기 전에 만들어진 장미창문이 오늘에 이르러 그리스도의 영광을 새로운 형태로 알아차리도록 도와주고 있는 셈이었다. 내가 여러 세기에 걸쳐 계속되고 있는 하나님 백성의 긴 순례에 동참하고 있다는 사실을 새삼스레 다시 느꼈다.

이 자리에는 해묵은 것도 많고 새것도 많았다. 그 옛날 성자들과 왕들과 여왕들의 석상이 거기에 있었다. 그리고 깃이 목까지 올라가는 거친 무명옷을 입은 정다운 성직자들과 여성들, 교회 주변에 세워둔 수많은 차량들도 거기에 있었다. 역사가 움직이고 있음을 알 수 있었다. 그런가 하면, 사순절 둘째주일마다 예수님의 거룩하신 변모 이야기가 그곳에서 똑같이 되풀이되고 있기도 하였다.

밤 12시 45분, 작별의 시간이 왔다. 천천히 움직이는 열차에서 프란츠와 로베르트를 향하여 손을 흔들 때, 조너스와 나는 그 동안 우리가 깊고 영원한 어떤 것을 함께 나누어 왔다는 느낌이 들었다. 그것을 언제까지나 기억하는 유일한 매체, 그게 바로 이 스트라스부르크교회 아닐까?

16
내려가는 길

친구, 그 소중한
(2월 24일, 월요일, 트로슬리)

온종일 "안녕하세요?" "잘 있어요!"를 연발하고서 트로슬리로 돌아왔다. 바니에 부인, 파퀴타, 바르바라, 시몬, 미렐라를 비롯하여 많은 이들이 우리를 따뜻하게 맞아 주었다. 우리는 다시 만난 기쁨을 가식 없이 드러내 보였다. 오늘 나에게 가장 중요한 사건은 조너스와 나단과 함께 점심식사를 한 일이다. 조너스와 나단은 조너스가 전에 이곳에 왔을 때 만난 적이 있다. 하지만 서로를 잘 알 정도는 못 되었다. 나단과 나의 우정이 지난 몇 달 사이에 급속하게 무르익은 까닭에, 조너스와 나단에게 서로를 좀더 잘 알 수 있는 기회를 만들어 주고픈 마음이 간절하였다. 우정은 함께 나눔을 필요로 한다. 조너스가 보스턴으로 돌아가기 전에 나단과 잠깐이나마 함께 시간을 보낼 수 있다는 것이 매우 기뻤다. 우리 대화는 주로 우정과 그것이 우리 삶 속에서 차지하는 중요한 비중에 관한 것이었다. 내가 지금 가장 생생하게 기억하고 있는 것은 우리의 갈등을 견디기 힘들어질 때만이 아니라 그보다 훨씬 앞서서 서로에게 털어놓는 일이 중요하다는 내용의 토론이었다. 조너스는 이렇게 말하였다: "악마는 어둠과 감추는 것을 좋아합니다. 고립상태에 있는 내적 두려움과 갈등은 당사자에게 막강한 압박으로 밀려들게 마련이지요. 그러나 우리가 이것을 신뢰의 정신으로 털어놓게 되면 눈에 드러나고, 따라서 마음대로 다룰 수가 있습니다. 악마는 일단 서로의 사랑이라는 빛 속에 몸을 드러내면 힘을 잃고 이내 도망치고 맙니다."

조너스의 말이 진정 핵심을 짚고 있다는 생각이 들었다. 우리는 고백과 용서를 통하여 치유하고 화해시키고 재창조하시는 하나님의 사랑의 힘을 체험할 수 있다. 고백을 주고받는 과정에서 터득한 앎이 충실한 우정생활에도 중요한 의미를 갖는다고 생각하니 기뻤다. 집례하는 성만찬예식이 우리에게 언제 어디서나 감사를 드리도록 촉구하듯이, 고백의 행위도 우리를 언제나 기꺼이 고백하고 용서하는 삶의 길로 불러들인다.

오늘밤 역에서 조너스에게 작별인사를 하였다. 지난 몇 달 동안 튼실해진 우정의 끈이 고맙기 그지없었다. 이 우정의 끈이야말로 먼 거리를 가깝게 생각하고 무거운 짐을 가볍게 느끼도록 해준다.

태양은 서서히 지고
(3월 4일, 화요일)

프라이부르크에서 돌아온 이래, 수많은 일로 바쁘게 보내면서도 이루어지고 있는 일은 아무 것도 없다는 느낌이다. 이른 아침부터 밤늦게까지 편지, 전화, 방문객, 모임 등 시급하다고 생각되는 일들에 줄곧 매달리고 있다. 그러나 내가 이곳에서 하려고 생각한 기도와 글쓰기는 별로 하지 못하고 있다. 아침묵상 시간은 그런 대로 지켜왔다. 성만찬예식도 매일 집례하였다. 저녁기도도 줄곧 드려왔다. 그럼에도 불구하고, 전혀 활력을 못 느끼고 있다. 목석이 되어버린 듯, 뻣뻣하고 메마르기 짝이 없다. 그저 사소한 일만 치닥거리하면서 하루하루 보내 버린 것이다. 독일에 가 있던 6주 동안 쌓인 편지들이 가방으로 하나나 되었다. 정답고 멋진 편지들이다. 하지만 이 편지들을 읽고 답장을 쓰는 사이에 시간은 덧없이 흐르고 하루하루가 눈 녹듯이 사라져 갔다.

이런 바쁜 생활 속에서도 종이에다 쏟아놓고 싶은 생각과 통찰과 느낌들이 물밀듯 샘솟는다. 그래서 불만이 가득하다. 생각과 통찰과 느낌이 솟구치면 솟구칠수록 그만큼 불만도 누적된다. 나중을 위하여 보존해야 할 것이 너무 많다. 붙잡아 두어야 할 것도 너무 많다. 기억해야 할 것도 너무 많다. 글은 나중이 아니라 지금 쓰고 싶은데.

한 친구가 편지에다 "자네가 글쓸 시간이 있기를 바라네만, 자신을 너무 심하게 닦달하지는 말게!"라고 적어 보냈다. 어쩌면 내 강박관념과 고정관념에 씁쓸한 웃음을 보내야 할지 모른다. 어쩌면 필요한 때에 시간이 주어지리라고 믿어야 할지 모른다. 하지만 그 동안 나는 하나님한테 하루를 너무나 짧게 만드셨다고 항변하고 있지 않았는가! 줄곧 중얼거리는 소리는 "주님, 제발 해가 천천히 지게 해주옵소서!" 그러나 해는 언제나 마찬가지로 돌고 돌고 또 돈다. 날마다 스물네 시간, 더 빠르지도 더 늦지도 않다.

피터가 오늘 전화로 〈아메리카〉지가, 내가 프라이부르크에서 저술한 성령강림 성화상에 관한 묵상집을 퇴짜놓았다고 알려주었다. 나 자신은 이제까지 쓴 네 가지 성화상 묵상집 가운데 가장 잘 쓴 글이라고 생각했었다. 그런데 〈아메리카〉지 편집장이 보낸 짤막한 편지에는 "이 글은 헨리 나웬에 대한 우리의 기준에 딱 들어맞지 않는다."라고 적혀 있었다는 것. 이렇게 되니 서서히 가라앉는 것은 태양이 아니라 바로 '나' 아닌가. 내가 스스로를 대단치 않게 생각하는 데 좋은 보탬이 될 만하였다.

어쩌면 이것은 내가 내 스스로를 성화할 수 없다는 사실을 일깨워 주는 통고인지도 모른다. 성화란 하나님이 주시는 선물이다. 나 자신이 노력한 결과라고 주장할 수 있는 게 아니다.

삶이란 사람을 겸손하게, 아주 겸손하게 만든다. 나도 그렇게 되어야 한다. 오늘 누군가가 말하였다: "우리가 조금이라도 겸손해지려면 엄청난 수모를 당할 필요가 있다."

예수님과 연결고리 유지하기

(3월 12일, 수요일)

오늘 예배 때 봉독한 복음서에서 예수님은 자신이 하시는 모든 일이 아버지와의 관계 속에서 이루어지고 있음을 밝히신다:

> 아들은 아버지께서 하시는 것을 보는 대로 따라 할 뿐이요,
> 아무 것도 마음대로 할 수 없다. 아버지께서 하시는 일은 무엇
> 이든지, 아들도 그대로 한다 (요한복음 5장 19절).

어제 단절감을 심각하게 체험한 뒤라, 예수님의 이 말씀이 나에게는 각별한 의미로 다가온다. 나는 예수님과, 그리고 예수님을 통하여 아버지와 점진적인 연결관계 속에서 살지 않으면 안 된다. 이 관계야말로 영성생활의 핵심이다. 이 관계는 내 삶이 일들을 '따라잡는' 데 소모되지 않도록 막아 준다. 나의 하루하루가 지루하고 피곤하고 무미건조하고 침울하고 불만스러운 것이 되지 않도록 막아 주는 것도 바로 이 관계다.

내가 하는 모든 일이 내가 사랑 속에서 온전히 주고받는 하나님의 생명에 참여하고 있음을 표현해 줄 수 있다면, 다른 모든 것은 축복을 얻고 불완전한 면을 새롭게 하게 될 것이다. 그렇다고 모든 것이 쉽고 조화롭게 된다는 말은 아니다. 많은 고뇌는 여전히 존재할 것이다. 하지만 하나님 자신의 고뇌와 연결을 맺을 때 내 고뇌마저 생명으로 이어질 수 있을 것이다.

이 모두가 끊임없이 기도하라는 부르심으로 요약되는 것 같다.

예수님, 사랑해요, 그치만……

(3월 15일, 토요일)

오늘 읽은 복음서는 무얼 말하는 걸까? 곧 예수님께는 어디를 가시든 기꺼이 뒤따르는 선하고 충실한 친구들만 있었던 게 아니다. 그분을 없애지 못해 안달하는 사나운 적들만 있었던 것도 아니다. 그분에게는 매력과 두려움을 동시에 느낀 동조자들도 많이 있었다.

부자 청년은 예수님을 사랑하였다. 하지만 많은 재물을 포기하면서까지 그분을 따르지는 못하였다. 니고데모도 예수님을 흠모하였다. 그러나 동료들한테 얻고 있는 존경을 잃을까 두려워하였다. 이처럼 시름에 잠긴 동조자들을 눈여겨보는 일이 갈수록 중요하다는 생각이 든다. 그들이야말로 나 자신이 가장 끌려들고 있는 무리이기 때문.

나도 예수님을 사랑한다. 허나 친구들이 나를 예수님께 좀더 가까이 못 이끌어 주더라도 그들을 놓치고 싶지는 않다. 나도 예수님을 사랑한다. 허나 내 독립심이 나를 참된 자유로 이끌어 가지 못할지라도 이것도 견지하고 싶다. 나도 예수님을 사랑한다. 허나 내 동료들의 존경이 나를 영성적으로 성장시켜 주지 못할지라도 이것도 잃고 싶지 않다. 나도 예수님을 사랑한다. 허나 글쓸 계획, 여행 계획, 강연 계획이 하나님의 영광보다 나 자신의 영광을 위하는 것일지라도 이 계획들도 포기하고 싶지 않다.

그러니 나는 니고데모나 별반 다를 게 없다. 밤중에 몰래 찾아오고, 동료들한테는 어느어느 선까지만 예수님 이야기를 하고, 필요하거나 바람직한 분량 이상의 몰약과 향료를 들고 무덤을 찾는 일로 자신의 죄책감을 표현하는…….

니고데모는 동료 바리새인들에게 말한다: "우리 율법에 먼저 본인의 말을 들어보지도 않고 또 그가 무엇을 하였는지 알아보지도 않고 사람을 심판하게 되어 있소?"(요한복음 7장 51절) 아주 신중한 발언이다. 이야기 상대는 예수님을 미워하는 사람들이다. 그래서 그들의 언어로 이야기하는 셈이다. 이 말은 곧 "여러분이 예수를 미워하여 죽이고 싶더라도 체통을 지키고 여러분 자신의 법도에 따르시오."라는 말이다. 니고데모가 이 말을 한 것은 예수님을 구하기 위해서였다. 또 친구도 잃고 싶지 않았다. 하지만 먹혀들지 않았다. 그는 친구들

한테 조롱을 받았다: "당신도 갈릴리 출신이란 말이오? 성경을 연구해 보시오. 갈릴리에서는 예언자가 일어나지 않게 되어 있오." 그의 인격적이고 전문가적인 주체성이 공박을 당한 것이다.

이것은 나에게 아주 낯익은 장면이다. 나는 교회회의나 교수회의에서 여러 차례 니고데모나 다름없는 발언을 해왔다. 예수님을 향한 나의 사랑을 직설적으로 이야기하지 못하고 미사여구를 통하여 친구들이 문제의 다른 면을 주시하도록 하곤 하였다. 그러나 그들은 대체로 내가 자료들을 제대로 연구하지 않았다거나, 진정한 전문가적 접근이 요구되는 마당에 다분히 감성적인 접근을 꾀하는 것 같다는 말로 대응하곤 하였다. 이런 이야기를 하는 사람들은 논리적으로 꽤 뛰어난 사고력을 지닌 이들이었다. 그래서 나는 어쩔 수 없이 입을 다물곤 하였다. 그리고 언제나 반대를 무릅쓰고 마음으로부터 우러나는 이야기를 하지 못하게 막는 것은 내 안에 깃들어 있는 두려움이었다.

니고데모는 내 관심이 온통 집중되어도 좋을 만한 사람이다. 내가 바리새파 신분을 유지하면서 예수님을 따르는 일이 과연 가능한 것일까? 그러다가 일이 다 끝난 다음에 값비싼 향료를 들고 무덤을 찾는다고 정죄를 받는 것은 아닐까?

영성수련에 대하여
(3월 17일, 월요일, 느베르)

오늘밤 나는 트로슬리에서 차로 다섯 시간 걸리는 느베르에 와 있다. 이곳에 온 이유는 장 바니에를 비롯한 라르쉬 도우미들 40명과 함께 '언약 수련'을 하기 위해서다. 우리는 이번주 내내 이곳에 머물면서 기도할 것이다. 라르쉬의 복음생활에 관한 장의 성찰을 듣게 될 것이다. 생각과 체험도 함께 나눌 것이다. 우리와 장애우들 사이의 유대관계도 살피게 될 것이다.

가난한 이들의 부르짖음

(3월 18일, 화요일)

장의 성찰은 두 가지 주요한 흐름으로 이루어져 있었다. 하나님의 내리막길, 가난한 이들을 섬길 뿐 아니라 스스로 가난해짐으로써 하나님을 발견하라는 부르심, 그것이었다. 우주를 한없이 찬란한 모습으로 창조하신 하나님은 거룩한 생명의 신비를 우리에게 드러내 보이시려고 피조물의 하나인 작은 행성, 초라한 고을에 사는 젊은 아가씨를 통하여 사람이 되기로 작정하셨다. 예수님 생애의 특징은 남달리 심오한 선택에 있다. 한결같이 작고 천하고 가난하고 소외받고 경멸당하는 것을 택하시는……. 하나님께서 선호하시는 거처가 바로 가난한 이들이다. 그들이 하나님을 만나뵙는 통로가 된 것도 그 때문.

장애우들은 가난한 데 그치지 않고, 우리 자신의 가난을 우리에게 밝혀 보이기도 한다. 그들의 원초적인 부르짖음은 "너희가 나를 사랑하느냐?" "너희가 어찌하여 나를 버렸느냐?"라는 고뇌에 찬 부르짖음이다. 지성이라는 방벽 뒤에 몸을 숨길 능력이 없는 이 사람들에게서 너무도 분명하게 울려나오는 이 부르짖음을 대할 때, 우리는 우리 자신의 지독한 외로움과 원초적인 아우성을 주목하지 않을 수 없다. 우리는 이런 부르짖음을 세계 어디서나 듣고 있다. 유대인, 흑인, 팔레스티나인, 피난민을 비롯하여 그 밖에 수많은 이들이 한목소리로 울부짖고 있다: "어찌하여 우리가 몸둘 곳이 없는가, 어찌하여 우리가 배척당하는가, 어찌하여 우리가 내쫓기고 있는가?" 예수님께서는 우리와 함께 이 원초적인 부르짖음을 토로하신 바 있다: "나의 하나님, 나의 하나님, 어찌하여 나를 버리시나이까?" 우리를 하나님께 인도하려고 하나님께로부터 오신 그분은 인간으로서 겪을 수 있는 가장 깊은 고뇌, 모든 생명의 근원이신 분으로부터 배척당하고 잊혀지고 버림받아 외톨이가 된 처절한 고뇌를 겪으셔야만 하였다.

라르쉬는 가난한 이들의 이 부르짖음을 바탕으로 하고 있다. 라르쉬는 예수님의 울부짖음, 고뇌하면서 남들과 진실하게 맺는 유대관계가 과연 가능할지 의구심을 갖는 모든 이의 부르짖음에 대한 응답이다. 예수님은 재결합시키고 치유하고 유대를 맺어주고 화해시키기 위하여 오셨다. 그분은 우리의 고뇌를 함께 나누심으로써 우리가 우리의 고뇌를 통하여 하나님께 되돌아가는 길을 찾을 수 있게 하셨다. 예수님께서는 스스로를 낮추심으로써 들어 높이셨다.

> 그분은……오히려 자기를 비워서……자기를 낮추시고, 죽기까지 순종하셨으니, 곧 십자가에 죽기까지 하셨습니다. 그러므로 하나님께서는 그분을 지극히 높이시고, 모든 이름 위에 뛰어난 이름을 그분에게 주셨습니다(빌립보서 2장 7-9절).

라르쉬는 몸으로 세워졌다
(3월 20일, 목요일)

이 영성수련을 하면서 장 바니에가 나에게 이야기한 것들이 많다. 그 가운데 가장 중요한 것은 라르쉬가 말이 아닌 몸으로 세워졌다는 사실이다. 이는 내가 라르쉬에 와서 겪고 있는 갈등을 설명하는 데 도움이 된다. 지금까지 내 삶은 배우고 가르치고 읽고 쓰고 이야기하는 등 온통 말을 중심으로 이루어져 왔다. 말을 빼면 생각할 수도 없는 것이 내 생활이다. 좋은 대화를 나누고, 훌륭한 강의를 하거나 듣고, 좋은 책을 읽고, 훌륭한 논문을 쓰는 날이 나에게는 멋진 날이다. 그러니까 내 기쁨과 고통은 대부분 말과 결부되어 있는 것이다.

그러나 라르쉬는 말이 아닌 몸으로 세워졌다. 라르쉬는 장애우들의 상처입은 몸을 중심으로 형성된 공동체다. 이 공동체를 지탱하고 있는 것은 먹이고 씻기고 어루만지고 붙들어 주는 일이다. 말은 부차적이다. 장애우들은 대부분 별로 말이 없다. 아예 말을 하지 않는 이들도 많다. 여기서 가장 중요한 것은 몸의 언어다.

말씀이 육신이 되셨다!

이것은 그리스도의 메시지에서 핵심을 이루고 있다. 그리스도의 성육신 이전에는 몸과 말 사이의 관계가 불투명하였다. 몸은 말이 표현하려고 하는 것을 온전히 실현하는 데 걸리적거리는 훼방꾼으로 간주되는 경우가 많았다. 그러나 예수님은 보고 듣고 만질 수 있는 말씀으로서 우리와 마주 서셨다. 그리하여 몸은 말을 알고, 말과 관계를 맺는 통로가 되었다. 예수님의 몸은 생명에 이르는 길이다.

내 살을 먹고 내 피를 마시는 사람은 영원한 생명을 얻을 것이다.

나는 이 길에 심한 저항을 느낀다. 어떤 면에서 나는 먹고 마시고 씻고 옷입는 일을, 읽고 말하고 가르치고 글쓰는 일에 필요한 전제조건으로 생각해 왔다. 어떤 면에서 내게는 순전한 말이 곧 참된 것이었다. '물질적인' 일에 보내는 시간도 필요하긴 하지만, 최소한으로 한정시키는 정도였다. 하지만 라르쉬에서는 온통 관심이 거기로 쏠리고 있다. 라르쉬에서 몸은 말을 만나는 자리! 여기선 장애우들의 상처 입은 몸과 관계를 맺음으로써 하나님을 발견할 수 있어야 한다.

이것은 나에게 힘든 일이다. 아직도 나는 대낮에 오랫동안 하는 식사를 시간낭비로 생각하고 있다. 아직도 나는 식탁을 차리고, 천천히 식사하고, 접시를 닦고, 다시 식탁을 차리는 일보다 훨씬 중요한 일들이 있다고 생각한다. 아직도 나는 '그래, 분명히 먹어야 하지만, 중요한 것은 먹은 뒤에 하는 일이다.'라고 생각한다. 그러나 라르쉬에서는 이런 생각을 받아들여 주지 않는다.

내가 언제 어떻게 성육신을 온전히 생활화할 수 있을지는 미심쩍기만 하다. 나에게 이 길을 보여줄 수 있는 사람은 장애우들뿐이라고 여겨진다. 나에게 필요한 교사들을 하나님께서 보내 주시리라 믿어야 할 것이다.

언약

(3월 21일, 금요일)

이 영성수련은 일종의 언약수련이다. 언약수련이란 라르쉬에서 몇 년 동안 살며 일해 온 이들에게 예수님과 그리고 가난한 이들과 맺은—그리하여 그 동안 자기 안에서 튼실히 다져진—언약을 공적으로 선언하도록 초청하는 수련이다. 언약을 선언하는 것은 서원도 아니고 약속도 아니다. 이것은 가난한 이들과 가난한 이들 가운데 사시는 예수님과 맺은 각별한 연대고리가 해가 가면서 굳건히 성숙되었음을 인식하는 공적인 확인이다.

이 언약은 교회에서는 새로운 것이다. 이 언약을 맺는다고 해서 어떤 수도회나 수도단체의 일원이 되는 것은 아니다. 이것으로 사람이 특정기구에 가입하는 것도 아니다. 이 언약은 사람을 라르쉬에 붙잡아 두고 끊임없이 정신 장애우들을 위하여 일하도록 만들지도 않는다. 이것은 그보다 한층 더 긴밀하고 인격적이고 은밀한 언약이다. 이것은 새로 만드는 것이 아니라 이미 있었던 사실을 인정하는 일종의 결속이다. 이것은 동일한 공동체의 형제자매들에게 선포되는 하나님의 일이다. 이 선포는 하나님께서 가난한 이들과 함께 일하는 사람들 안에서 예수님을 통하여 수행하고 계시는 역사에 대한 증거다. 따라서 그것은 복음에 충실하려고 애쓰는 모든 이들을 향한 희망과 격려의 표징이기도 하다.

나 자신이 이 언약을 선언하기에는 아주 요원하다. 너무도 분명하게. 나는 이제 막 라르쉬를 알기 시작했을 뿐이다. 아직까지 전적으로 어떤 '쉼터'에 몸담고 생활하고 있지도 않다. 라르쉬의 영성을 어느 정도 알기는 하지만, 이 앎은 아직 내 살과 피로 녹아들지 못하고 있다. 많은 장애우와 도우미들에게 끌리고는 있지만, 아직도 그들과 굳은 결속이 이루어지지 않고 있다. 따라서 훨씬 오래, 훨씬 깊이있게 '라르쉬를 살아야' 비로소 이 언약이 내 안에서 무르익을 수 있을 것이다. 그래야만 이것이 값없이 나에게 주어진 선물이라고 다른 이들에게 선포할 수 있을 것이다.

　이번 영성수련은 그 동안 내 삶이 얼마나 갈가리 찢겨져 있었던가를 깨닫게 해주고 있다. 나의 생활 방식에는 개인주의, 경쟁, 대항, 특전, 혜택, 예외 등이 너무 심해서 깊고 항구적인 유대가 다져질 수 없었다. 하지만 예수님께서 오셔서 유대들을 형성시키셨다. 그리하여 예수님 안에서, 예수님과 함께, 예수님을 통하여 산다는 것은 내 안에서 이 유대들을 발견하고, 그것을 다른 사람들에게 나타내 보이는 것을 의미하게 되었다. 장애우와 그들의 도우미, 장애우와 그들의 가족, 장애우와 그들의 이웃 사이에, 그리고 무엇보다도 우선 장애우와 그들의 동료 장애우 사이에 유대가 존재한다. 개혁교회 신자와 가톨릭 신자, 그리스도교 신자와 그리스도교 신자는 아니지만 신을 믿는 사람, 신을 믿는 사람과 같은 인간성을 지닌 모든 인류 사이에도 유대가 존재한다. 그리고 인간과 동물, 인간과 땅, 인간과 온 우주 사이에도 유대가 존재한다.

　사탄은 분열하고 떼어놓고 찢어발기고 깨뜨린다. 예수님은 결합하고 화해시키고 치유하고 재생시키신다. 우리가 결속을 체험하는 자리, 그 어디나 예수님이 계신다. 예수님은 자신과 아버지 사이에 맺어진 깊은 언약에 자신의 손을 잡고 끼어들라고 우리를 부르러 오셨다. 이것은 온갖 결속의 근원이요 목표가 되는 유대다. 온 창조세계는 자신의 온 존재가 거룩하신 아버지와 사랑으로 엮어진 예수님 안에서, 예수님을 통하여 하나님과 하나가 되라고 부름받고 있다.

언약을 선언하라
(3월 22일, 토요일)

　영성수련을 하는 이들이 제단 앞에 서서 예수님과 그리고 가난한 이들과 언약을 선언하는 모습은 몹시 감동적이었다. 예수님의 내리막길을 선택한 내 형제자매들. 언젠가 때가 오면 저들이 나에게도 동일한 언약을 선언할 수 있도록 힘을 주겠지……

장 바니에의 말을 깊이 음미할수록, 그가 나에게 따르라고 하는 길이 얼마나 불가능해 보이는지 더욱 절감하게 된다. 내 안의 모든 것은 위로 오르고 싶어한다. 예수님과 함께 내려가는 하향운동은 내 성향에, 나를 에워싼 세상의 충고에, 내가 몸담고 있는 문화에 전적으로 상치된다. 나는 라르쉬에서 가난한 사람들과 함께 가난해진다는 선택을 두고서도, 이 선택으로 찬사받고 싶어한다. 어디를 둘러보아도 예수님을 따라 십자가의 길로 나아가기를 거부하는 이 뿌리깊은 저항력! 물질적이든 지성적이든 감성적이든, 가난은 무조건 피하려는 책동들! 하긴 완벽한 가난을 자유자재로 온전하게 선택할 수 있었던 분은 하나님의 완전성을 그 안에 품으신 예수님밖에 없었지……

가난해지겠다는 선택은 곧 내 여정의 모든 부분을 예수님과 함께 엮어 나가겠다는 선택이다. 진실로 가난해진다는 것은 불가능하다. 그러나 "하나님께는 무슨 일이든 불가능한 것이 없다"(누가복음 1장 37절). 따라서 참 가난에 이르는 길은 예수님 안에서, 예수님을 통하여 내 앞에 펼쳐지리라 믿는다. 그러니까 결국 가치있는 것은 내 가난이 아니라 내 삶을 통하여 드러나는 하나님의 가난뿐이다.

이 말이 그리 실감을 주지는 못한다. 하지만 스스로 예수님과 그리고 가난한 이들과 맺은 언약을 선언하는 남녀들을 지켜보는 동안, 나는 예수님의 내리막길이 아주 엄연히 존재하고 있다는 것을 알 수 있었다. 내가 이 길을 걸을 경우, 나 혼자서 걷는 것이 아니라 '예수님의 몸'에 딸린 하나의 지체로서 걷게 되리라는 걸 깨닫지 않을 수 없었다. 개인적인 영웅행위와 공동체적 순종 간의 차이를 이번처럼 분명하게 체험한 적도 별로 없었다. 가난해지는 일을 내가 달성해야 할 어떤 일로 생각하는 한, 나는 불만을 느낄 수밖에 없었다. 하지만 내 형제자매들이 나에게 예수님께 순종하며 함께 이 길을 가자고 부르고 있다는 사실을 깨닫자마자, 희망과 기쁨이 나를 충만히 감쌌다.

오늘 오후, 우리는 모두 저마다 자기 공동체와 '쉼터'로 돌아간다. 나에게는 매우 힘들면서도 축복으로 가득 찬 한 주간이었다.

17
고난, 죽음, 그리고 부활

넘겨지다

(3월 25일, 화요일, 트로슬리)

제자들과 함께 식탁에 앉은 예수님이 말씀하신다:

> 너희 가운데 한 사람이 나를 팔아 넘길 것이다(요한복음 13장 21절).

오늘 복음서에서 읽은 대목이다. 그리스어로 기록된 이 예수님의 말씀에서 '넘기다, 내주다, 건네주다'라는 뜻의 *paradidomi*는 유다가 저지른 비행을 표현할 뿐 아니라 하나님께서 하신 일도 표현하고 있는 중요한 낱말이다. 바울은 이렇게 말한다:

> 자기 아들을 아끼지 않으시고, 우리 모두를 위하여 내주신 분이, 어찌 그 아들과 함께 모든 것을 우리에게 선물로 거저 주지 않으시겠습니까?(로마서 8장 32절).

유다의 행위를, 유다에게 그렇게 적용되고 있듯이 '반역하다'로 번역할 경우, 유다가 하나님 사업의 도구가 되는 것으로 묘사되고 있는 그 신비는 온전히 표현되지 못한다. 그래서 예수님께서 다음과 같이

말씀하신 것이다:

> 인자는 자기에 관하여 성경에 기록되어 있는 대로 떠나가지만, 인자를 넘겨주는 그 사람은 화가 있다!(마태복음 26장 24절).

예수님이 자신을 제멋대로 다룰 사람들 손에 넘겨지시는 이 순간이야말로 예수님의 사역에 중요한 전환점이 된다. 곧 활동에서 고난으로 넘어가는 전환점이다. 몇 해를 가르치고, 설교하고, 치유하고, 가고싶은 곳마다 찾아 다니신 예수님이 이윽고 제멋대로 날뛰는 적들의 손에 넘어간다. 이제부터 일어나는 일들은 그분이 '하시는' 것이 아니라 그분이 '당하시는' 것이다. 적들은 그분을 채찍질하고, 가시관을 씌우고, 침을 뱉고, 조롱하고, 발가벗기고, 벌거숭이 상태로 십자가에 못박는다. 그분은 다른 이들의 행동에 꼼짝없이 몸을 내맡긴 희생자가 되신다. 예수님이 적들의 손에 넘어간 그 순간부터 그분의 고난은 시작된다. 이 고난을 통하여 그분의 소명이 실현된다.

예수님께서 스스로 행하신 일을 통해서가 아니라 남들이 자신에게 행하는 일을 통하여 자신의 사명을 완수하신다는 사실은 내가 반드시 알아 두어야 할 중요한 사실이다. 모든 사람이 그러하듯, 내 삶의 대부분은 남들이 나에게 하는 행위로 결정된다. 따라서 이는 곧 고난에 해당된다. 그리고 내 삶의 대부분은 내가 당하는 일들로 이루어지는 고난인만큼, 내가 생각하고 말하고 행하는 일로 결정되는 내 삶은 불과 얼마되지 않을 수밖에 없다. 그럼에도 불구하고, 나는 이 진리에 반항하면서 모든 것이 나에게서 비롯되는 행위가 되기를 원한다. 그러나 나 자신의 행위보다 내가 당하는 고난이 내 삶의 대부분을 차지한다는 것이 엄연한 진실이다. 이 점을 인정하지 않는다는 것은 자기 기만이다. 또 자신의 고난을 사랑으로 수용하지 않는 것은 자기 부정이다.

예수님께서 넘겨져 고난을 당하시고, 이 고난을 통하여 자신의 거룩한 지상 과업을 완수하신다는 사실은 알아두어야 할 기쁜 소식이다. 완성을 열렬히 추구하는 세계에 들려지는 기쁜 소식…….

예수님께서 베드로에게 하시는 말씀은, 행동에서 고난으로 이행되는 자신의 과정이 자신의 길을 따르고자 하는 우리에게도 그대로 이루어져야 한다는 것을 나에게 일깨워 주고 있다. 그분은 말씀하신다:

> 네가 젊어서는 스스로 띠를 띠고 네가 가고 싶은 곳을 다녔으나, 네가 늙어서는 남들이 네 팔을 벌릴 것이고, 너를 묶어서 네가 바라지 않는 곳으로 너를 끌고 갈 것이다(요한복음 21장 18절).

나도 나 자신이 '넘겨지고,' 그럼으로써 내 소명도 실현되도록 해야지.

달아나느냐 돌아서느냐
(3월 26일, 수요일)

이 주일에 유다와 베드로가 나에게 내보이는 것은 절망 속에서 예수님으로부터 달아나느냐 아니면 희망 속에서 예수님께로 돌아서느냐 둘 가운데 하나를 선택하라는 사실이다. 유다는 예수님을 배반하고 나서 목을 맸다. 베드로는 예수님을 모른다고 잡아떼고 나서 눈물을 흘리며 그분에게로 돌아왔다.

때때로 모든 일을 부정적으로 해결하려는 절망이 매력적인 선택으로 보인다. 절망은 이렇게 속삭인다: "나는 거듭하여 죄만 저지른다. 다음번에는 잘하겠노라 나 자신과 남들한테 골백번도 더 약속하지만, 늘 보면 전에 있던 음침한 곳으로 돌아가 있다. 달라지려는 노력일랑 잊어 버려라. 많은 해를 애써 오지 않았더냐? 그래도 되지 않았고, 앞으로도 될 리 없다. 차라리 더 이상 주위를 둘러보지 말고 인생길에서 빠져나와 모든 것을 잊고 죽어 버리자."

　이상하게도 마음을 끄는 이 음성은 불확실한 것 모두를 일거에 쓸어내고 몸부림도 없애 준다. 이것은 어김없이 어둠의 편을 들면서 부정적인 본질을 적나라하게 드러낸다.

　그러나 예수님께서는 귀를 열어 주시어 다른 음성을 듣게 하셨다:

　　　나는 너를 내 손으로 손수 빚어 만든 네 하나님이다. 나는 내가 만든 것을 사랑한다. 나는 내가 사랑받는 만큼 너를 사랑한다. 그러기에 한없는 사랑으로 너를 사랑하는 것이다. 나에게서 도망치지 말아라. 한 번, 두 번이 아니라 언제고 다시 나에게 돌아오너라. 너는 내 자녀다. 그럴진대 내가 너를 다시 받아들여 가슴에 꼭 안고 입맞추고 손으로 머리를 쓰다듬어 주지 않으랴. 네 어찌 의심하느냐? 나는 네 하나님이다—자비와 긍휼의 하나님이요, 용서와 사랑의 하나님이요, 온유와 돌봄의 하나님이다. 내가 너를 저버렸다, 내가 더 이상 너를 지켜주지 못한다, 돌아갈 길이 아예 없다는 말일랑 하지 말아라. 그것은 사실이 아니다. 나는 네가 나와 함께 있어주기를 무지 무지 바란다. 나는 네가 내 가까이 있어주기를 간절히 바란다. 네 모든 생각을 나는 알고 있다. 네 모든 말을 나는 듣고 있다. 네 모든 행실을 나는 지켜보고 있다. 내가 너를 사랑하는 까닭은 내 형상으로 빚어져 나의 지극히 간절한 사랑을 드러내고 있는 네가 아름답기 때문이다. 네 스스로를 판단하지 말아라. 너 자신을 정죄하지 말아라. 너 자신을 배척하지 말아라. 네 마음의 가장 깊고 가장 은밀한 구석구석까지 내 사랑이 비쳐들어 너의 아름다움을 들추어 내게 하여라. 내 자비의 빛이 비치면 네가 이제껏 망각하고 있던 네 아름다움이 또다시 네 눈앞에 떠오르리라. 어서 나에게 오너라. 내가 네 눈물을 씻어 주리라. 네 귀에다 입을 바싹 대고 속삭여 주리라. "내가 너를 사랑하노라, 내가 너를 사랑하노라, 내가 너를 사랑하노라."

이것이 예수님께서 우리에게 들려주려고 하시는 음성이다. 우리를 사랑으로 창조하시고 자비로 새롭게 재창조하시려는 그분에게 언제고 되돌아오라고 부르시는 음성이다. 베드로는 이 음성을 듣고 믿었다. 이 음성이 자신의 마음을 어루만지도록 허용했을 때, 그에게서는 눈물이 흘러나왔다. 그가 흘린 이 눈물은 슬픔의 눈물이자 기쁨의 눈물이었다. 회환의 눈물이자 평화의 눈물이었다. 참회의 눈물이자 감사의 눈물이었다.

하나님의 자비의 음성이 우리에게 말씀하시도록 만드는 일은 결코 쉽지 않다. 이는 한결같이 열린 관계, 죄를 인정하고 용서를 받아들이고 사랑을 새롭게 가다듬는 그런 관계를 요구하기 때문이다. 그리고 이것이 우리에게 제공하는 것은 해결책이 아닌 우정이다. 이것은 우리의 문제점들을 일소하거나 모면할 수 있게 해주겠노라고 약속하지 않는다. 이것은 문제점 일체가 어디쯤에서 완결될 것이라고 말해주지 않는다. 우리가 홀로 있지 않으리라는 점을 확실히 해줄 따름이다. 참된 상호관계가 어려운 것은 사랑하는 일 자체가 수많은 눈물과 미소를 동반하는 힘든 일이기 때문이다. 하지만 그것은 하나님의 일이다. 어느 면에서나 가치가 있다.

오 주님, 내 주님, 주님의 음성에 귀기울이고 주님의 자비를 선택하게 해주옵소서.

가난한 이들의 발을 씻어주기
(3월 27일, 목요일)

오늘 오후에 열차를 타고 라르쉬 공동체 '노마스테'(Nomaste)와 함께 성목요일 예배를 집례하기 위하여 파리로 갔다. 정말 감동적인 예배였다. 우리는 노마스테 공동체 거실에 모였다. 대략 40명 가량의 사람들이 있었다. 공동체 책임자인 토니 파올리는 환영사에서, 라르쉬가 장애우들에게 안락한 자리로 끝나서는 안 되고 사람들이 예수님의 이름으로 서로에게 봉사하는 그리스도인 공동체가 되어야 한다는 자신의 입장을 명확하게 표명하였다. 복음서를 봉독한 뒤, 그는 예수님에 대한 자신의 절절한 사랑을 또다시 선언하였다. 그리고 나서 자리에서 일어나 자기 공동체 구성원 네 사람의 발을 씻어 주었다.

성만찬예식이 끝나고 쌀요리 쟁반과 빵과 포도주가 제대 위에 진열되었다. 세 가지 짤막한 복음서 말씀이 봉독되었다. 깊어져 가는 정적 속에 우리는 간소한 음식을 함께 나누었다.

파리의 지하실 방에서 40명의 사람들에게 둘러싸인 채 새삼스럽게 감동을 느낀 것은 예수님께서 자신의 공생애를 마감하실 때와 같았다. 예수님께서는 고난의 길로 접어들기 직전, 제자들의 발을 씻어 주시고 자신의 몸과 피를 먹고 마실 음식으로 제공하셨다. 이 두 가지 행동은 성격이 같다. 이들 행동은 둘 다 자신의 완전한 사랑을 우리에게 보여 주시겠다는 하나님의 결단을 표현하고 있다. 그렇기에 요한은 제자들의 발을 씻어 주시는 이야기를 소개하면서 이렇게 말한다:

> 예수님께서는……세상에 있는 자기의 사람들을 사랑하시되,
> 끝까지 사랑하셨다(요한복음 13장 1절).

더욱 더 놀라운 사실은 예수님께서 두 가지 행동을 하시면서 동일한 명령을 내리신다는 점이다. 예수님께서는 제자들의 발을 씻어 주시면서 이렇게 말씀하신다:

> 내가 너희에게 한 것과 같이, 너희도 이렇게 하라고, 내가
> 본을 보여 준 것이다(요한복음 13장 15절).

그리고 자신을 먹고 마실 음식으로 제공하신 다음에도 이렇게 말씀하신다:

이것을 행하여 나를 기억하여라(누가복음 22장 19절).

예수님께서는 하나님의 완전한 사랑을 이 세상에 드러내 보이는 자신의 사명을 계승하여 지속시키라고 우리를 부르신다. 그분은 우리에게 철저한 자기 헌신을 촉구하신다. 그분은 우리가 어느 것 하나 우리 자신을 위하여 남겨 두기를 바라지 않으신다. 그분은 오히려 우리의 사랑이 자신의 사랑이나 다름없이 온전하고 철저하고 완벽한 것이기를 바라신다. 그분은 우리가 땅바닥에 내려앉아 꼭 씻어야 할 서로의 신체 부위에 손을 갖다대기를 바라신다. 그리고 우리도 서로 "나를 먹고 나를 마셔라."라고 말하기를 바라신다. 우리가 이 철저한 상호 양육을 통하여 이루기 바라시는 것은 다름아닌 하나님의 사랑으로 연합하여 한 몸과 한 영이 되는 것이다.

토니가 예수님에 대한 자신의 사랑을 공동체 사람들에게 이야기할 때, 그리고 그가 사람들의 발을 씻어 주고 빵과 포도주를 돌리는 모습을 보았을 때, 한순간이나마 마치 예수님께서 실현하고자 하셨던 새로운 나라를 목격하고 있다는 느낌이 들었다. 방안에 있는 사람은 누구나 자신이 하나님의 완전하신 사랑 표현에 접근하기에는 너무 요원하다는 사실을 알고 있었다. 하지만 예수님께서 가리키신 방향으로 한 걸음 더 기꺼이 내딛으려는 자세만은 그들 모두가 지니고 있었다.

파리의 밤, 쉽게 잊혀지지 않을 것 같다.

인류의 엄청난 고난
(3월 28일, 금요일)

성금요일: 십자가의 날, 고통의 날, 희망의 날, 통곡의 날, 기쁨의 날, 버림받는 날, 승리하는 날, 마감하는 날, 시작하는 날.

트로슬리에서 예배가 집례되는 동안, 영성지도자 토마와 전에 도우미로 있다가 트로슬리의 라르쉬 공동체를 섬기려고 성직자가 된 질베르가 제단 뒷벽에 걸려 있는 커다란 십자가를 붙들고 서서 공동체 전체가 그리스도의 시신에 입맞출 수 있도록 해주었다.

남녀 장애우와 도우미와 친구들을 합하여 400명이 넘는 사람들 모두가 앞으로 나섰다. 모두들 자신이 하고 있는 일이 자신을 위하여 목숨을 바치신 분에게 사랑과 감사를 표시하는 일임을 아는 것 같았다. 사람들이 십자가 주변에 모여 예수님의 발과 머리에 입을 맞추는 동안, 눈을 감은 내 뇌리에 지구행성 전체를 뒤덮고 거기에 못박혀 계시는 예수님의 거룩하신 몸이 떠올랐다. 그러면서 수많은 세기를 통하여 전개된 인류의 엄청난 고통을 목격할 수 있었다. 서로 죽이고 죽는 사람들, 굶주림과 전염병으로 죽어가는 사람들, 고향에서 내쫓기는 사람들, 대도시 길거리에서 노숙하는 사람들, 절망 속에서 서로에게 매달리는 사람들, 채찍질당하고 고문당하고 화형당하고 손발을 잘린 사람들, 굳게 잠긴 감방과 지하토굴과 강제수용소에 갇힌 외로운 사람들, 부드러운 말 한 마디나 다정한 편지 한 통이나 따뜻한 포옹 한 번을 간절히 염원하는 사람들—어린이, 10대, 성인, 중년, 노인 모두가 고뇌에 찬 목소리로 부르짖고 있었다:

나의 하나님, 나의 하나님, 어찌하여 나를 버리셨나이까?

우리 행성을 뒤덮은 그리스도의 갈기갈기 찢긴 벌거숭이 몸을 생각하니 무서운 공포가 엄습해 왔다. 그래서 눈을 뜨니, 얼굴에 고통의 흔적이 역력한 자크가 그리스도의 몸에 열렬히 입맞추며 눈물을 줄줄 흘리고 있었다. 미셸의 등에 업혀 오는 이반이 눈에 띄었다. 휠체어를 타고 오는 에디트도 보였다. 온전히 걷는 사람과 절름거리는 사람, 온전히 보는 사람과 눈먼 사람, 온전히 듣는 사람과 귀먹은 사람 모두가 십자가를 향하고 있었다. 그때, 내 눈에 보이는 것은 예수님의 거룩하신 몸을 둘러싸고 거기다 입을 맞추고 눈물을 쏟은 다음, 예수님의 위대하신 사랑으로부터 위로와 평화를 누리고 천천히 돌아서는 인류의 끝없는 행렬이었다. 모든 사람의 얼굴에는 안식의 표지들이 서려 있었다. 눈물이 가득 괸 두 눈에 미소가 피어나고 있었다.

서로 마주잡은 손들, 정답게 낀 팔장들……. 외토리로 번민하던 개개인이 자신의 눈으로 목격하고 자신의 입술로 감촉한 사랑 때문에 거대한 무리로 한 덩어리를 이루어 십자가 곁을 떠나는 모습이 내 마음의 눈을 파고들었다. 공포의 십자가가 희망의 십자가로 바뀐 것이다. 고문당한 몸이 새 생명을 낳는 몸으로 탈바꿈한 것이다. 갈라진 상처들이 용서와 치유와 화해의 샘으로 변한 것이다. 영성지도자 토마와 질베르는 여전히 십자가를 부여잡고 있었다. 마지막 사람들이 나와서 무릎 꿇고 그리스도의 몸에 입맞춘 다음 떠나갔다. 그리고 남은 것은 정적이었다. 무거운 정적…….

질베르가 나에게 성스럽게 변화된 빵이 담긴 커다란 접시를 내밀며 제단을 에워싼 사람들을 가리켰다.

접시를 받아들고, 조금 전 십자가로 밀려들었던 사람들 속으로 파고들어 굶주린 눈들을 들여다보며 같은 말을 수없이 되풀이하였다:

그리스도의 몸……그리스도의 몸……그리스도의 몸…….

작은 공동체가 온 인류로 바뀌면서, 내가 평생토록 해야 할 말은 이것뿐임을 알게 되었다:

받아 먹으시오, 이것은 그리스노의 몸입니다!

부활의 약속
(3월 29일, 토요일)

부활전야. 주님께서 진실로 부활하셨다. 사람들은 프랑스어, 독어, 영어, 스페인어, 포르투갈어, 이탈리아어, 네덜란드어, 아라비아어로 부활을 소리 높여 외쳤다. 종소리, 알렐루야, 미소, 함박웃음, 희망이 있다는 깊은 확신감이 존재하였다. 장애우와 도우미들로 이루어진

이 공동체는 그리스도의 몸이 언제까지나 무덤에 있지 않고 새 생명으로 부활하셨으며 우리 자신의 몸도 장차 그분과 함께 영광을 받을 것이라고 소리 높이 선언하고 있었다.

교회가 온통 기쁨에 넘쳐 있는 동안, 나단이 필리프를 안고 교회를 나갔다. 필리프는 몸이 심하게 뒤틀린 채, 말도 못하며 혼자서 걷거나 옷입거나 음식을 먹지도 못한다. 따라서 깨어있는 시간이면 순간 순간 다른 사람의 도움을 받지 않으면 안 된다. 그 동안 내내 도우미의 무릎을 베고 조용히 잠들어 있었는데, 예배가 한층 활기를 띠면서 괴성을 지르기 시작하였다. 그의 존재 저 밑바닥에서 울려나오는 괴성이었다. 그 괴성이 조금 뒤에는 극도로 격렬해지고 요란스러워졌기 때문에, 나단은 하는 수 없이 그를 차에 태워 집으로 데려가야 했던 것이다.

나단의 팔에 안긴 필리프를 보자, 우리가 부활전야에 무엇을 선포하고 있는지 알 수 있었다. 필리프의 몸은 새 생명, 부활한 생명을 맞도록 되어 있는 몸이다. 그리고 예수님께서 십자가 고난의 상흔들을 지니고 영광으로 들어가셨듯이, 그가 부여받는 새로운 육신에도 스스로 겪어온 고난의 흔적들이 남아있게 될 것이다. 물론 더 이상 고통을 겪지 않고 어린양의 제단을 에워싼 성도들 틈에 섞일테지만……

육신의 부활을 축하하는 예배는 동시에 날마다 이 남녀 장애우들의 몸을 돌보는 자상한 손길들을 축하하는 예배이기도 하다. 씻기고, 먹이고, 휠체어를 밀고, 안아다 옮기고, 입맞추고, 어루만지는 일은 하나같이 이 망가진 육신들이 새 생명으로 태어날 순간을 맞이하도록 준비시키는 길들이다. 따라서 비단 그들이 지닌 상처만이 아니라 그들에게 베풀어진 돌봄도 부활 속에서 가시적인 흔적으로 남을 것이다.

이는 강력하고도 위대한 신비다. 가엾게 뒤틀린 필리프의 몸은 어느 날엔가 땅에 묻혀 흙으로 돌아갈 것이다. 그러나 필리프는 죽은 이들이 부활하는 날 다시 몸을 일으킬 것이다. 그가 무덤에서 일어나는 날, 새로워진 그의 몸은 자신이 당했던 고통과 받았던 사랑을 자랑스럽게 드러내 보일 것이다. 그 몸은 단순한 하나의 몸이 아니다. 그것은 '그의' 몸이요, 새로운 몸이다. 만질 수 있되 더 이상 고통이나 파손을 입지 않는 몸이다. 이미 고난이 끝난 몸이기 때문이다.

실로 위대한 신앙이다! 실로 위대한 희망이다! 실로 위대한 사랑이다! 몸은 탈출해야 할 감옥이 아니라 진작부터 하나님께서 거하시고 부활의 날에 하나님이 영광을 온전히 나타내 보이실 성전이다.

친밀한 사건
(3월 30일, 주일)

부활주일 아침. 바니에 부인 식당에서 아주 간소하고 조용한 성만찬 예식을 집례하였다. 함께 자리한 사람은 바니에 부인과 캐나다에서 온 수 홀, 미국에서 온 엘리자베스 버클리, 영국에서 온 리즈 에머지 그리고 나 다섯이었다. 작은 무리의 친구들에게 어울리는 행복한 복음서를 봉독한 뒤, 우리는 부활에 관한 대화를 나누었다. 심신에 고통을 당하는 많은 사람들 속에서 일하고 있는 리즈가 "우리는 사람들이 자기 무덤에서 나오지 못하도록 가로막고 있는 거대한 바윗돌을 굴려 치워야 한다."고 말하였다. 라르쉬 '쉼터'에서 장애우 네 사람과 함께 살고 있는 엘리자베스는 "예수님께서 부활하신 뒤 자신의 친구들과 다시 한번 아침을 드시면서 생활 속에 작고 평범한 일들이 중요함을 보여 주셨다."고 말하였다. 그런가 하면, 온두라스로 가서 그곳에 있는 라르쉬 공동체에서 일하라는 부르심을 받고 있다고 생각하고 있는 수는 이런 말을 하였다: "예수님의 상처들이 부활하신 몸에도 남아 있다는 사실을 아니 상당한 위로가 되더군요. 그러니까 우리 자신의 상처는 지워지지 않고 남아 다른 이들에게 희망의 샘이 된다는 것이죠."

모두가 말하고 있을 때, 나는 부활의 사건을 아주 실감나게 느끼고 있었다. 그것은 사람들에게 억지로 믿으라고 강요하는 화려한 사건이 아니었다. 오히려 그것은 예수님의 친구들, 예수님을 알고 그분의 말씀을 귀담아 듣고 그분을 믿었던 사람들을 위한 사건이었다. 여기서 한 마디 말, 저기서 한 번의 몸짓, 작고 거의 눈에 띄지 않지만 지표면을 바꾸어 놓을 잠재력을 지닌, 어떤 새로운 것이 출현하고 있다는 점진적인 깨달음……

막달라 마리아는 자신의 이름을 부르는 소리를 들었다. 요한과 베드로는 텅 빈 무덤을 목격하였다. 예수님의 친구들은 "그분이 부활하셨다."는 놀라운 말에 암시된 만남들로 심장이 타오르는 느낌이었다. 모든 것이 본디 모습을 유지하면서도 모든 것이 변해 있었다.

우리는 소량의 빵과 포도주가 놓인 식탁에 빙 둘러앉아 우리의 삶 속에서 그분을 알아차리는 방법을 소곤소곤 이야기하였다. 우리에게도 모든 것이 변했으면서 동시에 모든 것이 그대로 남아 있음을 알고 있었다. 우리의 투쟁은 아직 끝나지 않았다. 부활아침에도 우리는 세상의 고통, 가족과 친구들의 고통, 우리 마음 속 고통을 느낄 수 있었다. 이 고통들은 늘 존재하고 앞으로도 오랜 세월 존재할 것이다. 그럼에도 불구하고, 우리가 예수님을 만났고 그분이 우리에게 말씀해주신 까닭에 모든 것이 달라져 있었다. 소박하고 잔잔한 기쁨, 죽음보다 훨씬 더 강력하고 힘센 사랑이 우리를 사랑하고 있다. 이 강렬한 느낌이 우리 가운데 맴돌고 있었다.

알기와 사랑하기
(4월 1일, 화요일)

오늘 우리는 서로 사랑하는 두 사람, 예수님과 막달라 마리아가 해후하는 이야기를 들었다. 예수님은 "마리아!"라고 부르신다. 그러자 그녀는 그분의 음성을 알아듣고 히브리어로 "랍부니!"라고 부르는데, "이는 선생님이라는 말이다"(요한복음 20장 16절).

이 짤막하면서도 아주 감동적인 이야기는 내가 알려지는 데 따르는 두려움과 나를 알아 주었으면 하는 욕망을 동시에 불러일으킨다. 예수님께서 마리아의 이름을 부르실 때, 단순히 누구나 아는 그녀의 이름을 부르는 차원을 훨씬 더 뛰어넘고 계신다. 그녀의 이름은 그녀의 온 존재를 나타내고 있기 때문이다. 예수님은 막달라 마리아를 아신다. 그녀의 죄와 덕, 그녀의 두려움과 사랑, 그녀의 불안과 희망 등 그녀의 내력을 소상히 알고 계신다. 예수님은 그녀의 속마음 전부를 아신다. 막달라 마리아는 예수님께 어떤 것도 숨기지 못한다. 예수님은 그녀가 자신을 아는 것보다 훨씬 더 깊이 있게, 훨씬 더 완벽하게 그녀를 알고 계신다. 그렇기에 그분이 그녀의 이름을 부르실 때, 심오한 사건 하나를 만들고 계시는 셈이다. 마리아가 진실로 자기를 아시는 분께서 자기를 사랑하고 계시다는 사실을 문득 깨닫는 사건, 바로 그것이다.

나는 사람들이 나의 가장 깊고 은밀한 생각과 느낌까지 포함하여 내 전부를 알아도 나를 정말로 사랑할까 하는 의혹을 떨쳐버리지 못하고 있다. 사실 내가 사랑받으려면 상대가 나를 모르는 부분이 어느 정도 있어야 한다고 믿으려는 유혹을 자주 받는다. 내가 받는 사랑이 무조건적이지 못하다고 생각하면서 혼자서 "만일 사람들이 정말로 나를 알면 사랑하지 않을 거야."라고 중얼거리곤 한다. 그러나 예수님께서 마리아의 이름을 부르실 때 그분은 그녀의 온 존재에 내고 말씀하시는 것이다. 그리고 그녀는 그녀대로 자신을 가장 깊이 아시는 분께서 자기에게서 떠나가는 것이 아니라 오히려 가까이 다가와 무조건적인 사랑을 베푸신다는 사실을 깨닫게 된다.

이에 대한 막달라 마리아의 응답은 "랍부니" 곧 "선생님"이다. 나에게는 그녀의 응답이 예수님을 진실로 자신의 선생님, 자기 온 존재의 스승으로 받아들여 모시고 싶다는 뜻으로 비친다. 그녀의 온 존재라면 그녀의 생각과 느낌, 열정과 희망, 심지어 가장 은밀한 감정까지도 포함된다. 그래서 나에게는 그녀가 이렇게 말하는 것처럼 생각된다: "당신은 저를 너무도 잘 아시니 오셔서 제 스승이 되어 주십시오. 저는 당신이 제 어느 부분 하나 소홀히 하지 않고 속속들이 아셨으면 합니다. 부디 제 마음 속 가장 깊은 곳들까지 어루만져 주시어, 제가 오로지 당신 것이 될 수 있게 해주십시오."

이 만남이 어떠한 치유의 순간이었는지 능히 알 것 같다. 마리아는 즉석에서 자신이 온전히 드러나 있고 온전히 사랑받고 있음을 피부로 느낀다. 그리하여 그녀가 안심하고 드러내도 된다고 여기는 것과 감히 드러내고 싶지 않은 것 사이를 가르는 구분이 없어진다. 그녀는 온전히 드러나 있는 상태에서, 자신을 속속들이 들여다보시는 눈길이 용서, 자비, 사랑, 조건없는 수용의 눈길임을 알게 된다.

여기 이 단순한 만남에서 참으로 종교적인 순간을 목격할 수 있음을 느낀다. 여기에서는 모든 두려움이 소멸되고 모든 것이 사랑으로 변화된다. 이 사실을 가장 훌륭하게 표현해 주고 있는 것이 바로 예수님의 말씀이다:

> 이제 내 형제들에게로 가서 이르기를, 내가 나의 아버지 곧 너희의 아버지, 나의 하나님 곧 너희의 하나님께로 올라간다고 말하여라(요한복음 20장 17절).

이제는 예수님과 그분이 사랑하시는 이들 사이에 어떤 차이도 존재하지 않게 된다. 그들도 예수님께서 아버지와 누리시는 긴밀한 교류에 동참한다. 그리고 그분과 똑같이 한 식구가 된다. 하나님 안에서 같은 생명을 공유한다.

상대방이 나를 온전히 알면서 온전히 사랑한다면 얼마나 기쁘겠는가! 그런데 예수님을 통하여 하나님의 소유가 되고, 더없이 안전하면서도 더없이 자유로울 수 있는 기쁨이 바로 그런 기쁨이다.

18
좀더 큰 관계

사로잡힌 것같은

(4월 8일, 화요일)

오늘은 정말 굉장히 암울한 느낌이다. 떨쳐 버리기가 힘들다. 나를 사로잡은 느낌은 더없이 강력하다. 어둠의 권세가 나를 거세게 휘어잡고 있어 '빛으로 나아가기'가 거의 불가능해 보인다. 사람들이 나에게 인사도 없이 떠나 버린다. 이기적이라는 편지를 보낸다. 편지하지 않았다고 분개한다. 사람들은 송별회를 가지면서도 나를 부르지 않는다. 이전에 약속한 일들을 이제 와서 못하겠다고 일방적으로 통고를 한다.

갑자기 무엇을 잃어 버리고, 연결고리가 끊기고, 잊혀지고, 외토리가 되고, 쓸모없어지고, 조롱당한 것만 같다. 혼란스럽고, 화나고, 회한이 일고, 오기가 생기고, 한없이 처량한 느낌마저 든다. 실로 아무 것도 아닌 것이 사람을 절망의 나락으로 떨어뜨리고 있다. 내 감정적 균형이 이토록 약하다는 데 저으기 놀라지 않을 수 없다. 내가 할 수 있는 일이란 그저 일정한 거리를 두고 자신의 감정상태를 지켜보면서 모든 것이 암흑으로 바뀌기가 이처럼 쉽다는 사실을 깨닫는 것뿐이다.

다행스럽게도, 오늘 읽은 복음서 말씀—예수님과 니고데모의 대화가 나에게 많은 이야기를 들려주고 있다. 만일 내가 진지하게 받아들여야 할 대화가 있다면 바로 이것이다. 빛을 보고 싶다면서 밤에 예수님을 찾아오는 니고데모야말로 영락없는 내 모습이다. 예수님께서 니고데모에게 말씀하신다:

> 빛이 세상에 들어왔지만, 사람들이 자기들의 행위가 악하므로, 빛보다 어둠을 더 좋아하였다(요한복음 3장 19절).

내 안에서 어둠을 더 사랑하는 이 괴이한 취향을 느낄 수 있다. 마치 빛 속으로 나아가기를 꺼리면서 내 스스로 만들어 낸 어둠에 파묻혀 좋아하고 있는 꼴이다. 예수님께서는 빛을, 진리를, 위로부터 오는 생명을 내밀고 계신다. 그분은 나에게 거처할 튼실한 사랑을, 서 있을 단단한 토대를, 믿고 의지할 신실한 현존을 마련해 주려고 하신다. 하지만 내면이 아니라 위를 바라보면서 주어지는 선물을 받아들여야 할 당사자는 바로 나다.

그런데 이 모든 거부감은 어찌 된 것일까? 나를 끌어당기는 어둠의 이 강렬한 매력은 도대체 어찌 된 것일까? 예수님은 말씀하신다:

> 악한 일을 저지르는 사람은, 누구나 빛을 미워하며, 빛으로 나아오지 않는다. 그것은 자기 행위가 드러날까 보아 두려워하기 때문이다. 그러나 진리를 행하는 사람은 빛으로 나아온다 (요한복음 3장 20-21절).

이것은 내가 품은 의문에 대한 답변이기도 하다. 나는 자주 하나님의 빛보다 내 어둠을 선호하곤 한다. 내가 걷는 길들이 상당한 만족감과 자신감과 자존심을 부여하기에 나는 여기에 매달리는 것이다. 하나님의 빛 속으로 들어가면 이 제한된 쾌락들을 모두 잃고 내 삶을 내가 만드는 삶이 아닌 하나님께서 만들어 가시는 삶으로 보아야 한다는 사실을 나는 익히 알고 있다. 빛 속에서 산다는 것은 곧 선하고 아름답고 찬사받을 만한 것 일체가 하나님의 것임을 기쁘게 인정한다는 것을 뜻한다.
 나를 좌절감에서 건져 내고 희망을 심어 주는 것은 진실로 하나님을 중심으로 하는 삶밖에 없다. 이것은 명확한 길인 몹시 험한 길이기도 하다.

부르심을 시험하라
(4월 9일, 수요일)

 캐나다 '새벽'으로 가면 어떻게 될까? 딱히 알 수는 없다. 하지만 지금까지 받아온 편지들을 보면 틀림없이 그곳에 있으리라 기대했던 이들은 그곳에 있지 않고, 내가 거주할 수 있으리라 기대했던 집도 사용할 수 없으며, 기대하던 생활방식도 불가능할지 모른다는 암시가 담겨 있다. 이처럼 모든 기대가 무너지는 판에 기분이 상하지 않을 수 없다. 그래도 내가 부를 포기하고 예수님을 따라 가난의 길로 향하면 향할수록 예수님께서 나와 더욱 더 가까이 계시리라 믿지 않으면 안 된다. 그러니까 나에 대한 부르심이 시험대에 오르고 있는 셈이다.
 가난이 가장 힘든 점은 스스로 삶을 통제하지 못하고 내 주님으로 모습을 드러내시는 예수님 안에서 살아야 한다는 사실이다. 아픈 이들이 광야에서 모세가 높이 들어올린 뱀을 쳐다보았듯이(요한복음 3장 14절), 나도 십자가를 쳐다볼 때 날마다 변하는 나의 기분과 상관없이 치유를 받고 기쁨과 평화를 마음 속에서 찾아내리라는 기대도 해 본다. 그리하여 나는 영원한 생명이 주는 기쁨과 평화를 이곳에서 맛볼 수 있게 된다. 주님의 선하심을 '목격하고 맛볼' 수 있을 만큼 넉넉히 가난해지기 위해서는 진실로 많은 것을 처분해야 한다는 사실이 갈수록 명확해지고 있다.

성욕

(4월 10일, 목요일)

오늘 오후에는 하버드에서 찾아온 친구 찰스 부시와 순결에 대하여 대화를 나누었다. 나에게는 아주 소중한 대화였다. 이야기하는 도중에 순결이 공동체의 덕목임을 알게 되었기 때문이다.

우리는 흔히 성욕을 개인적인 일로 생각한다. 성적인 환상, 성에 관한 생각, 성 행위들은 대부분 한 사람의 개인 생활에 해당되는 것으로 여긴다. 하지만 삶을 사적인 측면과 공적인 측면으로 구분하는 것은 잘못된 것이다. 오늘 우리가 부대끼는 많은 문제들이 거기에서 파생한다. 그리스도인의 생활에서 사적인 생활(나만을 위한 생활)과 공적인 생활(남을 위한 생활)을 나눈다는 것은 아예 있을 수 없다. 그리스도인에게 더없이 은밀한 공상, 생각, 느낌, 감정, 행위라도 공동체에 유익 아니면 해악이 되기 마련이다. "내가 나만의 시간에 생각하고 느끼고 행하는 것은 다른 누구와도 무관하다."는 말은 있을 수 없다. 그것은 모든 사람과 관계된다. 한 공동체의 정신적이고 영성적인 건강은 대체로 구성원들이 아주 개인적인 삶을 동료 인간들에게 섬기는 자세로 살아가느냐 않느냐에 따라 좌우된다.

순결하게 사는 삶이 갖는 중요한 의미는 명백하다. 내가 성 생활을 은밀한 것(나만을 위한 생활)으로 고수할 경우, 그것은 나의 나머지 생활과 점점 유리된다. 그리고 위험한 힘으로 바뀐다. 우리가 체험하는 성 충동과 성적 강박관념은 대체로 이같은 성의 개인화 결과가 아닌가 생각된다. 숨어 있는 것, 어둠 속에 묻혀서 통교되지 못하는 것은 예상치 못한 순간에 언제라도 폭발할 수 있는 파괴적인 힘이 되기 쉽다. 순결을 향한 첫걸음은 내 성욕이 개인적인 것인 동시에 공동체적인 것임을 아는 것이다. 나는 내 말이나 행동만이 아니라 생각하는 것으로도 이웃을 해칠 수 있음을 알아야 한다.

고백은 공동체의 이름으로 고백을 받아줄 수 있는 신뢰할 만한 인간과 자신의 내밀한 정신적 갈등을 함께 나눈다는 뜻이다. 중요한 것은 나의 내면 생활을, 공동체에 대하여 책임질 줄 알도록 이끌어 가는 것이다. 이런 책임의식은 성적인 생각과 공상이 지니는 강박적이고 충동적인 특성을 점점 제거한다. 내가 사적인 생활을 포기하고 공동체에 대하여 책임지는 인격적인 생활로 전환시키면 시킬수록, 순결한 생활은 그만큼 더 쉬워진다. 예수님께서 세우고 지켜 주시는 공동체는 내 이기적인 욕망을 '내 온 존재로 하나님의 백성을 섬기려는 욕구'로 바꾸어 주기 때문이다.

일단 내 내면생활을 고백하고 나면, 공동체는 예수님의 사랑이 내 그릇된 욕망의 가면을 벗기고 악한 세력들을 몰아내고 나를 빛 속으로 이끌어, 내가 빛의 자녀로서 부활하신 주님을 증거할 수 있도록 만들어 줄 것이다. 그래서 진정 순결한 삶을 살아갈 수 있게 될 것이다.

보잘것없는 이들, 보잘것없는 것들
(4월 11일, 금요일)

라르쉬에 있다 보면, 복음서들을 새로운 방식으로 이해하는 데 도움을 얻는다. 오늘 우리는 빵의 기적을 봉독하였다:

> 예수님께서 눈을 들어서, 큰 무리가 자기에게로 모여드는 것을 보시고, 빌립에게 말씀하셨다. "우리가 어디에서 빵을 사다가 이 사람들을 먹이겠느냐?"……안드레가 예수님께 말하였다. "여기에 보리빵 다섯 개와 물고기 두 마리를 가지고 있는 한 아이가 있습니다. 그러나 이렇게 많은 사람에게 그것이 무슨 소용이 있겠습니까?"(요한복음 6장 5-9절).

그러나 예수님께서는 이 보잘것없는 소년의 보잘것없는 선물이 모든 사람을 먹이기에 충분하였다. 남은 조각들로 커다란 광주리 열두 개를 채울 정도였다.

이것 역시 보잘것없는 사람들과 보잘것없는 사물들이 소중한 가치를 지닌다는 것을 말해 주는 이야기다. 세상은 크고 거창하고 인상적이고 정교한 것들을 좋아한다. 하지만 하나님은 거창한 세상이 간과하는 보잘것없는 것을 선택하신다. 안드레가 "여기에 보리빵 다섯 개와 물고기 두 마리를 가지고 있는 한 아이가 있습니다. 그러나 이렇게 많은 사람에게 그것이 무슨 소용이 있겠습니까?"라고 말한 것은 사물을 평가하는 사고방식 하나를 단적으로 드러내 보인다. 이는 마치 예수님을 향하여 "모르시겠습니까? 빵 다섯 개와 물고기 두 마리로는 어림도 없다고요."라고 말하는 것처럼 들린다.

그러나 예수님께는 그것이면 충분하였다. 예수님은 이것들을 손에 받쳐들고 감사기도를 올리셨다. 이는 보잘것없는 사람들에게서 받은 보잘것없는 선물이 곧 하늘 아버지께로부터 받은 선물임을 인정하셨다는 뜻이다. 하나님께로부터 나오는 것이라면 모든 이에게 넉넉할 수밖에 없다. 그렇기에 예수님은 빵과 물고기를 "달라는 대로" 나누어 주셨던 것이다.

보잘것없는 사람들에게서 나오는 보잘것없는 선물을 나누어 주는 가운데 하나님의 너그러우신 자비가 드러난다. 이것은 모든 사람에게 두루 충분하고 풍성하다. 심지어 아주 많이 남기까지 한다. 여기에서 위대한 신비 하나가 드러나고 있다. 우리가 내주는 보잘것없는 것이 점점 불어난다는 것이다. 이는 곧 하나님의 방식이다. 그리고 우리가 살라고 부름받는 삶의 방식이기도 하다.

우리가 지닌 작은 사랑, 작은 지식, 우리가 해주는 작은 조언, 우리가 지닌 작은 재산은 베풀라고 주신 하나님의 선물들이다. 우리가 이것들을 베풀면 베풀수록 베풀 수 있는 것이 여전히 아주 많이 남아 있음을 발견하게 된다. 하나님의 작은 선물은 무엇이나 베풀면 많아지게 마련이다.

라르쉬에 있다 보니, 이 신비가 갈수록 분명해지고 있다. 라르쉬는 그야말로 작기 그지없다. 온 세계의 라르쉬 '쉼터'에서 돌봄을 받는 장애우는 몇백에 불과하다. 그들은 여전히 필요한 도움을 받지 못하고 있는 무수한 장애우들에 비하면, 실로 조그맣고 보잘것없는 무리에 지나지 않는다. 통계상으로 보면, 라르쉬는 감조차 잡히지 않을 정도다. 그럼에도 불구하고, 라르쉬에서 하나님의 일이 이루어지고 있다. 지극히 다양한 나라와 인종, 종교와 사회적 배경을 가진 사람들에게 라르쉬는 별다른 영향을 끼치지 못하고 있다. 하지만 라르쉬가 제공하는 소량의 음식물은 수많은 이들을 배불리 먹이고 있다. 비단 정신 장애우들만이 아니다. 부자들, 권력자들, 교회와 사회의 지도자들, 학생들, 학자들, 의사들, 법률가들, 행정관료들, 사업가들, 여성들, 심지어 정신 장애가 무엇인지도 모르는 사람들 모두가 그 대상이다. 그들 모두가 라르쉬에서 무언가를 부여받아 그것으로 힘을 얻고 있다. 이처럼 빵의 기적은 오늘도 계속되고 있다. 다만 그것을 볼 수 있는 눈이 있는가가 문제일 뿐……

가난한 이들 가운데서도 가장 가난한
(4월 12일, 토요일)

온두라스의 라르쉬 공동체 도우미로서 트로슬리를 방문하고 있는 레지나가 온두라스의 생활상에 관하여 재미있는 이야기를 많이 들려주었다. 그녀가 유독 힘주어 말한 것이 있다. 온두라스 국민들은 자부심이 부족하는 것이다. 그곳 주민들은 쫓겨와서 극도의 가난과 억압에 시달리는 인디언들이다. 혼혈아(인디언과 스페인사람들 사이)가 대다수를 차지하고 있다.

   작은 나라 온두라스는 처음에는 스페인에, 그 다음에는 미국에 철저히 의존하고 있다. 현재는 니카라과와 엘살바도르의 위협을 느끼고 있다. 혁명의 징후가 약간이라도 보일라치면, 두려움에 쩔쩔매곤 한다. 이곳에 대규모 군사기지를 건설한 미국의 보호를 받으면서 '안전감'을 느끼는 것까지는 좋다. 그러나 그렇다 하더라도, 이 막강한 보호자의 허락 없이는 아무 것도 하지 못하는 신세!

온두라스는 해도해도 너무할 정도다. 제국주의 프랑스로부터 해방되면서 자부심과 기쁨을 과시하는 흑인들의 나라 아이티의 가난한 이들과는 참 대조적이다. 온두라스의 가난한 이들에게는 자조적인 태도가 아주 짙게 배어 있다.

이런 나라에 라르쉬가 자리잡기란 쉬운 일이 아니다. 우선 장기간 헌신할 수 있는 온두라스 출신의 도우미를 찾아내기가 무척이나 어렵다. 사람들은 하나같이 가난에 쪼들리는 대가족의 일원으로서, 가족을 먹여살리면서 가난에서 벗어나 보려고 몸부림치는 데 있는 힘을 거의 다 소진한다. 그들에게는 미국이야말로 들어가기만 하면 부자가 될 수 있으리라는 희망의 땅이요 약속의 땅이다.

레지나의 이런 이야기를 듣고 있자니 온두라스의 가난이 얼마나 지독한지 충분히 알 수 있었다. 민족의식이 거의 없고 자긍심도 별로 없는 그곳에서 장애우들과 함께 생활한다는 게 매우 어려울 것이 분명하였다. 실로 이것은 가난한 사람 가운데서도 가장 가난한 이들과 함께 사는 것을 의미하였다.

그런데……온두라스의 라르쉬 도우미들은 희망과 기쁨으로 충만되어 있다고 한다. 그들은 그곳에 있고 싶어하고 언제까지나 머물려고 한다. 케이시 저지는 '새벽'에서 그곳 공동체를 방문한 적이 있는데, 지금도 그곳에 가서 살고싶다는 희망에 부풀어 있다. 또한 온두라스에서 온 필라의 편지는 흥분에 가득 차 있다. 바르바라도 이곳 트로슬리를 떠날 수 없는 몸인데도 불구하고, 마음만은 온두라스에 가 있다. 그곳 공동체에 대하여 이야기하는 사람은 누구나 할 것 없이 그곳을 가장 축복받은 곳으로 이야기한다. 레지나 자신의 얼굴에서도 기쁨이 배어나온다. 그곳에서 살기로 작정한 사람들은 하나같이 참된 보화를 발견해 냈음이 분명하다.

마음이 가난한 사람은 행복하다.
하늘나라가 그들의 것이다.

온두라스의 라르쉬 공동체를 찾아가고픈 마음이 간절해진다.

종교간의 갈등

(4월 28일, 월요일)

오늘은 인도의 마드라스에서 라르쉬 공동체를 이끌고 있는 인도 여성 도로시와 두 시간 동안 이야기를 나누었다. 그녀는 여러 해 동안 줄곧 일만 한 끝에, 어느 정도 휴식을 취하고 자신의 영성적 헌신을 튼실히 다지는 한편, 유럽 공동체들과도 접촉을 갖기 위하여 몇 달간 트로슬리에서 지내고 있는 중이다.

그녀가 마드라스에서 하는 일은 그야말로 경외심을 불러일으키는 것이었다. 그곳에는 회교 신자와 힌두교 신자와 그리스도교 신자가 한 집에 산다. 따라서 공동으로 예배를 드리기가 아주 힘들다. 도우미 가운데 힌두교 신자는 뚜렷한 예배의식이 없다. 회교 신자는 그리스도교 것이든 힌두교 것이든 상징 일체를 받아들이지 않는다. 그리스도교 신자는 힌두교 예배의식이나 회교 예배의식 모두를 좋아하지 않는다.

게다가 그리스도교 신자나 힌두교 신자나 회교 신자 모두가 영성생활에 관심을 가지고 있는 것도 아니다. 개중에는 자신이 하는 일을 자신에게 일정한 사회적 신분과 특혜를 부여해 주는 유급 일자리로 보는 사람도 없지 않다. 그러니까 모두가 라르쉬의 본디 이상을 제대로 받아들이지 못하고 있는 형편이다.

공동의 기도형식을 개발하기란 불가능해 보인다. 언젠가 장애우 한 명이 자기 집에 가서 "우우우우우음음"이라고 읊조렸다. 라르쉬에서 배운 힌두교의 묵상노래였다. 그러자 회교 신자인 아버지는 기분이 상한 나머지, 자식을 당장 라르쉬에서 끌어내 버렸다.

그런가 하면 인도의 라르쉬에서는 아주 아름다운 일들도 일어나고 있다. 장애우들은 서로 대면할 일이 전혀 없는 사람들을 한 자리에 모이도록 만든다. 진정한 결속력을 보여 주고 있는 셈이다. 우리는 흔히 아주 명백하고 뚜렷한 문제점과 난관에 관심을 집중한다. 하지만 그 모든 일 이면에서 하나님 곧 온 민족의 하나님께서 보잘것없는 존재들을 통하여 지극히 아름다운 일을 이루어 내신다.

　마드라스의 라르쉬에서 열네 해 이상을 살아온 초창기의 인도인 도우미 도로시는 참 희망의 표징이 되고 있다. 활달한 성품, 하나님에 대한 깊은 신앙, 인도 라르쉬를 향한 굳건한 헌신 등은 가난한 이들을 통하여 하나됨을 이루시는 하나님의 신비, 바로 그것이었다.

19
우정의 선물

가지치기
(4월 30일, 수요일)

> 나는 참 포도나무요, 내 아버지는 농부이시다. 내게 붙어 있으면서도 열매를 맺지 못하는 가지는 아버지께서 다 잘라버리시고, 열매를 맺는 가지는 더 많은 열매를 맺게 하시려고 손질하신다(요한복음 15장 1-2절).

오늘 복음서에 나오는 이 말씀은 고통을 바라보는 내 시각을 새롭게 열어 준다. 가지치기는 나무가 더욱더 많은 열매를 맺도록 돕는다. 비록 내가 열매를 맺고 있더라도, 설령 내가 하나님 나라를 위하여 일하고 있더라도, 비록 사람들이 나를 통하여 예수님을 알게 되어 고마워한다 하더라도, 나에게는 무수한 가지치기가 필요하다. 필요 없이 붙어 있는 수많은 가늘고 굵은 가지들은 포도나무가 최대한 많은 열매를 맺는 데 방해가 되기 마련이다. 이런 것들은 쳐내지 않으면 안 된다. 이것은 고통스런 과정이다. 내가 언제나 그런 가지들이 필요없다는 사실을 아는 것도 아니기 때문에 훨씬 더 고통스러워질 수도 있다. 필요없는 가지들이 아름답고 매력적이고 생명력에 넘치는 것들로 보이는 경우도 많다. 하지만 좀더 많은 결실을 맺으려면, 이런 것들은 반드시 잘라 내지 않으면 안 된다.

이것은 내가 고통스런 거절, 외로움의 순간, 내적 어둠과 절망에 대한 느낌, 인간의 애정과 지원 결핍 등을 하나님의 가지치기로 생각하는 데 도움이 된다. 내가 살면서 맺은 약간의 결실에 너무 빨리 안주해 버렸음을 알 수 있다. 내가 "그래, 난 여기저기서 어느 정도 좋은 일을 하고 있고, 따라서 내가 하는 작은 선행에 감사드리고 만족하는 것이 당연하다."고 말할 수도 있다. 그러나 이것은 거짓된 겸손이요, 일종의 영성적 게으름이기도 하다. 하나님은 나에게 좀더 많은 일을 하라고 하신다. 하나님은 내 가지들을 잘라내려 하신다. 가지친 포도나무는 아름다워 보이지는 않지만, 추수기가 되면 많은 열매를 거둔다. 내 삶 속에서 가지치기하시는 하나님의 손길을 끊임없이 느끼는 일은 대단한 도전이다. 그렇게 할 때, 나는 회한과 좌절을 피하고, 스스로 가능하다고 생각하는 것보다 늘 더 많은 열매를 맺도록 부름받고 있다는 것에 한층 더 깊이 감사드릴 수 있을 터. 그러면 고통은 정화의 길이 될 것이다. 그 속에서 나는 맺은 결실을 더없이 감사하며 자부심을 갖게 될 것이다.

함께 자리하기

(5월 3일, 토요일, 랭스)

오늘 오후 나단과 여유있는 주말을 보내기 위하여 랭스로 갔다.
　나단과 내가 트로슬리에서 함께 지내는 시간이 얼마 안 있어 끝나게 되기 때문에, 며칠이나마 함께 조용한 시간을 갖기로 한 것이다. 내가 5월 12일부터 6주간 미국과 캐나다와 영국을 순회하고 나면, 우리가 프랑스에서 함께 지낼 시간은 몇 주일밖에 남지 않는다.
　우정이란 필요한 시간과 관심을 쏟지 않으면 강하고 튼실해지지 않는 법이다. 나단과 나 사이의 우정은 내가 트로슬리에 있는 동안 가장 소중한 격려요 자양분이 되어 주었다.
　우리의 우정이 주는 커다란 기쁨은 예수님께서 우리를 한데 엮어

서로 도움으로써 주님께 더욱더 가까이 다가가도록 하신다는 것을 둘 다 깊이 느끼는 데서 비롯된다. 그렇기에 우리는 서로에게 느끼는 사랑이 우리 스스로 만들어 내지 않은 사랑임을 인정하면서 기도와 침묵 속에 함께 지내고 싶어하는 것이다.

우리는 지금 랭스에 있는 성글라라수녀회 수녀원에 와 있다. 정적과 기도와 관상으로 충만된 공간이다. 내 방 창문 저 멀리로 도시 한가운데 우뚝 서 있는 웅장한 노트르담 교회가 보인다. 내일 우리는 거기 가서 구경하고 기도를 드릴 참이다.

주님, 감사합니다. 우리에게 사랑을 주시고, 우정을 주시고, 아름다움을 주시니, 그 은혜 고맙습니다. 아멘.

웅장한 교회와 기도실
(5월 4일, 주일)

여기서 대부분의 시간을 보내는 곳은 조그만 기도실이다. 기도실에는 불붙는 떨기나무를 표현하고 있는 소박한 스테인드글라스가 있다. 가운데에는 작은 감실을 조각한 나무기둥 하나가 서 있다. 기도대와 의자 몇 개, 대나무로 씌운 벽에는 조그마한 등잔 몇 개가 걸려 있다.

나단과 나는 이곳에서 시편으로 기도를 드리면서 조용히 시간을 보내곤 한다. 더없이 평화롭고 아늑하다. 들리는 소리도 거의 없다.

오후에는 랭스의 도심지로 내려가서 노트르담 교회를 찾았다. 조그만 기도실에서 웅장한 교회로 옮겨오니, 우리가 사는 이 세상에 내재하시는 두 가지 극단적인 하나님의 현존을 대하는 기분이었다. 하나님의 숨어 계심과 하나님의 광채, 하나님의 작으심과 하나님의 장엄하심, 하나님의 침묵과 하나님의 창조적인 말씀, 하나님의 겸손과 하나님의 눈부신 영광······.

만감이 교차되었다. 비극적인 사건도, 즐거운 사건도 무척이나 많았다. 더러운 추억도, 아름다운 추억도 셀 수가 없다. 엄청난 교만과 깊디깊은 신앙이 뒤엉켜 있다. 지독한 권력욕과 한없이 소박한 신앙이 함께 어우러진 곳, 그곳이 바로 이곳이었다.

오늘에는 그 화려한 위용을 직접 눈으로 보기 위하여 많은 관광객이 몰려들고 있다. 교회의 장엄한 모습에 얼이 빠진 채 얼마 동안 시간을 보냈다. 나단과 나는 교회 광장에 마련된 작은 테라스에 앉아 성자들로 채워진 세 개의 출입문과 꽃모양 장식, 왕과 교회 지도자들의 석상, 두 개의 거대한 탑을 올려다보았다. 떠나고 도착하는 승용차와 버스들, 출입문을 드나드는 사람들, 사진찍는 사람들, 그냥 구경하며 이야기를 주고받는 사람들……. 그러나 그 많은 이들 가운데 기도하는 사람은 거의 없었다. 순간 가벼운 두통이 일었다. 불붙는 떨기나무 창문 하나밖에 없는 작은 기도실로 돌아가 예수님과 함께 머물면서 기도드리고 싶어졌다. 그래서 우리는 그렇게 하였다.

불투명에서 투명으로
(5월 5일, 월요일)

나단과 대화하면서 우리의 갈등과 희망에 대한 이야기를 주고받았다. 그러는 사이에, 나는 어둠과 빛의 차이를 아주 잘 알지만 많은 경우에 이것들을 진짜 이름으로 부를 만한 용기가 없었다는 사실을 점점 깨닫게 되었다. 어둠을 빛인 양 다루고 빛을 어둠인 양 다루고 싶은 강렬한 유혹이 분명히 존재한다. 둘이서 우리의 삶을 이야기하면 할수록 나를 빛에서 멀어지고 어둠의 장소에 숨어들도록 하는 내적 불확실성을 더욱 더 분명하게 알아차릴 수 있었다.

예수님을 알고 그분의 말씀을 읽고 기도드리는 일은 악과 선, 죄와 은혜, 사탄과 하나님을 갈수록 분명하게 만든다. 이 분명함은 내가 빛으로 향하는 길을 두려움 없이 올곧게 선택하게 한다. 내가 예수님을 알면 알수록, 이 선택을 얼마나 많이 그리고 얼마나 자주 해야 하는지를 더욱더 절감하게 된다. 이 선택은 내 공적인 행동보다 훨씬 더 많은 것들을 포함한다. 이것은 마음 속 가장 깊은 곳, 아주 개인적인 생각들과 환상들이 숨어 있는 그곳까지 손길을 뻗친다.

내 삶을 되돌아보면서, 이제껏 그것이 얼마나 불투명했는지를 알게 되었다. 하는 일과 하는 말이 다르고, 하는 말과 하는 생각이 다르고, 하는 생각과 느끼는 느낌이 다른 경우가 많았다. 스스로를 속이는 사례들도 많이 있었다. 누군가를 돕기 위하여 어디를 간다고 나 자신에게 말하고서, 그다지 고상하지 않은 동기들에 따라 움직였다는 사실이 마음 속에 떠오르지 못하도록 막은 경우도 적지 않았다. 지금껏 권력과 명예와 정서적·육체적 만족을 탐하는 미묘한 욕망을 인정하지 않으면서 나 자신과 하찮은 유희를 지속해 왔다.

이처럼 불투명한 상태에서 투명한 상태로 변화하려면 어떻게 해야 할까? 투명한 삶은 도덕적으로 모호한 상태를 벗어나서 마음과 정신과 기력이 하나되어 빛을 선택하는 것을 뜻한다. 내가 발견하고 있는 것은 내 내부에 도사린 어둠을 제대로 호칭하는 일이 중요하다는 사실이다. 더 이상 어둠을 어둠 아닌 다른 이름으로 부르지 않을 때, 어둠을 나 자신의 이기적인 목적에 이용하려는 유혹은 점점 줄어들게 된다. 진리를 섬기노라 하면서 거짓을 말하고, 생명을 섬기노라 하면서 죽음의 게임을 하고, 사랑을 섬기노라 하면서 내 충동의 만족을 꾀하는 한, 나는 여전히 구제불능일 정도로 불투명하다. 겸손의 설교에서 찬사를 낚는 설교자나 다름없는 셈이다.

나에게는 어려운 임무가 부여되고 있다—어둠을 어둠이라 부르고, 악을 악이라 부르고, 악마를 악마라 부르는 일. 나는 모호한 대세에 머묾으로써 헌신을 회피하고 우리 사회의 대세에 영합할 수 있다. 하지만 예수님께서는 내가 거기에 머무는 것을 허락하지 않으신다. 그분은 명확히 진리와 빛과 생명을 선택하도록 요구하신다. 나의 내면에서 무수한 타협이 이루어지고 있음을 인정할 때, 처음에는 죄책감과 부끄러움을 느낄지도 모른다. 그러나 이것이 참회와 뉘우침으로 이어질 때, 이내 나를 어둠에서 빛으로 이끌어 내시고 사랑의 투명한 증거자로 만들고 싶어하시는 하나님의 끝없는 사랑을 발견하게 된다.

우리의 토론에서 드러난 이 통찰들이 더없이 고맙게 느껴진다. 혼자서 생각하는 것은 더불어 생각하는 것과 너무나 다르다. 내일 트로슬리에 돌아가면 기억에 남을 일이 아주 많을 것이다.

평화를 일구는 길 여섯 가지

(5월 8일, 목요일, 트로슬리)

예수승천기념일. 프랑스에서는 공휴일이자 트로슬리의 라르쉬가 집을 개방하는 날이다. 기도하고 놀고 라르쉬 제품들을 구입하고 로컬밴드의 공연을 구경하고 알랭 생마카리(Alain St. Macary) 공동체의 지도자와 장 바니에의 강연을 듣기 위하여 수백 명의 친구들이 몰려들었다.

오늘의 주제는 평화일구기였다. 수십 명의 어린이들이 주위를 뛰어다니며 즐겁게 소란을 피운다. 많은 장애우들과 도우미들이 광대옷을 걸치고 이리저리 돌아다닌다. 그런 가운데, 장 바니에는 평화를 일구는 사람이 되는 길 여섯 가지를 내보였다. 대형 확성기들 덕분에 그의 목소리는 듣고자 하는 사람이면 누구나 들을 수 있을 정도로 크게 울리고 있었다. 지난주에 루르드에서 장의 연설을 들었던 열네 명의 아가씨가 파리에서 찾아와 그의 강연에 갈채를 보내고 있었다.

장 바니에가 평화를 일구는 사람들을 위하여 내보인 여섯 가지 길은 다음과 같다: 1) 모든 인간을 저마다 존중하여라. 2) 사람이 성장하고 성숙하는 데 필요한 공간을 마련하여라. 3) 늘 대화에 임하여라. 4) 한결같이 서로의 기대에 부응하여라. 5) 사람들 사이의 차이를 즐겨라. 6) 언제나 가장 고통받는 이들에게 관심을 쏟아라.

장이 이런 점들을 지적한 것은 우리 가운데 끊임없이 일고 있는 수많은 갈등을 해소하는 데 도움을 주기 위해서였다. 이것이야말로 평화에 이르는 길이다―가정이든, 공동체든, 세계든.

장의 강연이 끝난 다음, 악단이 노래를 몇 곡 더 연주하면서 사람들이 이곳저곳 작은 무리를 이루어 인사를 주고받고 춤을 추고 노래를 부르고 대화를 나누었다. 그런 다음, 모두 교회로 가 예배에 참여하였다. 모두가 생각했던 것과는 판판으로, 날씨는 줄곧 맑았다. 쟝이 강연을 하는 동안, 지나가는 검은 구름이 우리 머리 위에 약간의 빗방울을 떨어뜨렸을 뿐이다. 참 멋진 예수승천기념일이었다.

영성적 전략
(5월 10일, 토요일)

여행준비를 하다 보니, 여느 때보다 격심한 유혹들이 밀어닥치고 있음을 느낀다. 한편에서는 미국과 캐나다로 돌아가서 친구들을 만나고, 강의도 하고, 고통받는 사람들에게 조언도 하고, 또다시 오늘의 '커다란 쟁점들' 속에 뛰어들리라 생각하니 흥분을 느끼게 된다. 그러나 다른 한편으로는, 그러다 보면 금방 예수님을 감촉하지 못하고, 덮쳐 오는 수없는 충동들 속에 함몰당하면서 영성적 균형을 상실하기 십상이라는 걱정도 없지 않다.

나의 두려움을 직선적으로 솔직히 드러내고 영성적 후원을 부탁하는 일이 늘 도움이 되었다. 이런 후원 없이 세상에 나선다는 것은 아주 견디기 힘든 어려움을 수반하기 마련이다. 이럴 때 필요한 것은 내가 하고자 하는 바와 그 실천 방법에 대한 명확한 인식이요, 눈과 마음과 성신의 수양이다. 이럴 때는 언제고 예수님의 이름으로 살겠다는 간절한 욕구와 동시에 이를 실천하는 튼실한 헌신이 필요하다.

그래서 구체적으로 두 가지를 약속하였다. 매일기도를 통하여 늘 예수님 곁에 머물고, 편지와 전화를 통하여 늘 친구들 곁에 머물기로. 이렇게 하면 여행 중일 때도 집에 머물고, 홀로 있을 때도 공동체에 몸담을 수 있을 것이다. 나 자신의 이름이 아닌 예수님과 나를 파송한 이들의 이름으로 생각하고 말하고 행동하게 될 것이다.

하나됨은 선물이어라

(5월 11일, 주일)

> 아버지, 아버지께서 내 안에 계시고, 내가 아버지 안에 있는 것과 같이, 그들도 하나가 되어서 우리 안에 있게 하여 주십시오(요한복음 17장 21절).

예수님이 드리신 이 기도가 뜻하는 것은 무엇인가? 그것은 사람들 사이에 하나되는 일치의 신비란 무엇보다도 인간이 노력한 결과가 아니라 하나님의 선물이라는 사실이다. 사람들 사이의 하나됨은 하나님의 하나되심을 반영하는 것이다. 하나가 되고자 하는 사람들의 욕구는 깊고도 강렬하다. 이 욕구가 바로 친구들 사이에, 부부들 사이에, 공동체들 사이에, 나라들 사이에 느껴지는 욕구다. 하나가 되었음을 진정으로 체험하는 곳마다, 이것은 하나님께서 하시는 일이구나라는 느낌이 있다. 우리가 가장 절실하게 필요로 하는 게 하나되는 일이기는 하지만, 그것을 우리가 말이나 행동으로 설명할 수는 없다. 하나되는 일에는 결코 형식이 존재하지 않는다.

예수님은 우리에게 자신 안에서, 자신을 통하여 하나됨을 추구하게 하신다. 내적 관심을 우리 아닌 우리의 소유주 하나님께 일차적으로 기울일 때, 우리는 바로 그 하나님 안에서 우리가 서로의 것이 되고 있음을 발견한다. 가장 깊은 우정은 하나님께서 중재하시는 우정이다. 가장 강력한 결혼의 끈도 하나님께서 중재하시는 끈이다.

이 진리는 모든 하나됨의 밑바탕으로 끊임없이 되돌아오는 수련을 요구한다. 만일 우리가 갈등과 분열과 불화 속에서도 함께 하나님의 현존 안으로 들어가 거기서 하나됨을 발견하고자 애쓴다면, 우리는 많은 인간의 고통을 없애 줄 수 있을 것이다.

20
많은 것 가운데 하나

과학기술과 인간관계
(5월 12일, 월요일, 매사추세츠 주, 케임브리지)

파리에서 보스턴으로 여행하면서 절실히 깨달은 것은 과학기술의 엄청난 진보, 그리고 그와 대조되는 원시적인 인간관계였다. 여행은 처음부터 끝까지 보안업무로 시달려야 하였다. 테러범들의 공격을 사전에 예방하기 위하여 그 많은 조치가 이루어지고 있다는 것은 좋은 일임에 분명하다. 그렇지만 한 걸음 한 걸음 걸을 때마다 누군가가 나를 죽이려고 할지도 모른다는 주의를 받다 보면, 세상이 살아가기엔 너무 위험한 장소라는 인식을 받지 않을 수 없다. 운송수단이 발전할수록 이동상의 안전도는 오히려 더 떨어지고 있는 듯싶었다. 비행기 안에서나 공항에서 납치당하거나 폭탄세례를 받을까봐 휴가계획을 취소한 내 친구들도 한둘이 아니었으니⋯⋯.

인간관계 차원에서 보면, 우리는 아직도 힘의 놀음과 공포전술이 우리의 문제들을 해결해 줄 것이라고 생각하는 석기시대에 살고 있다. 자살공격이나 군사보복은 위협적인 상황에 대처하는 아주 원시적인 방법들이다. 과학기술을 수중에 넣고 있는 지금, 이러한 원시적인 대응방법은 모든 인간생명을 파멸로 몰아넣을 수도 있다.

서로 떨어져 있는 까마득한 거리를 불과 몇 시간 안에 날아가는 사람들에게 그 어느 때보다 필요한 것은, 어떻게 하면 서로 평화롭게 살아갈 수 있을까에 대하여 대화를 나누는 일이다. 지리적인 거리가 좁혀질수록 윤리적·정신적 거리는 그만큼 멀어지고 있는 것이 오늘의 현실이다. 우리 인간이 과학기술을 터득하는 일에는 그토록 어마어마하고 그토록 신속하면서도, 서로를 사랑하는 일에는 그토록 볼품없고 그토록 더딘 이유가 도대체 무엇일까?

사느냐 죽느냐, 영성적으로

(5월 13일, 화요일)

즐거운 하루였다. 한 사람, 두 사람, 다시 만나게 되었다. 피터, 케이트, 조너스, 마르타, 미셸, 주타, 데이비드, 짐 그리고 찰스……이들이 찾아와 우리는 다시 한번 함께 이야기하고 기도드렸다.

미국에 돌아와 가장 놀란 건 불안과 외로움과 갈등이 실로 막강한 힘을 가지고 수많은 사람을 거머쥐고 있다는 것. 오늘 우리가 가졌던 대화는 영성적 생존에 관한 것이었다. 친구들 가운데는 갖가지 요구들 때문에 압박감에 짓눌려 사는 이가 많았다. 그들이 그토록 갈망하는 내적 평화와 기쁨을 맛보고 있는 이는 거의 없었다.

삶을 함께 축하하는 일, 함께 공동체를 이루는 일, 창조세계의 아름다움을 소박하게 즐기는 일, 사람들을 사랑하고 하나님의 선하심을 기리는 일—이 모두가 까마득한 이상처럼 보인다. 사람들이 마음을 두고 싶어하는 곳에 두지 못하도록 가로막는 산처럼, 거대한 장벽들이 존재하고 있는 것만 같다. 바라보고 체험하기에는 너무나도 고통스러운 현상이 아닐 수 없다. 생존을 위한 전쟁이 아주 '자연스러운' 것이 되어 변화가 가능하다고 진실로 믿는 이들이 거의 없다는 사실은 정말 놀라운 일이 아닐 수 없었다. 트로슬리에 찾아온 내 친구들이 그토록 깊은 감동을 맛보곤 했던 까닭을 이제야 좀더 제대로 이해할 수 있을 것 같다. 그들이 존재하는지조차 몰랐던 세계가 그들의 눈앞에 전개되고 있으니 그럴 수밖에.

오늘 내가 만난 이들은 다시없이 착하다. 아량, 사랑, 자상, 신앙 공동체를 향한 열망으로 충만된 이들. 그런데도 다들 자기도 모르게 엄청난 고통에 시달리는 때가 있단다. 이곳을 떠나 있던 10개월 사이에, 나 자신이 이곳에 있을 때는 보지 못했던 것을 볼 수 있게 되었다. 라르쉬에서 영성의 자유를 마음껏 체험한 뒤라, 나는 내 친구들이 얼마나 많은 것을 상실하고 있는지 알 수 있었다. 그래서 그들을 새로운 장소로 데려가고, 그들에게 새로운 전망을 열어 보이고, 그들에게 새로운 길을 가르쳐 주고 싶은 마음이 간절하다. 하지만 이 소란스럽고 압도해 오고 경쟁적이고 숨가쁜 상황에서, 그 누가 진정 내 말에 귀를 기울여 줄 수 있겠는가? 이 세상 악마들이 이렇듯 소란을 피우고 있으니, 나 자신도 언제까지나 성령의 목소리를 알아차릴 수 있을지 의문스러운 터에.

오, 얼마나 중요한가! 수련, 공동체, 기도, 침묵, 돌봄의 자리, 단순한 경청, 경배, 그리고 깊고 지속적이고 신실한 우정! 우리는 누구나 그것을 간절히 바란다. 그러나 그건 환상일 뿐이라고 억지부리는 세력이 너무나 막강한 힘을 가지고 있다. 우리는 권력 투쟁을 성령이 거하실 공간 마련을 위한 몸부림으로 대치하지 않으면 안 된다.

예수님의 친구들

(5월 14일, 수요일)

오늘 핵심은 케임브리지 친구 20여 명이 참석한 성만찬이었다:

> 이제부터는 내가 너희를 종이라고 부르지 않겠다. 종은 자기 주인이 무엇을 하는지를 알지 못한다. 나는 너희를 친구라고 불렀다. 내가 아버지에게서 들은 모든 것을 너희에게 알려 주었기 때문이다(요한복음 15장 15절).

예수님의 말씀은 나와 내 친구들의 재결합이 갖는 의미를 힘있게 표현해 주었다. 우리는 예수님의 친구다. 감상적 형식이 아닌 신적 생명의 참여자로서. 만일 이 우정을 확고히 한다면, 서로간의 유대가 언제까지고 이어지리라 믿는다. 내가 친구들에게 줄 수 있었던 것은 빵과 포도주라는 선물들을 통하여 드러난 예수님의 우정이었다.

케임브리지 같은 도시에서 사람들이 당하는 고통의 주원인이 연락두절과 단절감과 소외감이라는 사실이 나에게는 갈수록 충격이다. 그들이 함께 하기만 하면 그리스도의 식탁을 둘러싼 치유 공동체가 될 수 있는데, 개별적으로 만나서 그들의 고통에 관하여 이야기해야 할 필요가 어디에 있는가? 기도하고 찬양하고 이야기를 나눔으로써 신실하신 예수님의 현존을 드러내는 참 즐거운 시간이었다.

부자들의 가난

(5월 15일, 목요일, 뉴욕)

오늘 아침, 피터와 나는 머리 맥도널을 찾아보러 뉴욕으로 날아 왔다. 나는 머리를 만난 적이 없다. 하지만 내가 프랑스에 가 있는 동안, 그와 피터는 서로 알게 되어 절친한 우정을 키워 오고 있었다.

뉴욕의 은행가 머리. 내가 텔레비전이나 신문에서밖에 본 적이 없는 이들과도 친분을 맺고 있었다. 내 책을 많이 읽어서인지, 하나님의 말씀이 내 세계에 필요한 것 못지않게 자신의 세계에도 필요하다고 느끼고 있었다. '세상의 최고들과 제일 똑똑한 이들'을 알고 지내는 사람에게서 "우리한테도 하나님 말씀을 전해 주시고 예수님에 대해서도 들려 주세요……부자지만 정말 가난하기 짝이 없는 이들을 외면하지 말아 주세요"라는 말을 들으니 참 송구스러웠다.

예수님은 가난한 이들을 사랑하신다―하지만 가난은 수많은 형태를 띤다. 나는 이 사실을 너무도 쉽게 잊은 나머지, 영성적 자양분을 갈망하면서도 얻지 못하는 권력자와 유명인사와 성공한 이들을 수수방

관하고 있었다. 그러나 그들에게 영성적 음식을 제공하려면, 나 자신부터 아주 가난해지지 않으면 안 된다. 결코 호기심을 품지도, 야심을 갖지도, 젠체하거나, 오만하지도 말아야 한다. 화려한 세상, 눈부신 광채에 미혹당하기가 얼마나 쉬운가! 하지만 내가 정말 있어야 할 유일한 자리는 가난의 자리, 외로움과 분노와 혼돈과 우울증과 아픔이 있는 바로 그 자리다. 나는 예수님의 이름으로 그 자리에 가서 예수님의 이름 곁에 머물며 예수님의 사랑을 전하지 않으면 안 된다.

오 주님, 제가 권세와 부에 현혹되지 않도록 도와 주옵소서. 이 세상 유명인사들과 영웅호걸들을 안다는 데 미혹당하지 않게 해주옵소서. 제 눈을 열어 주님의 백성들이 고통받는 자리, 그곳이 어디든지, 그 중심을 들여다보게 해주옵소서. 치유하고 위로할 수 있는 말씀을 저에게 가르쳐 주옵소서. 아멘.

정치인들과 교역

(5월 16일, 금요일, 워싱턴 D.C.)

피터는 어제 보스턴으로 돌아갔고, 난 여기 워싱턴 친구들을 찾아보려고 이곳으로 날아왔다. 정말로 즐거운 하루였다. 대화마다 예수님 곁에 머물면서 단순하고 솔직하게 7분을 이야기할 수 있었기 때문이다. 수많은 사람과 사물이 정신을 산만하게 만들기에 이런 일이 늘 쉬운 것만은 아니다. 상원의원 마크 해트필드와 근사한 상원세출위원회 식당에서 점심을 함께 하였다. 신경가스제조 반대투쟁 이야기와 과테말라의 인권침해에 관하여 몇 가지 확실한 정보를 수집하려고 애쓰고 있다는 이야기들을 들었다. 복도에서 헨리 키신저도 만났다. 전반적으로 분주하고 급박한 분위기였다. 주님의 집을 떠나 호기심 속에 권세와 영향력과 성공을 쫓아 돌아다니는 기회를 듬뿍 제공하였다. 하지만 예수님은 하루 종일 내 중심에 자리하고 계셨다. 시간시간 하나님의 현존에 대한 느낌으로 가득 찰 수 있었다.

내가 받은 가장 깊은 인상은 오늘 만난 사람들 모두가 세상 속에서 하나님은 어디 계시는가에 관한 이야기를 몹시 듣고 싶어했다는 점이다. 내가 하나님의 현존에 관하여 충분히 이야기해 줄 수 있다고 믿는 듯하였다. 상원의원 해트필드와 그의 보좌관들을 만나 점심을 함께 하였다. 그 두 시간 동안, 우리는 단 1분도 정치 이야기로 시간을 허비하지 않았다. 우리의 관심은 신약성경의 메시지, 풍성한 삶을 사는 길, 의미있는 인간관계를 도모하는 길, 기도, 복종, 신실함 같은 문제들에 온통 집중되었다. 이야기가 진행되고 있을 때, 우리가 현행 정치문제들에 관한 토론을 통하여 다가가는 것보다 세상의 실질적인 문제들에 훨씬 더 가까이 다가가고 있음을 깨달았다.

대화 중에 상원의원 해트필드에게 "내가 미국 상원에 도움이 되려면 어떻게 해야 하느냐?"고 물어 보았다. 그의 답변은 이런 것이었다: "저희에게 오셔서 용서와 화해와 서로 평화롭게 살 수 있는 길을 이야기해 주세요. 정치인들의 삶은 일 속에서든 가정에서든 참담함과 회한과 질시와 분노로 크게 좀먹고 있지요. 그래서그런지 치유력을 지닌 말이라면 무엇이든 쌍수를 들고 환영하게 되어 있어요."

나중에, 더그 코우에가 나에게 청년회장단 20명에게 영성수련을 베풀어 달라고 부탁해 왔다. 그래서 "청년회장단이란 누구를 말하느냐?"고 물어 보았다. 그는 이렇게 대답하였다: "서른 살이 되기 전에 100만 달러 이상을 벌어들인 사람들인데, 대부분 남성입니다. 사원이 최소한 50명 정도의 회사를 소유하고 있어요. 상당한 영향력을 가진 사람들입니다." 그래서 내가 "그런 사람들이 왜 영성수련을 받고싶어 하지요?"라고 물었더니, 그는 이렇게 대답하는 것이었다: "그들은 예수님을 무척이나 알고 싶어합니다. 예수님에 관하여 이야기해 주시겠다고 하시면, 그곳이 어디든 그날로 달려갈 것입니다."

내가 이 이상 더 알아야 할 것이 무엇이겠는가? 만나는 사람마다 나에게 예수님을 선포해 달라고 요청하고 있다. 그러니 내가 예수님 외에 더 바랄 것이 뭐 있겠는가? 세상을 떠도는 일을 중단하고 하나님의 집에 머무는 것만이 나의 유일한 임무가 아닐까?

이 모든 와중에서 나단과 조너스와 긴밀한 접촉을 유지했다. 기도와 후원이 안전감과 평안을 느끼게 해주었다. 나는 세상으로 파송된 몸이다. 내가 세상에 흡수되지 않도록 친구들이 도와주었으면…….

친구들과 침묵 속에

(5월 19일, 월요일, 매사추세츠 주, 케임브리지)

케임브리지로 돌아왔다. 친구들과 침묵 속에 지내는 것이 이야기를 나누며 지내는 것 못지않게 중요하다는 생각이 줄곧 내 뇌리를 떠나지 않는다. 많은 사람을 만나고 그들에게 이제까지 일어났거나 현재 일어나고 있는 일들을 죄다 이야기하다 보면, 진정으로 함께 있지 못하다는 느낌이 자주 든다. 사람들의 삶에 관해 시시콜콜 이야기를 나누는 것은 친밀감보다 거리감을 낳는 경우가 많다. 가까워지려면 말이 중요하다. 허나 너무 많은 말은 오히려 거리를 멀어지게 한다.

친구들과 침묵 속에 지내고 싶은 욕구가 커져 가고 있음을 느낀다. 모든 사건을 다 이야기해야 하는 것은 아니다. 떠오르는 생각을 다 털어놓아야 하는 것도 아니다. 일단 서로를 신뢰하는 분위기가 형성되면, 우리는 침묵 속에 자리를 함께 하면서 주님께서 부드럽고 온화하게 말씀하시도록 할 수 있다. 함께 예수님께 귀기울이는 것은, 서로가 더욱더 가까워지되 말을 주고받는 것으로써는 도달할 수 없는 차원의 우정으로까지 이끄는 참 강력한 힘이 된다. 예수님의 현존 안에서 함께 나누는 고요한 삶은 나중에 풍성한 열매를 끊임없이 거두어들이게 하기도 한다. 사실 생각해 주는 수많은 말보다 생각해 주는 한 차례 침묵이 오히려 우리 뇌리에 더 깊이 파고들 수 있다. 늘 그런 것은 아니라 할지라도, 그런 경우가 많은 것은 분명한 사실이다. 그러나 이 침묵을 키워 가려면 영성적으로 큰 수고가 있어야 한다. 이것이 가장 명쾌한 재결합 양식은 아니나, 가장 복된 양식 아닐까?

앞으로는 이 확신을 실천에 옮기도록 애를 써야지.

어린이를 영접하라

(5월 20일, 화요일)

> 누구든지 내 이름으로 이런 어린이들 가운데 한 명을 영접하면, 그는 나를 영접하는 것이요, 누구든지 나를 영접하는 사람은, 나를 영접하는 것보다 나를 보내신 분을 영접하는 것이다(마가복음 9장 37절).

어린이를 영접한다는 것은 대체로 외면당하는 이들에게 사랑어린 관심을 쏟는다는 뜻이다. 아주 신분이 높은 명사를 맞이하기 위하여 줄을 서 있는데, 내 앞으로 어린이 한 명이 지나간다고 상상해 본다. 그럴 때 과연 나는 줄을 벗어나서 그 어린이에게만 온 신경을 쏟을 수 있을까? 내가 나와 밀접한 관계를 가진 막강한 인사들을 만나기로 된 중요한 잔치에 가고 있다고 상상해 본다. 그럴 때 과연 나는 이 중요한 잔치를 망각한 채, 길거리에 주저앉아 나에게 손을 내밀며 돈 좀 달라고 구걸하는 사람과 몇 시간이고 어울릴 수 있을까? 나한테 상을 받으러 오라는 전갈을 받았다고 상상해 본다. 이럴 때 과연 나는 그 영예를 마다한 채, 친구들한테 따돌림받고 외롭게 자기 아파트에 틀어박혀 있는 풀죽은 노파와 함께 시간을 보낼 수 있을까?

어제 길거리에서 걸인 한 명이 나를 불러 세웠다. 나에게 요구한 것은 입에 풀칠할 수 있는 잔돈 몇 푼이었다. 별다른 기대도 하지 않았는데 내가 10달러를 내밀자, 화들짝 놀라며 "고맙습니다. 너무너무 고맙습니다."를 연발하였다. 예상밖의 큰 선물에 어쩔 줄 몰라하는 것임을 알았지만, 갑자기 서글퍼졌다. 아량있는 사람마냥, 그러나 그 '아량'은 '어린이'를 반갑게 맞아 들이기 싫어하는 내 뿌리깊은 거부감을 드러내 보였을 따름이다.

> 누구든지 첫째가 되고자 하면, 그는 모든 사람의 꼴찌가 되어서 모든 사람을 섬겨야 한다(마가복음 9장 35절).

21
버거우나 복된 소명

미래에 대하여 함께 생각하라
(5월 23일, 금요일, 토론토)

오늘 아침 일찍 토론토로 날아 왔다. 수 모스텔러가 반가이 맞아, 차에 태우고 리치먼드 힐에 위치한 '새벽'으로 데려다 주었다.

앞으로 최소한 3년간은 내 집이 될 곳이다. 그만큼 '새벽'에서 지낼 날들을 손꼽아 기다려 왔다. 트로슬리 시절이 이제 끝나고, 새로운 책임을 수용할 태세도 갖추어져 가고 있다는 느낌이 든다. 지난 몇 달간 내 인생에 색다른 일들이 너무 많이 일어났다. '새벽'에서 살며 일할 미래생활에 관하여 생각해 볼 시간도 여력도 없었다. 하지만 이제 유일하게 중요한 것은 이것뿐이라고 여겨진다.

오후 2시 반, '새벽' 평의회가 캐나다로 와서 목자노릇을 해달라는 자신들의 요청을 받아들이게 된 이유와 그 동안의 영성순례 이야기를 해달라고 불렀다. 하버드를 떠나라는 부르심, 장애우들과 함께 살라는 부르심에 대하여 나름대로 열심히 설명하였다. 그들은 앞으로 '새벽'에서 어떻게 지내는 게 좋을지 나름의 생각들을 들려주었다.

제기된 것들은 다섯 가지였다. 첫째, 나에게는 배워야 할 것들이 많다. 나는 이제까지 진정한 공동체 생활을 해보거나 장애우들 가까이에서 살아본 적이 없었다. 널따란 세상에서 한없이 쏘다니며 살던 내가 이 작은 세계에 몸담는다는 게 결코 쉽지 않을 것이다. 따라서 내가 진정으로 이곳 생활에 녹아드는 데에는 상당기간이 필요하다. 둘째, 우리는 함께 예배력에 따라 풍요로운 영성생활을 개발하며, 성경지식도 넓히고, 기도생활도 강화할 필요가 있다. 셋째, 영어를 사용하는 라르쉬 구성원과 그 친구들에게 갱신의 원천 구실을 할 수 있는 소규모 영성센터 '여명'(Dayspring)의 출범을 돕는 것이 내 주요임무 가운데 하나다. 넷째, 집필을 계속해야 한다. 내 관심을 빼앗아갈 일들이 너무 많아 이 일이 쉽지는 않을 것이다. 그래도 공동체는 나의 글쓰기 소명을 존중할 뿐만 아니라 보호와 후원도 아끼지 않을 것이다. 다섯째, 그러노라면 편지, 전화, 대담 등의 일이 수반될 것이다. 이 일에 코니 엘리스의 도움을 받을 수 있다는 게 축복이다.

 이야기를 나누면서, 이곳 생활이 결코 평탄하지만은 않을 것이나, 그렇다고 나 홀로 갈등하느라 낑낑대는 일은 없을 것이라고 느껴졌다. '앞으로 살아갈 일은 버거우면서도 복된 것이리라. 나는 부서지고 힘없는 이들이 사는 이곳으로 부름받았다. 이 부르심은 하나님과 하나님의 백성에게서 나온 것이다. 걱정일랑 버려두고 그냥 뛰어들리라. 그리고 내 마음 속에서 가장 열망하던 것을 발견하게 될 것이라고 믿으리라.'

또다시 어린 시절로
(5월 24일, 토요일)

아침에 읽을 복음서가 어떤 대목일지 궁금하였다. 종종 그날 말씀이 내가 알아야 할 모든 것을 들려 주고 있다는 느낌이 들 때가 많았다.

> 어린이들이 내게 오는 것을 허락하고, 막지 말아라. 하나님 나라는 이런 이들의 것이다. 내가 진정으로 너희에게 말한다. 누구든지 어린이와 같이 하나님 나라를 받아들이지 않는 사람은 거기에 들어가지 못할 것이다(마가복음 10장 14-15절).

어린이에게는 증거할 만한 것도, 보여 줄 만한 것도, 자랑할 만한 것도, 아무 것도 없다. 주는 사랑을 받아들이는 것이 전부다. 예수님께서 바라시는 것도 우리가 예수님의 그 사랑을 받아들이는 일이다. 우리가 예수님의 사랑을 허용하고 그저 누려주는 것 이외에 아무 것도 바라지 않으신다. 그래도 이 일이 매우 힘든 건, 늘 그 사랑을 받을 만한 자격을 갖추어야 한다는 우리 자신의 느낌 때문. 하지만 예수님께서 우리에게 사랑을 베푸시는 이유는 우리에게 받을 만한 자격이 있기 때문이 아니다. 예수님 자신이 우리의 노력과는 무관하게 우리를 사랑하기로 작정하셨기 때문이다. 따라서 우리 서로에 대한 사랑도 분에 넘치게 부여되는 이 '첫사랑'에서 흘러 나와야 한다.

예수님의 말씀을 묵상하다 보니, 내가 어린이들을 받아들일 뿐만 아니라 좀더 나아가 그들 가운데 하나가 되는 데 실로 막중한 도움을 줄 수 있는 게 다름 아닌 '새벽'임을 깨닫게 되었다. 장애우들은 어쩌면 나에게 제2의 유아기로 가는 길을 가르쳐 줄 수 있을지도 모른다. 실제로 그들은 나에게 하나님의 첫사랑을 보여 줄 능력이 있다. 장애우들한테는 세상에 보여 줄 만한 것이 아예 없거나 거의 없다. 그들에게는 신분도 없다. 명성도 없다. 영향력도 없다. 아니 영향력 있는 사람들과 맺은 연줄도 전혀 없다. 그들은 많은 것을 창조하지도, 생산하지도, 벌어 들이지도 못한다. 그런 그들이 믿어야 하는 것은 그들 스스로가 순수한 사랑을 빚을 수 있고 베풀 수 있다는 사실이다. 벌써부터 나는 나에 관하여 들어본 적도, 나 때문에 감동을 느껴본 적도 없는 이곳 사람들한테서 너무 많은 포옹과 입맞춤을 받았다. 그들이 제공하는 사랑, 그건 값없이 베푸는 사랑이요, 거리낌 없이 받아들여야 할 사랑이다.

나한테는 꿈이 있다. 갈수록 스스로에게 사랑받을 자격이 있음을 입증하려고 노심초사하는 이들에게 '새벽'이 하나님의 첫사랑을 보여주는 자리가 되었으면 하는 것. 장애우들이 하나님을 찾는 나그네들을 따뜻하게 환대할 수 있는 기도의 집이라면, 분명 하나님의 첫사랑을 실천하는 구체적인 사역의 통로도 될 수 있을 것이다.

새로운 가정

(5월 25일, 주일)

새로운 가정! 나는 '새 집'(New House)을 내 집으로 만들라는 초청을 받았다. 이곳은 레이먼드, 존, 빌, 트레버, 아담, 로즈 그리고 그들의 도우미인 디제이, 히더, 레지나의 집이다. 지금은 이번의 짧은 방문기간만 함께 지내고 있을 뿐이다. 그렇지만 8월에 다시 오면, 이곳을 영원히 내 집으로 삼고 이들과 함께 살아갈 것이다. 이곳은 정말 놀라운 가정이다. 로즈와 아담은 장애 정도가 아주 심하다. 끊임없이 관심을 가져야 하고 돌보아 주어야 한다. 이들은 말을 못한다. 혼자서는 걷지도 먹한다. 옷을 입고 벗지도 못한다. 그들이 살고 있는 세계는 도저히 범접할 수 없는 불가사이한 세계처럼 보인다. 옷입히고 씻어주고 먹이고 자리를 옮겨 주지 않으면 안 되는 그들……. 그들이 혼자 있을 수 있는 때는 언제련가! 그것은 곧히 잠들었을 때뿐이다.

로즈와 아담에 비하면, 레이먼드와 존과 빌과 트레버는 정말 독립적인 인간이나 다를 바 없다. 말도 많이 한다. 낮시간에는 작업장에도 나간다. 사소한 집안일도 도울 수 있다.

레이먼드를 다시 만나니 매우 기뻤다. 10월 사건에서 완전히 회복된 것 같았다. 아니, 훨씬 좋아 보였다. 내 기억은 하나도 남아 있지 않았다. 그러나 부모가 내 이야기를 많이 들려줘서인지 각별히 다정하게 맞아 주었다. 이내 친구가 되어, 많은 시간을 함께 보냈다.

이 집의 리더인 디제이는 매우 자상한 스물네 살짜리 캐나다사람이다. '새벽'의 가족을 보살피는 데 모든 시간과 정력을 쏟고 있다. 네브래스카 주 오마하 출신인 히더는 이 집에 있기로 한 기간이 다 차서, 몇 달 뒤에는 가족에게 돌아갈 아가씨다. 브라질에서 온 레지나는 얼마 안 있어 여동생이 합류하기로 되어 있다.

공동체 안에서 살아가는 게 결코 쉬울 것 같지는 않다. 하지만 이 가족과 이틀을 보내고 나니, 벌써부터 다시 돌아와 이들과 더 친하게 지내고 싶다는 느낌이다. 이 순간에 중요한 것은 오직 이것뿐!

22
대조와 선택

발코니에서

(5월 27일, 화요일, 캘리포니아, 버클리)

 '새벽' 도우미들과 모임을 끝낸 뒤, 우리는 함께 조용하고 경건한 성만찬예식을 베풀었다. 성만찬예식이 끝나고 곧바로 수 모스텔러가 운전하는 차를 타고 토론토 공항으로 가서 샌프란시스코행 비행기에 올라탔다. 친구 돈 맥네일을 찾아보기 위해서였다.

 돈 맥네일은 성십자가회 영성지도자다. 노트르담대학교 사회문제연구소 소장으로 재직 중이다. 우리는 내가 1966년에 교환교수로 노트르담에 갔을 때부터 가까운 친구가 되었다. 맥네일은 작년에 팔조직신경통이라는 일종의 근육질환에 걸려 신체운동에 심각한 제약을 받아왔다. 의사들에 따르면, 그가 기력을 완전히 회복하는 데는 최소한 2년 정도는 걸릴 것이라고 한다. 맥네일 자신도 자기가 병에 걸리기 전처럼 경쾌하고 날렵하게 움직이는 육체를 되찾을 수 있을지 상당히 의심하는 눈치다. 그는 현재 회복에 필요한 공간과 휴식이 가능한 버클리의 성십자가회 수도원에서 한 해를 보내고 있다. 내가 그와 함께 며칠을 보내기로 작정한 것은 인생의 시련기에 들어선 그에게 용기와 신념을 심어 주는 한편, 스무 해를 맞이한 우리의 우정을 기념하고 싶었기 때문이다.

 우리는 지금 버클리의 성십자가회 수도원 발코니에 앉아 있다. 이곳은 세상에서 가장 아름다운 장소 가운데 하나임이 틀림없다. 샌프란시스코 만이 눈앞에 펼쳐져 있다. 저 멀리 앨커트레즈 섬 등대가 보인다. 그 뒤로는 금문교가 윤곽을 드러내고 있다. 어둠이 만 일대를 내리덮자, 전경은 점점 별세계로 변하면서 물가에 둘러 사는 별천지 사람들의 이야기를 들려주기 시작한다. 발코니 위에는 깊은 정적이 감돈다―소음이 들리기에는 시내가 너무 멀리 떨어져 있다. 온화하고 부드러운 대기는 활짝 핀 꽃나무들에서 흘러 나오는 향기로 가득 차 있다.

'새벽'에서 분주한 하루를 보내다가 장시간 지루한 비행기 여행을 끝내고 친구와 함께 말없이 발코니에 앉아 광활한 바다와 불빛으로 달아오른 도시를 내려다보고 있노라니, 살아서 그 속의 일부가 될 수 있다는 사실이 그저 경이롭기만 하다.

감각과 영

(5월 28일, 수요일)

캘리포니아에 와 있으니 흥분이 인다. 그러나 그에 못지않게 초조하기도 하다. 이 세계가 내 안에 불러일으키고 있는 감정들을 어떻게 묘사해야 할지……. 상쾌한 기후, 우거진 정원, 미려한 초목과 화단, 만 위로 펼쳐진 아름다운 풍경, 도시, 섬, 다리……. 하나같이 찬양과 감사와 기쁨의 언어를 자아내게 한다. 그런가 하면 정말 수많은 차량들, 엄청난 교통난, 거대한 광고판, 사방에 빽빽이 올라서는 대형빌딩들, 매연, 소음, 핑핑 도는 속도감―이 모두가 나에게 단절감과 외로움과 적잖은 상실감을 느끼게 한다.

이 모든 것을 '감각적'이라는 말로 요약할 수 있으리라. 내 모든 감각들은 사뭇 부풀어 오르고 있다. 그러나 거기 가미된 토대나 역사나 영은 거의 없다고나 할까! 이런 세계에서 내 마음이 어떻게 자양분을 얻을 수 있을지 의심스럽기만 하다. 사람은 하나같이 누군가를 만나거나 어딘가 또는 어떤 일인가를 찾아가느라 정신없이 움직이고 있는 것 같다. 그런가 하면 변변한 집을 가진 사람은 아무도 없다. 가옥들은 한결같이 가건물처럼 보인다. 고작해야 몇십 년 갈까? 아니 백년쯤 버티고 나면, 십중팔구 그 자리에는 다른 어떤 것들이 들어설 것이다.

우리가 만나는 사람들은 매우 다정하고 태평하고 느긋하고 호의적이다. 그러나 막상 나는 그들과 만나서 어떻게 어울리고, 어떻게 이야기하고, 어떻게 기도드려야 좋을지 궁리하게 된다. 모든 것이 아주 개방적이고 표현적이고 새롭다. 그러나 정작 나 자신은 은밀하고 고요하고 옛스런 공간을 찾고 있으니……. 이곳은 사람들이 전통과 제약과 억압적인 역사에서 해방을 얻기 위하여 찾아오는 땅이다. 그러나 그 자유의 대가는 엄청나다—개인주의, 경쟁, 뿌리없음, 그리고 가끔은 외로움과 상실감. 무엇이든 통하고 어떤 것이든 허용되고 만사가 노력할 만한 가치를 지닐 때, 진정 거룩하고 고귀하고 깊이 존경할 만한 것은 하나도 남지 않는 법. 젊은 것, 대담한 것, 독창적인 것, 유동적인 것이 이상적일 수도 있다. 낡은 것은 새것으로 교체되어야 한다. 늙은 사람만 불쌍하기 마련이다.

몸이 중심적이다. 태양, 해변, 바다, 우거진 숲 모두가 온갖 감각을 두들겨 깨운다. 하지만 몸을 영혼의 성전으로 체험하는 건 쉽지 않다. 그리려면 각별한 영성지도기 뒤따라야 한다. 내면의 성소에 도달하여 하나님의 음성을 듣고 따르는 일이란 늘 밖으로 불려나가는 사람에게는 쉬운 일이 아니다. 캘리포니아가 다양한 정신수련법이 발굴되고 연구되고 수행되는 장소로 바뀌어 가고 있다는 것은 결코 놀라운 현상이 아니다. 이곳에는 수많은 명상 센터—불교, 그리스도교, 비종교—가 존재하고 있다. 그러니까 사람들은 감각적인 세상 한가운데서 스스로를 온전히 붙들어 줄 수 있는 내적인 닻을 찾아야 한다는 필요성을 갈수록 절실하게 느끼고 있는 것이다.

그래서인지 이 모든 것이 이곳에 있는 나를 상당히 압도해 온다. 꽤나 혼란스럽게 한다. 육체가 오만 가지 방법으로 흥청거리고 있는 세계에서 도대체 어떻게 예수님께 충실할 수 있단 말인가? 예수님은 우리가 예수님의 영으로 살아가도록 사람이 되어 우리와 함께 하신 하나님이시다. 그런데 태양으로 뒤덮인 이 감각적이고 전통없는 장소에서 이 진리를 어떻게 생활화할 수 있단 말인가? 라르쉬가 몸을 전혀 다른 방식으로 생각하도록 눈을 열어 주지 않았던들, 나는 분명 이런 의문을 떠올리지도 않았을 것이다. 몸이 중요하기는 라르쉬에서도 마찬가지다. 하지만 그 차이는 진정 엄청나다.

몸에 심한 고통을 느끼며 고투하고 있는 맥네일과 함께 지내면서, 라르쉬 공동체가 장애우들의 상처입은 몸을 중심으로 형성되고 있다는 장의 시각을 서로 나눌 수 있었다. 무척 기쁜 일이다. 스무 해 동안의 우정, 덧없는 주변 환경, 비교하면 할수록 한없이 길고 튼실해 보이는 우리의 우정, 이 우정이 맥네일과 나를 한데 묶고 있음을 실감한다.

카스트로 구역엔 죽음이

(5월 31일, 토요일, 샌프란시스코)

맥네일이 나를 샌프란시스코 카스트로 구역에 떨어뜨려 놓고 갔다. 내가 최근에 이곳으로 이사온 친구를 찾아보겠다고 했기 때문이다. 이 휘황찬란한 샌프란시스코의 게이 구역은 묘사할 낱말을 찾기가 힘들 정도다.

'게이'(*gay*)라는 말은 다소 완곡한 표현으로 보이기까지 한다. 그런데 이 말이 딱 들어맞는 곳이 있다. 바로 오늘의 카스트로다. 이곳에서는 날이면날마다 수많은 청년들이 에이즈로 죽어간다. 자신에게 에이즈 바이러스가 감염되지 않았나 불안해 하고 있는 이들도 수천 명에 달한다.

친구와 부산한 거리를 걸어가며 식당을 찾고 있는 동안에 존이 생각났다. 몇 년 전, 그가 이 구역을 구경시켜 주면서 이곳의 생활상을 이야기해 준 적이 있다. 당시만 해도 '게이'라는 말이 아주 생경하게 들리던 시절이었다. 존은 오래도록 끔찍이도 고생하다 죽었다. 그후로도 많은 이들이 그와 같은 단말마적 고통을 겪어야 하였다.

겉으로 보이는 풍요로운 부와 한없이 다양한 향락산업, 대형 광고판과 글자가 새겨진 티셔츠, 연하장과 온갖 종류의 자질구레한 놀이기구들이 즐비한 대형 상점들……. 그 이면에는 엄청난 두려움이 도사리고 있다. 두려움만이 아니다. 죄책감, 거부감, 분노, 숙명론, 무절제한 쾌락주의도 만연되어 있다. 그런가 하면 이 와중에서도 믿음과 희망과 사랑이 자리를 틀고 있다. 죽음과 맞대면하면서 하나님을 재발견하는 일이 생겨나고 있다.

카스트로 거리를 친구하고 걸었다. 수많은 사람들이 눈에 들어왔다. 서로 힐끔거리며 인도를 오가는 사람들, 상점 진열창을 들여다보는 사람들, 끼리끼리 모퉁이에서 서성거리는 사람들, 술집과 극장과 비디오 가게와 약국과 식당을 들락거리는 사람들……. 마치 모든 사람이 깊이 사랑해 주고, 온전히 받아주고, 진정 편안하게 해주는 그 무엇인가를 학수고대하고 있는 것처럼 보였다. 그럼에도 불구하고, 그들이 그토록 절실하게 찾고 그토록 절실하게 바라는 게 무엇인지 너무나 아리송해 보였다. 그래서인지, 심한 고통과 번민과 외로움이 많은 사람들 눈에 여실히 드러나 있었다. 많은 사람들이 영원한 고향이나 안정된 인간관계를 얻어내지 못한 데다 마침내 에이즈의 위협까지 겹쳐, 두려움이 극도로 만연된 상태였다.

하지만 에이즈는 두려움만이 아니라 굉장한 아량도 창출해 냈다. 많은 사람들이 서로를 정성껏 보살피고 있다. 엄청난 용기를 발휘하여 돕고 있다. 서로에게 한없는 성실과 확고한 사랑을 보여 주고 있다. 그러기에 두려움에 가득 차 있으면서도 종종 관대한 이곳 사람들에게 하나님의 사랑이 굉장히 필요하다고 느꼈다. 지금은 교회가 가난한 이들, 죄인들, 세리들, 소외받는 이들, 악령들린 이들을 비롯하여 사랑이 절실하게 필요한 이들 모두에게 그리스도의 사랑을 어느 때보다 성실하게 실천해야 할 때다.

길거리에서 수많은 게이들을 목격하면서 줄곧 예수님께서 베풀어 오신 커다란 위로를 생각하였다. 그분이 인류에게 보이신 것은 온전하고 한없는 하나님의 사랑이었다. 그리고 교회가 어려운 사람들 모두에게 드러내 보여야 할 것도 바로 이 사랑이다. 심판과 정죄와 격리가 아닌……. 동성애의 윤리성에 관한 수많은 열띤 논쟁은 그리스도교 공동체가 고통받는 동료 인간들에게 두려움 없이 손을 내미는 데 방해가 되지 않나 하는 생각이 들 때가 많다.

여러 가지 고무적인 노력들이 새롭게 시도되고 있는 것이 그나마 다행이다. 2월 2일에 영성지도자 로저 마호니가 에이즈 희생자들을 돕는 구체적인 단계들을 내보이면서, 남녀 그리스도인들의 전체적인 사역에 필요한 중요한 지침들을 발표하였다. 그는 여기에서 에이즈 희생자들을 위한 요양소를 설립하고, 그리스도를 믿는 게이들이 서로 도움으로써 '성경과 교회의 공식 가르침에 나타난 아버지의 뜻에 따라' 정결하게 생활할 수 있도록 이끄는 교육일정을 마련하라고 촉구하였다.

내 친구와 예수님에 관하여 많은 이야기를 나누었다. 헤어질 때 그가 이렇게 말하였다: "와주어서 기뻐요. 이 구역에는 그분의 이름을 언급하는 사람이 너무 적어요. 그분의 이름이 부정적인 점들을 너무도 많이 연상시키기 때문이지요. 그럼에도 불구하고, 그분은 여전히 가장 큰 희망의 원천이 되고 있어요."

그리스도의 몸

(6월 1일, 주일)

오늘은 코르푸스 크리스티(*Corpus Christi*), 곧 그리스도의 몸과 피를 기념하는 날이다. 에드워드 맬로이와 방문 중인 성십자가회 영성지도자 한 사람, 맥네일 그리고 나, 이렇게 넷이서 버클리에 있는 조그마한 성십자가회 교회에서 성만찬예식을 베풀었다. 그러면서 이 날의 중요성을 그 어느 때보다 더 절실하게 느꼈다. 맥네일의 동작을 아주 불편하게 만든 질병 때문에 본인뿐만 아니라 나까지도 사람의 몸이 아름답고 복잡하면서도 너무나 연약하다는 사실을 절감하였다.

어제, 육체적 쾌락을 아주 공공연히 탐닉하고 그 때문에 감수하는 육신의 고통도 말할 수 없이 지독한 카스트로 구역을 가본 덕분에, 내가 몸을 '지니고 있을' 뿐만 아니라 내가 곧 그 몸 '이다'는 것도 뼈저리게 느낄 수 있었다. 사람이 몸을 지니고 살아가는 방식, 서로 관계를 맺고 보살피고 운동하고 자기 몸과 타인의 몸을 이용하는 방식이야말로 당사자의 영성생활에 너무너무 중요하다.

그리스도교 신앙에서 가장 심오한 신비는 하나님이 몸을 취하고 우리에게 오셨으며, 몸을 지닌 채 우리와 함께 고난을 당하시고, 몸을 지닌 채 부활하시고, 그 몸을 우리에게 음식으로 주셨다는 것이다. 그리스도교만큼 몸을 중시하는 종교도 없다. 그리스도교는 몸을 원수나 영을 잡아 가둔 감옥으로 보지 않는다. 영이 깃든 성전으로 찬양한다. 예수님의 탄생과 삶과 죽음과 부활을 통하여 인간의 몸은 하나님이 지니신 생명의 일부분이 되었다. 우리의 허약한 몸은 그리스도의 살을 먹음으로써 부활하신 그리스도와 긴밀하게 결합된다. 그리하여 그분과 함께 신적 생명으로 부활할 채비를 갖춘다. 예수님께서는 이렇게 말씀하신다:

> 나는 하늘에서 내려온 살아 있는 빵이다. 이 빵을 먹는 사람은 누구나 영원히 살 것이다. 내가 줄 빵은 나의 살이다. 그것은 세상에 생명을 준다(요한복음 6장 51절).

나는 그리스도의 몸과 하나가 됨으로써 비로소 내 몸의 중요한 의미를 온전히 알게 된다. 내 몸은 쾌락과 고통을 감지하는 사멸할 도구보다 훨씬 더 소중하다. 이것은 하나님이 자신의 거룩한 영광을 온전히 드러내 보이고자 하시는 일종의 가정이다. 그리고 이 진리는 도덕 생활의 가장 깊은 토대가 된다. 몸의 남용은—심리적인 것이든(예컨대, 공포감 주입), 육체적인 것이든(예컨대, 고문), 경제적인 것이든 (예컨대, 착취), 아니면 성적인 것이든(예컨대, 동성애 쾌락추구) 간에— 몸을 지니고 하나님과 영원히 산다는 진정한 인간 목표에서 빗나가는 것이다. 그런가 하면 우리 몸과 다른 사람 몸을 사랑으로 돌보는 것은 진정으로 영성적인 행위다. 이것은 몸을 본디의 영광스러운 형태로 좀더 가까이 이끌어 주기 때문이다.

자신의 몸이 한없는 쾌락의 샘이나 끊임없는 고통의 진원지 정도밖에 되지 못하고 있는 이들에게 이런 기쁜 소식을 어떻게 전해야 할까? 그리스도의 몸과 피를 기념하는 날이 왜 생겨났을까? 그것은 우리가 몸의 신비를 온전히 이해하고 하나님과 누리는 부활 생명을 기대하면서 몸으로 기쁘게 그리고 품위있게 살아가는 길을 모색하도록 돕는 데 있지 않을까?

값비싼 모래판 씨름

(6월 2일, 월요일, 로스앤젤레스)

어제 맥네일과 작별인사를 나누고 로스앤젤레스로 날아 왔다. 동부로 돌아가기 전에, 친구 크리스 글레이저와 리처드 화이트를 만나 하루를 보내기 위해서였다.

크리스와 나눈 우정은 내가 예일대학교 신학대학원에서 강의를 하던 시절부터 시작된다. 그는 서할리우드장로교회에서 평신도 목회자로 여러 해 일해 왔다. 지금은 모든 시간을 저술에 할애하고 있다.

공항에서 크리스를 만났다. 그리고 고통과 갈등이 차고 넘치면서도 희망에 가득 차 있는 그의 최근작 〈진귀한 부르심: 교회에 봉사하고픈 어떤 게이의 몸부림〉(*Uncommon Calling: A Gay Man's Struggle to Serve the Church*)에 관하여 즐거운 마음으로 들었다. 그의 이야기는 언제 들어도 매우 정열적이다. 크리스는 비탄이 감사의 정을 몰아내는 것을 허용하지 않는 신심이 깊은 사람이다. 그는 오랜 세월 목회하면서 자신의 고충을 나와 함께 이야기하곤 하였다. 그의 최근작은 자신의 성욕을 자신의 신앙과 합치시키려는 그의 충실한 노력을 공적으로 입증하는 증언서다.

크리스의 친구 조지 린치와 함께 조용한 서할리우드 식당에서 멋진 저녁을 먹었다. 지난 몇 년 동안, 서로 살아온 이야기를 충분히 나눌 수 있었다.

오늘 아침, 크리스와 나는 리처드 화이트가 살고 있는 집으로 갔다. 리처드와 나는 1966년 멕시코의 쿠에르나바카에서 만난 이래 친구로 지내 왔다. 라틴 아메리카에 대한 공통된 관심이 우리를 한데 묶어주면서 우정이 싹트기 시작하여—격랑에 휘몰릴 때도 간간이 있었지만—줄곧 성장하고 강화되었다. 그런 리처드가 이번에는 느닷없이 영화산업에 매료된 듯한 기미를 보였다.

리처드의 친구로 로스앤젤레스의 영화제작자인 잭의 집에 여장을 풀었다. 그는 넉 달째 일을 못하고 있었다. 재정 형편이 아주 말이 아니었다. 집의 일부를 세주어 청구서들을 결재할까 생각하고 있었다. 그런데 지난주에 사정이 돌변하였다. NBC에서 그를 고용하여 올가을에 방영될 '아멘'이라는 이름의 현실 풍자극을 제작하게 한 것이다. 그 덕분에 잭은 많은 직원을 둔 멋진 사무실을 가지고 주당 2,700달러의 급료를 받게 되었다. 이 연속극이 성공을 거두기만 하면 그의 급료는 크게 오를 것이다. 만일 인기있는 제작자로 지리를 굳힐 경우, 몇 년 안에 백만장자도 될 판이다. 하지만 돈을 버는 것 못지않게 쓰기도 좋아하는 그라서, 일이 잘못되면 금방 집을 세놓게 될 것이다.

연속극 '아멘'은 흑인 일색의 교회와 회중을 마음대로 조종하는 포악한 한 집사가 벌이는 사기극들이 주축을 이룬다. 대본에는 사회문제와 윤리문제도 다소 포함된다. 그러나 텔레비전에서 다루는 전형적인 현실 풍자극이다.

지난 몇 달간 잭과 함께 살고 있는 내 친구 리처드 화이트는 잭의 작품을 '모래판 씨름'이라고 이름붙였다. 잭도 전적으로 동감이었다.

실제로 그는 200만 달러짜리 프로젝트를 가지고 씨름하고 있는 중이었다. 몇백만 시청자들에게 어느 정도 시원스런 폭소를 제공하는 대가로 큰 돈을 벌어들이기 위하여. 흥분에 들뜬 잭한테서 새로 얻은 직장과 앞으로 벌어들일 돈 이야기를 들었다. 그런데 이야기 전체가 천박할 정도로 피상적이라는 데 놀랐다. 잭 자신이 바로 우리 문화가 만들어 낸 역설, 바로 그것이었다.

그는 장 폴 사르트르를 읽으면서, 나치에 반기를 든 용감한 인물을 그린 자신의 훌륭한 영화 대본에 필요한 자금을 구하려고 안간힘을 쓰고 있다. 그런가 하면, 남아프리카의 인종차별정책을 주제로 하는 또 다른 대본에 손을 대고 있기도 하다. 그러면서 스스로를 할리우드 영화사들에 재능을 팔려고 애쓰는 '고용된 총잡이'라고 부르기도 한다. 그는 많은 영상 예술인들처럼 세상을 사진기 렌즈를 통하여 바라본다. 자신의 기술로 창조되는, 그러면서도 주제와는 거의 무관한 시각 효과에 매료되기도 한다. 잭, 내가 만난 잭은 바로 그런 사람이었다.

리처드는 함께 식사하면서 나에게 물었다: "이렇게 모래판 씨름이나 하는 친구들은 어디다 쓸지 모를 만큼 돈을 벌어들이는 데 반해서, 전쟁을 중단시키고 고문을 막고 사람들이 불의를 깨닫게 만들고 병자와 장애우들을 보살피려고 애쓰는 이들은 돈이라면 쩔쩔매기 마련이지. 도대체 그 이유가 뭐라고 생각하는가?"

이것은 구약의 예언자들과 시편기자들을 늘 괴롭혔던 물음이다. 오늘도 우리를 자나깨나 괴롭히고 있는 물음이다. 나로서는 "괜히 질투하지 말세. 하나님은 가난한 이들과 마음이 겸손한 이들을 사랑하시네. 그걸 알면 충분한 것 아닌가?"하고 대꾸하는 것이 고작이었다. 하지만 부러움과 답답함이 전혀 없는 것도 아니었다. 나는 알 수 있었다. 모래판 씨름이 잭한테 사실적인 것으로 다가오는 만큼이나 하나님이 나한테 사실적인 분이 되지 못하고 있음을……

비전과 할 일

(6월 11일, 수요일, 런던)

캘리포니아에서 파리로 오는 도중에 며칠을 런던에서 보내고 있다. 오늘 오후에는 피커딜리에 있는 세인트제임스 영국성공회의 영성지도자 도널드 리브스를 찾아보았다.

도널드 리브스는 재능이 많은 사람이다. 활동가, 관상가, 사회사업가, 예술가, 자상한 성직자, 휴식을 모르는 운동가, 신비가, 실용주의자……. 이 모든 수식어가 그에게 다 해당된다. 실제로 생명력 없는 도심지의 성공회 교회를 5년만에 생기에 찬 기도와 활동의 중심지로 바꾸어 놓았다.

사제관에 도착하자마자 이곳의 활력을 느낄 수 있었다. 불과 몇 분 안 되었는데 성직자, 유대인, 전과자, 예술인, 행정관료를 각각 한 사람씩 만났으니……. 도널드는 만나는 사람마다 나를 부추기는 찬사를 곁들여 가며 소개해 주었다. 이 사람들이 이곳에서 새로운 일들, 그들이 믿는 일들을 해내고 있음을 느낄 수 있었다.

이 교회는 묵상과 상담조언, 전시회, 연주회, 평화중재, 출판, 무료숙식이 이루어지는 곳이다. 이곳은 전통적인 그리스도교 신자나 교회로부터 소외감을 느끼는 사람도 차별 없이 받아들인다. 이곳은 은사를 받은 사람이든, 활동을 하는 사람이든, 그리스도인이든, 비그리스도인이든 똑같이 받아들인다. 믿어지지 않을 정도로 폭넓은 장소다.

도널드의 이야기에 귀를 기울이는 과정에서 깨달은 것이 있다. 그가 미국 내의 새로운 공동체, 특히 워싱턴 디시에 있는 '구세주교회'(*Church of Savior*)'와 '단기체류자 동아리'(*Sojourners' Fellowship*)에서 영향을 받았다는 사실이다. 그와 함께 있으면서 이리저리 거닐기만 해도 기분이 상쾌하였다. 강의, 영성수련, 저술, 대화, 토론 등 무엇이든 약속해 주고싶은 심정이었다. 그러나 돕고 싶다는 충동을 억제하고 그 대신 단순한 교류만을 청하였다. 이곳 교회와는 친구로서, 후원자로서, 여행의 동반자로서 관계하는 것이 무엇보다도 더 중요하다고 생각한다.

내가 떠날 때 도널드는 자신의 글 몇 편을 주었다. 교회를 위한 '10개년 계획안'. 그 겉표지에는 이렇게 쓰여 있었다:

> 할 일 없는 비전은 한낱 꿈이다.
> 비전 없이 하는 일은 정말 고역이다.
> 비전과 할 일은 세상의 희망이다.

피커딜리의 세인트제임스교회 정신을 이보다 더 훌륭하게 함축할 수 있는 말도 없을 것이다.

평화를 위한 영화제작

(6월 12일, 목요일)

온종일 바트 개비건과 퍼트리샤 비올을 만나 함께 보냈다. 두 사람은 반전주의자로 변신한 공군 군종장교 조지 자벨카에 관한 영화를 준비하고 있던 1985년 5월에 케임브리지로 나를 처음 찾아왔었다.

우리는 불과 몇 시간 만난 것뿐이지만, 서로 깊은 유대감을 맛보았다. 예수님께서 서로의 영성순례를 후원하도록 만남을 주선하셨음을 느낄 수 있었다. 우정이 장시간의 대화나 동일한 활동이나 상대방의 삶에 대한 깊은 지식에서 얻어지는 결실이 아닌, 하나님의 선물임을 그때처럼 강렬하게 느낀 경우도 없었다. 아무런 준비도 없이, 갑작스럽게. 바로 거기에 우정이 자리하고 있었다.

그 동안 우리는 편지로 접촉을 유지해 왔다. 그런데 어젯밤 다시 만나보니, 우리가 오랜 세월을 알아온 사이요 하나님 안에서 하나가 되어 있음을 느꼈다.

아침에 우리는 서로의 삶을 이야기하였다. 우리는 서로를 알려고 하기보다 오히려 하나님께서 우리의 마음을 어루만지시는 경이로운 방식들을 서로에게 증거하고 있었다.

우리는 본당에서 함께 성만찬예식을 거행하고, 런던의 한 식당에서 식사를 하였다. 그리고 소호 구역으로 향하였다. 그곳은 바트가 작업실을 빌려서 이제 최종 편집단계에 들어선 조지 자벨카에 관한 영화 〈마지못해 나선 예언자〉(The Reluctant Prophet)를 편집하고 있는 곳이었다. 나에게는 굉장한 경험이었다. 우리는 노점상들, 포르노 가게들, 고함지르는 사람들로 꽉 들어찬 구역을 걸어서 통과하였다. 온통 아수라장인 그 한가운데 바트의 필름편집실이 자리하고 있었다. 우리는 그곳에 앉아 히로시마에 원자탄을 투하하는 사람들을 축복해 주었던 성직자가 나중에 철저한 평화주의자로 변신하는 감동적인 기록영화의 첫부분을 관람하였다. 주위는 온통 음란하고 포악스런 소리들로 가득 차 있었다. 그 와중에 캄캄한 이층 작업실에 앉아서 평화실현에 관한 영화를 관람하고 있다니……. 놀랍기만 하였다.

바트는 여간해서는 보기 드문 영화 제작자다. 대부분의 영화 제작에서 사상 교류나 이상 전달이 이윤 추구에 철저히 종속당하는 모습을 발견한 그는 자신이 우선시하는 일들을 시도해 보기 위하여 그리스도교 공동체에 가입하였다. 그 후 많은 해가 지난 지금, 그는 예수님의 길을 따르는 데 필요한 영화를 제작할 채비가 되어 있었다. 결코 돈을 위한 영화가 아니었다. 이 탐욕적이고 포악스런 세계에서 스스로 부름받았다고 느끼는 일을 수행하려면 돈과 명성에 타격을 입을 각오를 해야 한다. 그럼에도 불구하고, 그는 의롭고 올바른 일을 밀고 나갈 작정같다. 그밖의 것들은 주어지리라 믿는 것같다. 바트에게 영화 제작은 하나의 사역이다.

며칠 사이에 로스앤젤레스에서 만난 영화 제작자와 전혀 다른 영화 제작자를 또다시 만나리라고는 꿈에도 생각하지 못하였다. 잭이 자니 카슨 프로덕션 산하의 화려한 사무실에서 하고 있는 일이나, 바트가 소호의 이층 필름편집실에서 하고 있는 일이나 똑같은 영화 제작이다. 그러나 이 둘은 전혀 다른 세계를 보여 주고 있다. 선택의 중요성을 다시 한번 절감하는 순간이다.

여행을 평가해 보니

(6월 23일, 월요일, 파리)

파리에 도착하니 브래드 올콧이 기다리고 있었다. 우리는 파리의 성직자 전용호텔 푸아예 사세르도탈로 갔다. 브래드가 그곳에다 내 방을 잡아 두고 있었다.

이렇게 해서 나는 다시 파리로 돌아왔다. 밝은 저녁해가 도시를 유쾌하고 정다운 모습으로 바꾸어 놓고 있었다. 브래드는 이곳을 '새 예루살렘'이라고 불렀다. 저녁을 먹으면서 5월 12일부터 시작한 여행에 대한 내 자신의 느낌을 드러내 보려고 애를 썼다. 이미 이야기했듯이, 세상을 돌아다니는 동안 나의 내적 여정에 따르는 기복들을 갈수록 분명히 느낄 수 있었다. 이제는 내가 충실했던 때와 그렇지 못했던 때를 분명하게 식별할 수 있었다.

예수님을 생각하고 예수님을 이야기하고 예수님과 친교 속에서 행동하는, 말하자면 예수님과 아주 긴밀하게 연결된 느낌을 받던 날들이 있었다. 그런가 하면 예수님께서 아주 멀리 계시는 것처럼 몹시 곤핍하고 소원하고 불안하고 초조한 기분에 젖은 날들도 있었다. 내가 하나님의 사랑을 큰 소리로 뚜렷하게 이야기하고, 사람들이 아주 관심있게 귀기울이던 날들이 있었다. 그렇지만 내 내면의 영성생활마저 내동댕이치고 하나님 생각은 털끝만큼도 하지 않은 채 멋진 인생을 즐기는 이들을 부러운 눈으로 쳐다보던 날들도 있었다.

중요한 것은 내가 이 두 가지 마음상태를 구분하고 언제 어떻게 이쪽에서 저쪽으로 옮겨가고 있는지를 간파할 수 있다는 사실이다. 이때 가장 중요한 기준은 기도다. 내가 날마다 마음 속 깊이 오랜 시간 기도드리고 있는 한, 올바른 곳에 자리잡고 신실한 길을 걷고 있는 셈이다. 그러나 피로와 심란함과 게으름 때문에 기도를 그냥 넘길 때

나는 이내 담장 너머의 세계로 밀려나가게 된다는 점을 알게 된다. 두 번째 기준은 깊고 진솔한 우정이다. 이제는 나를 예수님 곁에 붙잡아 매고 나에게 충실하라고 끊임없이 촉구하는 친구와 정기적으로 접촉하지 않으면 안 된다는 점을 알게 된 것이다.

브래드와 이야기하는 과정에서, 나 자신의 한계를 좀더 잘 알게 되었다. 이 한계들을 다루는 방법도 확실히 터득하게 되었음을 깨달았다.

소속감
(6월 24일, 화요일)

프랑스에 돌아오니 나라와 문화에 대하여 많은 생각을 하게 된다. 지난 몇 달 사이에 내가 돌아다닌 나라는 네덜란드, 독일, 캐나다, 미국, 영국이었다. 가는 나라마다 그곳 사람들과 그들이 살고 기도하고 노는 방식들을 심도있게 접했다.

그래서인지 어떤 문화가 가장 훌륭하고, 어디가 가장 행복하고 편안한지 평가해 보고 싶은 유혹을 강하게 느낀다. 그러나 이런 사고방식은 한없는 혼란만 가져올 뿐이다. 네덜란드사람, 독일사람, 프랑스사람, 미국사람, 캐나다사람은 저마다 독특한 방식으로 느끼고 생각하고 행동한다. 어느 것 하나 내 요구에 완전하게 부합되지 않는다. 반면에 모두가 나에게 줄 은혜의 선물을 지니고 있다.

내가 아는 사람 가운데는 어디에서도 진정한 만족을 얻지 못하고 있는 이들이 있다. 독일에 있을 때는 독일사람에게 불만을 느낀다. 미국에 있을 때는 미국사람에게 불만을 느낀다. 그리하여 어디가 가장 살기 좋은 곳일까를 끊임없이 생각한다. 혼자서 또는 가족을 데리고 이리저리 이주한다. 그러나 만족이 없다. 시종일관 어떤 사람이나 어떤 일에 불만을 갖는 이들이 있기 마련이다. 그런 이들은 독일 교회의 엄격성을 불평하고, 미국 교회의 경박성을 공박한다. 그들은 어느 한 곳에서도 진정 속뜻 그윽한 예배를 드리지 못할 가능성이 매우 짙다. 네덜란드사람들의 비판적 태도에도 불만, 프랑스사람들의 신비주의적 태도에도 불만, 미국사람들의 실용주의적 태도에도 불만, 영국사람들의 형식주의적 태도에도 불만……. 이왕 주어진 것을 즐기고, 있는 곳에서 온전히 살아가는 일이 매우 중요하다는 생각이 갈수록 또렷해진다. 우리는 어디에서나 삶에 관하여 많은 것을 배울 수 있다. 지금 있는 곳에서 온전히 살아가고 감사하는 정신을 부단히 키워 나갈 수도 있다. 네덜란드사람의 독립성, 프랑스사람의 영성적 비전, 미국사람의 구체성, 독일사람의 신학적 개념, 영국사람의 예식감각을 제대로 호평할 수만 있다면…….

한 나라나 문화에 소속되는 일이 우리에게 정말로 필요한 것일까? 날이 갈수록 거리가 좁아지고 있는 이 지구촌에서는 하나의 장소, 하나의 언어, 하나의 문화, 하나의 생활양식에 얽매이지 않아야 한다. 자신이 인류 가족의 일원임을 체험하고, 하나님께 귀속되어, 어디로 부르심을 받든 그곳에서 자유로울 수 있어야 한다. 너무나 잽싸게, 너무나 자주, 이곳저곳 옮겨 다니는 것은 영성적으로 좀더 훌륭하게 성장하는 데 바람직하지 않다. 우리가 우연히 존재하게 된 장소가 아니라, 바로 하나님께 자신의 뿌리를 내리는 일이 중요하다.

23
끝, 그리고 또 하나의 시작

신실

(6월 25일, 수요일, 트로슬리)

지난밤 트로슬리로 돌아왔다. 돌아온 느낌은 복잡미묘하였다. 한편으로는, 여섯 주일을 돌아다니다 집으로 돌아온 듯한 느낌이었다. 그런가 하면, 트로슬리가 진짜 내 집이 아니라는 깨달음도 있었다. 이곳 생활 주변에서 너무 오래 머물러 있었다. 사람들은 나에게 "안녕하십니까?" "잘 돌아오셨습니다."라고 했지만, 내가 자기 삶을 꾸리고 자기 일을 하는 나그네로 지내 왔음을 분명히 느낄 수 있었다.

나단은 자기 '쉼터'에서 할 일이 너무 많아, 오후가 되어서야 만날 수 있었다. 그와 다시 결합하고 그에게로 돌아와서 기뻐하는 모습을 보고싶어 기다리는 시간이 고통스럽고 좌절스러웠다. 그러나 마침내 그가 일손을 놓고 내 방으로 왔을 때는 축복의 시간을 나눌 수 있었다. 일종의 영성적 귀환보고 같은 자리였다.

"여행이 어땠습니까?" 하는 질문은 만난 사람과 겪은 사건에 대한 질문이 아니라 온갖 사람과 사건 속에서 생각과 말과 행동으로 줄곧 하나님께 신실했느냐 하는 질문이었다. 예수님께 매달리려는 몸부림 과정에서 있었던 갖가지 기복들을 나단에게 '고백하게' 되니 매우 좋았다. 이렇듯 몸부림이라는 시각에서 내 여행을 되돌아보니 고백할 것도 많고 감사드릴 것도 많았다. 물론 후회스러운 것도 많았다. 영성생활에서 보편성이란 별다른 도움이 되지 않는다. 따라서 구체적으로 특별히 신실했던 순간과 신실하지 못했던 순간을 정확히 짚어 내는 일이 매우 중요하다. 특별한 것들이 중요하다―실제적인 이야기가 거기서 나오기 때문이다. 이것이 실제적인 죄와 실제적인 은총을 드러내 보인다. 갱신에 이르는 실제적인 길도 가리킨다.

나단을 상대로 이 '고백'을 하고 나니, 유대감과 집에 돌아온 평안함을 한층 더 깊이 맛볼 수 있었다. 이곳에 머물 시간은 고작 두 주. 그 동안 기도하는 신실한 자세로 지낼 수 있었으면 한다.

영성적 피로
(6월 27일, 금요일)

오랜 여행 탓인지 내 기도 생활이 해를 입었다. 아침에 예수님과 그냥 자리를 함께 하면서 한 시간을 보내기가 무척이나 힘들어졌음을 알았다. 어떤 싫증이나 냉담도 체험한다. 여행을 떠나기 전에는 없었던 현상이다. 일종의 영성적 피로라 할까? 무엇을 느끼고 무엇을 생각하고 무엇을 바라는지 정확하게 알 수 없는 흐리멍텅한 상태다. 마치 조용한 물 위에 떠 있는 나무토막 같다고나 할까. 아무 것도 움직이는 것 같지 않다. 사물을 또다시 움직일 수 있는 방법마저 전혀 보이지 않는다. 몸이 피곤한 데도 단잠이 안 온다. 사람들과 이야기를 하면서도 긴밀한 유대감을 느끼지 못한다. 많은 일을 하지만……. 그렇다고 우울한 것도 아니다. 그저 텅비고 무감각할 뿐. 어쩌면 일시적인 '탈진'(*burnout*)일 수도 있다. 물론 그리 놀라진 않는다. 예수님과 접촉을 유지하려 애쓰고 있다. 지금 나에게 가장 큰 도움은 다른 이들과 함께 기도드리는 일. 아침저녁으로 친구들과 함께 기도를 드리는 일이 꽤 즐겁다. 나단이 함께 기도드려 줄 때면 그렇게 고마울 수가 없다. 나를 예수님 곁에 붙들어 두는 것은 친구들이다. 내가 할 일은 그저 그 사랑을 들이키고, 기도해 달라고 하는 것뿐이다.

베드로와 바울

(6월 29일, 주일)

오늘은 베드로와 바울을 생각하는 날이다. 이 위대한 두 사도를 같은 날 생각하는 이유가 늘 궁금하였다. 따로따로 날을 정하여 생각하기에는 부족하다는 것일까?

　영성지도자 토마가 설교에서 해답을 내보였다. 그는 두 사도를 서로 상반된 대립상대로 풀어낼 위험의 소지가 매우 많다는 것을 설명해 주었다. 교육받지 않은 소박한 어부 베드로, 그는 당시 신학논쟁에 대한 지식을 습득하기 어려웠다. 예수님께는 별다른 거리감이나 비판의식 없이 직접적이고 충동적인 형태로 반응하였다. 그런가 하면 가말리엘 문하생으로 고도의 교육을 받은 바울은 예리하고 지성적이고 진리에 대한 관심이 매우 큰 바리새인이다. 자기 생각에 중대한 오류를 범하고 있다고 판단되는 사람들을 박해하는 데 기꺼이 앞장선 사람이다. 교회는 베드로와 바울 두 사람이 닦아놓은 토대 위에 서 있다. 교회가 둘로 갈라져 있는 건 아니다. 두뇌보다 정서를 신뢰하는 소박한 이들을 위한 교회가 따로 있고, 현행 문제를 다루는 일에 기꺼이 뛰어드는 지성인들을 위한 교회가 따로 있는 게 아니다. 교회는 하나다. 베드로와 바울은 그 속에서 저마다 중요한 위치를 가지고 역할을 다하고 있는 것이다. 무비판적인 그리스도교 신앙은 '두뇌뿐인' 그리스도교 신앙에 못지 않게 위험하다. 실제 바울도 풍부한 감성을 지니고 있었다. 베드로도 격렬한 논쟁에 뛰어들곤 하였다. 교회 안에는 베드로를 비현실적으로, 바울을 지적으로 그리는 이들이 늘 있을 것이다. 그러므로 두 사도는 기념일만 아니라 신실한 삶을 살아가려고 하는 우리 자신의 인생행로 속에서도 늘 함께 해야 한다.

첫사랑을 신뢰하라

(7월 1일, 화요일)

오늘밤 영어권 사람들을 위해 마지막 화요예배를 집례했다. 아주 많은 사람이 찾아왔다. 조용하면서도 기쁨에 찬 축제정신이 감돌았다.

트로슬리로 '돌아오는' 것은 결코 쉽지 않았다. 오랜 여행을 끝내고 돌아온 나를 사람들이 진심으로 환영해 주었으면 했다. 그러나 수많은 사람이 오고가는 속에서 공동체의 평생가족들은 대체로 모든 사람의 요구에 일일이 신경쓸 겨를이 없다. 여기에서 내가 배운 것이 있다. 한없는 하나님의 사랑이 하나님 백성의 한정된 사랑을 통하여 드러나는 경우가 많다는 사실. 이것이 구체적으로 의미하는 것은 무엇일까? 일그러지고 죄많은 우리 백성이 날이면 날마다 고백하고 용서하는 가운데 스스로는 실현할 수 없는 어떤 사랑을 드러내 보여야 한다는 것 아닐까? 우리는 서로가 서로에게 하나님 노릇을 해줄 수 없다. 그래서 채워지지 않는 갈증을 끊임없이 고백하고 끊임없이 서로 용서하지 않으면, 자칫 회한과 분노로 번질 수 있는 실망과 환멸의 순간들을 계속 맞게 될 것이다. 그러기에 고백과 용서의 공동체는 사람들을 예수님 곁에 붙들어 둘 수 있다. 바로 그 예수님이 우리에게 하나되어 자신의 거룩한 사랑을 널리 알리라고 부르시고 있다.

오늘 성만찬예식은 나 자신의 갈등을 토로하고, 다른 이들도 스스로의 갈등을 느끼도록 도와주는 기회가 되었다. 주변을 둘러보았다. 최소한 여섯 나라에서 모였다. 서로를 피상적으로밖에 알지 못하나, 그리스도의 말씀과 살과 피를 중심으로 모인다. 그래서 한없고 무조건적인 사랑, 곧 하나님의 '첫사랑'을 서로에게 드러낼 수 있는 응집력이 매우 강한 공동체가 되고 있다. 이 신비가 그저 놀랍기만 하였다. 이 사랑의 치유효과가 내 마음 속에서 느껴지기 시작하였다.

벽 없는 감방에서

(7월 3일, 목요일)

정말 대단한 날이었다. 수많은 사람이 자신의 고통과 두려움을 털어

놓고 상담을 받기 위하여 찾아왔다. 토해 내는 외로움, 거절감, 죄책감, 수치감들을 깊이 들어 주었다. 인간이 느낄 수 있는 고립감이 끔찍스럽기만 하였다. 고통도 서로 비슷하다. 갈등도 비슷비슷하다. 같은 인간이기에. 그러면서도 우리는 마치 사람을 마비시키는 고통을 혼자서만 당하고 있는 것마냥 살아간다. 많은 경우……. 하루를 보내면서, 문득 오늘 상담한 사람들 모두를 한 자리에 모아 놓고 싶다는 생각이 들었다. 자신의 이야기를 서로 주고받음으로써 그들이 참으로 많은 것을 공유하고 있다는 걸 깨닫게 해주고 싶었다. 서로 위로와 평화의 샘이 되어 주라고 부탁하고 싶었다.

가장 절실한 느낌을 서로 감추고 사는 이유는 무엇일까? 우리는 몹시 고달프다. 하지만, 한편으로는 서로를 치유할 수 있는 엄청난 은사들을 부여받고 있다. 우리가 고통을 감춤으로써 치유 능력도 덮어 두고 있다는 것은 도무지 이해가 안 간다. 이곳처럼 정겹고 자상한 공동체에서조차 필요 이상으로 존재하는 것이 있다. 그것이 외로움이다. 우리는 서로 고백하고 서로 용서하도록, 그래서 하나님의 풍성하신 자비를 발견하도록 부름받았다. 그런가 하면, 이미 받은 상처보다 더 많은 상처를 받을까봐 전전긍긍하는 것이 우리다. 바로 이 두려움이 우리를 그야말로 벽도 없는 감방 속 죄수로 만들어 버린다. 예수님께서 선포하신 사랑의 메시지가 얼마나 진보적인 것인가를 하루가 다르게 깊이 깨닫고 있다.

충만한 은혜의 해

(7월 6일, 주일)

작별의 날. 트로슬리 시절이 끝나 간다. 화요일이면 벨기에로 가서 영성지도자 다니엘스를 만날 것이다. 수요일과 목요일에는 네덜란드에서 아버지와 형제자매들에게 작별인사를 나눌 것이다. 그리고 금요일에는 보스턴으로 돌아가고 있을 것이다.

지난 며칠 동안, 라르쉬에서 보낸 시간들을 평가해 보려 애썼다. 과연 가치있는 세월이었을까? 계획했던 것만큼 많은 글을 쓰지는 못하였다. 희망했던 만큼 많은 기도도 못 드렸다. 바랬던 만큼 프랑스어를 제대로 배우지도 못하였다. 원했던 만큼 장애우들과 친하게 지내지도 못하였다. 그럼에도 불구하고, 은혜로 가득 찬 한 해였다.

첫번째 은혜는 유럽과 접촉을 다시 한 것이다. 프랑스, 독일, 벨기에, 네덜란드, 영국에서 보낸 시간은 나의 뿌리와 강한 유대감을 느끼게 해주었다. 아울러 내가 소속되어 있는 공동체의 영성 전통을 좀 더 깊이 이해하는 데 도움을 주었다. 지금은 유럽에 사는 수많은 동시대인들의 마음과 정신을 형성시켜 온 하나님의 영의 거대한 움직임을 훨씬 가까이에서 느끼게 되었다. 또 그들의 영성적 관행이야말로 내 사역의 주요 원천이라고 믿게 되었다.

두번째 은혜는 친구들이다. 이 한 해, 붙이고 싶은 이름이 있다. 이름하여 '우정의 해'. 그 동안 나는 새로운 친구들을 사귀고 옛 우정들을 다지는 데 많은 시간을 들여왔다. 그 동안 일하는 시간은 너무 적게 잡고 너무도 많은 시간을 '그저 이야기하며' 보내 버렸다는 죄책감도 간간이 들곤 했다. 하지만 지금은 안다. 그 동안 형성된 수많은 연결고리들이 신비로운 사랑의 망을 구축함으로써, 내가 새로운 정열로 하나님의 첫사랑을 이야기할 수 있게 되었다는 것을. 뿐만 아니라 이 첫사랑을 우리에게 보여 주려고 오신 예수님을 한층 더 간단하고 진솔하고 명확하게 섬길 수 있게 되었다는 것을. 미국에서 이곳으로 와서 나를 만나고 라르쉬를 발견한 많은 옛 친구들. 그간 사귄 새 친구들은 하나님이 사람이 되셨고, 하나님 사랑은 그 백성의 애정을 통하여 감촉될 수 있음을 진정으로 보여주었다.

올해를 생각하면, 정말 감사하다. 나단과 나눈 우정, 그리고 둘이서 기쁨과 아픔을 함께 나눈 기나긴 시간들. 내가 트로슬리에 온 건 이 우정을 위함이 아니었나 하는 생각이 자주 든다. '새벽'에서는 무슨 일이 있더라도 외로움 때문에 몸서리치지는 않을 것이다. 나단이 함께 있기에. 약속에 신실하도록 지켜줄 것이기에…….

올해를 생각하면, 장 바니에, 바니에의 어머니, 시몬, 바르바라, 테레즈-모니크, 장 루이, 피터 가족과 나눈 우정도 생각하지 않을 수 없다. 오늘 오후에는 장 루이가 우리 모두를 자신의 '쉼터' 라 비뉴로 초청하였다. 거기서 나는 성만찬예식을 집례하였다. 친절한 말들이 오가는 환송모임. 즐거운 저녁식사. 나에게 보여준 애정이 감격스럽다. 이것을 하나님의 넓으신 사랑 표현으로 받아들이려고 애썼다. 또 내가 라르쉬로 부름받고 있다는 확증으로 받아들이고 싶었다.

세번째 은혜는 장애우들과 갖기 시작한 좀더 깊은 접촉이다. 성만찬예식에서 르 쉬르종 사람 제라르와 미셸을 비롯하여 라 비뉴 사람들 모두를 바라보았다. 그 존재를 피부로 느낄 수 있었다. 감사의 정이 솟구쳐 올랐다. 제라르가 조용한 미소로 휠체어에서 손을 내밀어 내 뺨을 만졌다. 그 어떤 말로도 형용하지 못하는 것들. 내면세계에서 빚어지는 삶의 실타래를 말로 표현할 줄도 모르는 제라르. "사랑해요!"라는 말조차 못하는 제라르. 그러나 그 속에서도 하나님의 무조건적 사랑에 대하여 오직 그만이 할 수 있는 이야기가 있었다. 그 이야기를 들려준 사람이 바로 제라르였다. 미셸은 언제나처럼 마비된 손가락으로 양볼을 가리키며 나에게 적어도 두 번 이상 입맞춤해 달라는 의사를 분명히 밝혔다. 라 비뉴 사람들도 자신들 나름의 방법으로—흔히 익살스럽게—나에게 따뜻한 정을 전하였다.

나는 안다. 장애우들의 세계가 나한테는 여전히 미지의 세계라는 것을. 지난 한해 동안, '쉼터'에서 생활하지 않고 다소 이방인처럼 지내 왔다. 그런데도 이 한 해는 새 세계에 첫발을 들여놓고 훨씬 더 헌신적인 '새벽' 생활을 희망할 수 있도록 도와주었다. 이 한 해를 통하여 누린 모든 것에 감사한다. 아무쪼록 이 모든 게 기억에 남아, 시련을 당할 때 희망의 샘이 되어 주었으면 하고 두 손을 모아 본다.

슬픔과 기쁨이 하나되는 곳에

(7월 8일, 화요일)

오전 7시, 바니에 부인의 거실에서 성만찬예식을 집례하였다. 바니에 부인은 자신의 커다란 의자에 앉았다. 그리고 바르바라와 시몬, 나단, 크리스틴, 장 루이, 제프, 미샤가 그녀를 에워싸고 있었다.

성만찬예식이 끝나자, 장 루이는 나를 오랫동안 포옹하면서 눈물을 줄줄 흘렸다. 이렇게도 고마울 수가! 그가 흘린 많은 눈물은 그가 나에게 줄 수 있는 최고의 선물이었다. 이제까지 내 어머니를 제외하고는 나를 위하여 울어준 사람을 본 적이 없다. 장 루이는 그저 나를 위하여 울어 주었다. 그는 내가 주일에 준 모자와 목도리를 착용하고 있었다. 그를 팔에 안고 눈동자를 들여다보았다. 가슴뭉클한 친교감을 맛보았다. 슬픔과 기쁨이 동시에 느껴졌다. 두 사람의 친구가 우정의 아픔과 기쁨을 마음 속 깊이 느끼고 있었던 것이다.

바니에 부인에게 그 동안 썼던 소중한 것들을 주었다. 성구집도, 예식서도, 성만찬 잔과 접시도. 세상에는 끝나가는 것이 있는가 하면, 지속되는 것도 있다. 그녀가 이 사실을 알아 주었으면……. 불과 11달 전이었는데. 바니에 부인이 처음 레 마로니에로 초청하여 따뜻하게 대해 주던 일. 그 뒤로도 우리는 여러 번 그녀 거실에서 성만찬예식을 베풀었다. 그 사이, 유대가 형성되고 강화되었다. 언제까지고 지속될! 그런데 떠나려는 지금, 우리 이별을 유난히 힘들게 하는 것도 이 유대다. 그래도 가려는 나라가 그녀의 고국인 캐나다 아닌가! 내가 합류하려는 곳이 그녀 친구들이 많이 사는 '새벽' 공동체라는 게 우리 아픔을 많이 누그러뜨렸다. "거기 가면 쉽지 않을 거예요. 쉽지 않을 거라구요. 그치만 아주 잘 해내실 거예요."

진짜로 기뻤다. 사실, 그녀가 가장 가주었으면 하는 곳으로 가지 않는가! 우리는 포옹을 하였다. 그 따스한 가슴 속에서 깊은 감사를 느꼈다. 그녀가 마련해 주었던 이 집! 그리고 너무너무 기뻤다. 바로 이 집에서 예수님의 부르심을 너무도 명확히 들을 수 있었기에.

"나를 따르라! 새로운 곳으로!"

나오는 말

　이 일기 끝부분을 쓴 뒤로 한 해가 훌쩍 넘어가 버렸습니다. 그 동안 많은 일들이 있었지요. 그래서 앞의 글에 실린 관찰이나 성찰들이 그 뒤의 이야기를 듣지 않으면 상당히 모호하겠다는 느낌이 들었습니다.
　지난 8월 말, 캐나다의 라르쉬 공동체 '새벽'으로 왔습니다. 뉴 하우스에 짐을 풀었지요. 여섯 사람의 장애우들—로즈, 아담, 빌, 존, 트레버, 레이먼드—과 도우미들로부터 따뜻한 환영을 받았습니다. 내가 맨 처음 부탁받은 일 가운데 하나는 아침마다 아담을 돕는 일이었습니다. 아담은 스물다섯 살짜리 청년인데, 말을 못합니다. 그에게는 표현할 능력도 없습니다. 자기에게 주는 음식을 좋아하는지 싫어하는지, 상대가 자기를 불쾌하게 만드는지 아닌지, 어떤 것을 원하는지 원하지 않는지……. 미소를 짓는 일도 거의 없습니다. 심지어 상대를 알아보는지조차 확인할 길이 없습니다. 생활에 기본이 되는—옷을 입고, 벗고, 걷고, 먹고, 화장실 가는—일 모두를 세세히 돌보아 주어야 합니다. 날마다 발작을 일으킵니다. 그때마다 기운이 빠질 대로 빠집니다. 그래서 남들보다 몇 시간을 더 자야 그 기력을 회복할 수 있습니다.
　처음에 나는 아담과 함께 있는 게 두려웠습니다. 아담의 몸이 너무 허약한데다, 내가 뭔가 잘못하고 있지 않나 늘 불안이 떠나지 않았기 때문입니다. 그러나 점점 이 낯선 친구를 알아 가게 되었습니다. 그리고 사랑하게 되었지요. 그에게 목욕을 시키고, 이를 닦아 주고, 머리를 빗겨 주고, 아침밥을 먹여 주고, 내 말을 몽땅 알아듣기나 하는 것처럼 이야기를 건넸습니다. 그러다 보니, 내가 부드럽고 자상해지는 느낌이 들었습니다. 두려움도 점점 사라져 갔습니다. 며칠이라도 떨어져 있을라치면, 마냥 보고 싶어졌습니다. 집에 오면 곧장 그에게 달려갔지요. 마주 앉아 코를 문지르고 얼굴을 어루만지고 손가락 장난을 하면서 재미있게 지냈습니다. 이렇게 한 낯선 사람이 친구가 되어 갔습니다.

집안의 다른 장애우들과도 우정이 싹텄습니다. 빌이 나를 껴안았습니다. 존은 음료수를 마시자고 내 손을 끌고 나갔습니다. 트레버는 나에게 꽃을 가져왔습니다. 레이먼드는 나를 끌고 가서 새로 장식한 자신의 방을 보여주곤 하였습니다. 아담 못지않게 장애 정도가 심한 로즈도 자진해서 아주아주 아름다운 미소를 지어 보였습니다. 그렇다고 이 상처입은 이들에게서 늘 평화만 맛본 것은 아니었지요. 그들의 포옹, 내미는 음료수, 꽃다발, 짓는 미소 이면에는 너무도 짙은 아픔과 거절감이 배어 있었습니다. 그럼에도 불구하고, 그들이 베푸는 것은 값없이 베푸는 것들이었습니다. 애정어린 마음으로 깊은 유대를 형성시키기엔 그것만으로도 충분하였습니다.

그러나 이러한 유대가 형성되기까지는 커다란 대가를 치러야 했습니다. 나 자신의 결함들을 대면하는 것이 그것입니다. 나에게 결함들이 존재한다는 사실은 늘 알고 있었지요. 그러나 막상 그것들을 눈앞에 떠올리는 일은 언제나 어려웠습니다. 하지만 자신의 결함을 숨기지 못하는 이들은 도우미 자신이 결함을 숨기는 일도 허용하지 않았습니다. 처음 몇 달간, 공동체의 리더와 장기 체류자들이 우리집의 도우미들과 함께 나에게 많은 후원과 지도를 해주었습니다. 그들은 장애우들과 함께 하는 생활에는 철저한 자기 대면이 요구된다는 사실을 몸소 체험을 통하여 알고 있었습니다. 그래서 내가 두려움과 불안에 시달리며 생활하는 동안, 놀라운 인내심을 가지고 꾸준히 돌보아 주었습니다.

"나는 처음에는 내가 여러분을 도와 장애우를 보살피러 왔다고 생각했습니다. 그런데 지금은 여러분이 장애우 한 사람을 더 받아 주었다는 느낌이 듭니다."내가 언젠가 그들에게 했던 말입니다. 내 자신의 결함들을 대면하는 일이야말로 정말 가장 힘겨운 고투였습니다. 무엇보다도 나는 내가 열여덟 살 이래로 가정 생활을 해본 적이 없다는 사실부터 시인해야 하였습니다. 그런 내가 맞닥뜨린 것은 실로 엄청난 일들이었지요. 시장 보기, 의사지시 이행하기, 책 정리하기, 물건 운반하기, 해도해도 끝없는 보수작업, 넓은 집안 청소하기, 어마어마한 분량의 식사 준비하기, 셀 수 없이 많은 접시들 씻기, 산더미 같은 세탁물 빨아대기……. 모든 것을 남들이 처리해 주는 학교에서 37년을 보내고 난 지금, 가정 생활을 하다 보니 나에게는 아주 일상적인 일마저 처리할 능력이 없음을 알게 되었습니다. 열한 사람분의 식사를 준비하는 일은 나를 아예 공포로 몰아 넣었습니다. 한쪽만을 익히는 달걀요리를 제외하고는, 팬케이크든 오믈렛이든 프렌치토스트든 와플이든, 아침식사에 필요한 모든 게 나를 엄청난 혼란에 빠뜨리곤 하였습니다.

　책을 쓰고 강의하는 일은 정말 후다닥 오를 수 있는 언덕쯤이랄까? 일상 생활의 복잡다단한 일들은 그야말로 험준산령이었습니다. 우리 가운데 몇몇은 장애우고, 그 나머지는 모두 장애우가 아니라는 생각은 내 머리에서 금새 사라져 버렸습니다. 이상할 것도 없었습니다. 정상적인 생활에서 보면, 나의 결함들이 너무도 뚜렷하게 부각되었습니다. 도움의 손길은 물론, 동정의 표시나 이해한다는 미소마저도 그렇게 고마울 수가 없었지요. 장애우와 도우미 사이에도 참된 우정이 가능합니다. 부엌일같이 지극히 현실적인 일들이 아니었다면, 나는 이 사실을 아직도 체험하지 못했을 것입니다. 내 결함이 여기에서 통로 구실을 하였습니다.

　그러나 이것은 훨씬 더 깊은 갈등의 껍데기일 뿐이었습니다. '새벽' 공동체 속으로 좀더 온전하게 파고들면서 새롭고 지속적인 관계를 창조하고자 하면 할수록, 친밀함이 가져다 주는 온갖 스트레스들을 대면하게 되었습니다. 우정과 튼실한 소속감이 필요했습니다. 그래서 라르쉬로 이끌려 온 것입니다. 하지만 이 공동체의 핵심을 이루는 장애우들은 친교가 돈독한 장소에서도 심하게 상처받는 경우가 많습니다. 그들은 쉽게 느낍니다. 자기를 배척한다는 느낌, 싫어한다는 느낌, 한쪽으로 제쳐놓는다는 느낌, 무시당한다는 느낌 들을……. 그들은 우정과 돌봄과 후원과 애정의 손길을 뻗치는 이들에게 아주 민감하게 반응합니다. 거기에는 늘 의문이 따릅니다: 이게 진짜일까? 언제까지 이게 지속될까? 이것을 믿어도 될까? 이러한 맥락 속에서 친밀한 관계를 맺으려는 내 고뇌가 고스란히 폭로되는 것은 결코 놀라운 일이 아닙니다.

두 주일 동안 자리를 비운 적이 있는데, 장애우들 가운데 한 명이 나에게 '안녕!'이라는 말조차 하지 않으려 하였습니다. 지금도 그 사실이 기억에 생생합니다. 내가 따뜻한 환대를 바라고 있을 때, 그는 내가 정말로 자기 삶의 한 부분으로 녹아들 작정인지 그 여부를 확인하지 못하고 있었던 것입니다. 그러니까 우리의 암울한 두려움들은 서로 스치면서 엄청난 고뇌를 우리 모두에게 쏟아부은 것입니다. 그는 마치 이렇게 말하고 있는 것 같았습니다: "당신이 돌아와도 관심 없어요. 당신이 주는 선물도 필요 없고요. 필요한 것은 충분히 있으니, 날 귀찮게 하지 말라구요. 난 지금 바쁘다고요……." 그 결과, 사랑받지 못한다는 나 자신의 깊은 두려움이 표면으로 드러났습니다. 당혹스럽게도 나는 바락바락 나뒹굴며 울부짖고 있었습니다. 거절당했다고 느끼는 어린아이처럼.

내 자신의 상처 입은 정서를 들여다보도록 문을 열어 준 것이 있습니다. 다름 아니라 내 집에 함께 사는 장애우들의 정서적인 상처들이었습니다. 그래서 나는 금방 나 자신에게 묻고 있었습니다: '나는 정말로 이 사람들을 돌보고 있는가? 나는 진실로 이 사람들을 내 삶의 중심축으로 삼으려 하는가? 내가 그들에게 "사랑해!"라고 말할 때, 그것이 진정 의미하는 것은 무엇인가? 나는 진실로 어느 정도나 충실히 하고 있는가? 나에게는 과연 지속적인 관계를 유지할 능력이 있는가? 아니면……이 부서진 사람들에 대한 나의 관심이라는 것이 나 스

스로에게 좀더 좋은 기분을 느끼기 위한 방편에 불과한 것인가?'

뒤집어 보지 않은 돌멩이가 거의 없었습니다. 돌봄, 자비, 이웃 사랑, 약속, 헌신, 신실……. 이런 개념들을 마음과 머리 속에서 이리 저리 뒤집어 보았습니다. 수년간 세워놓은 영성적 건물이 종이로 만들어져 금방이라도 화염에 휩싸이고 말 것같은 느낌이 들기까지 하였습니다. 남녀 장애우들과 도우미들은 내가 아주 비참한 방법으로 내 스스로를 들여다보도록 강요하였습니다. 그래서 내 발이 단단한 땅바닥을 딛고 서 있는지조차 의심스러울 때도 있었습니다. 그럼에도 불구하고, 나는 여전히 이런 갈등에서 빠져 나오지 못하고 있습니다. 이 사실에 직면하면 더없이 초라해진 듯한 느낌이 들곤 합니다. 내가 일상 생활에 필요한 일들에도 몹시 서툴다는 사실을 아는 것만도 매우 곤혹스럽습니다. 대부분 베풀 것밖에 없다고 생각한 바로 그곳에서, 더없이 나약하고 볼품없는 것이 다름 아닌 나라니! 정말 고통스럽습니다.

그러나 이런 갈등마저 가장 괴로운 것은 아니었습니다. 정말로 나를 무릎꿇게 만든 것이 있습니다. 그것은 집안일을 처리하는 솜씨나 참된 헌신마저 뛰어넘는 곳에 있었습니다. 가장 근본적인 도전은 이런 물음 때문이었습니다: '너는 정말 예수님만으로 충분하니? 아니면 너에게 가치의식을 부여해 줄 다른 것들을 찾아 헤매고 있니?' 과거에 누군가가 나에게 "삶의 중심축이 누구이십니까?"라고 물었다면, 나는 별 주저함이 없이 "자신을 따르라고 부르시는 예수님이십니다."라고 대답했을 것입니다. 그러나 이제는 그렇게 쉽사리 말할 수가 없게 되었습니다. 한 신앙 공동체의 온전한 구성원이 되려는 몸부림이란 도중에 마주치는 수많은 우상을 물리치고 거듭거듭 예수님을, 오직 예수님만을 선택하려는 몸부림임이 입증되었기 때문입니다. 공동체 생활을 선택하는 일과 예수님을 선택하는 일이 나에게는 갈수록 같은 선택, 곧 동전의 양면으로 보이기 시작합니다. 나의 가장 처절한 결함이 그 모습을 드러낸 곳도 바로 여기였습니다.

'새벽'에 올 때, 혼자 오지는 않았지요. 트로슬리에서 자양분이 될 만한 깊디깊은 우정을 맺어 온 나단과 함께 왔습니다. 나는 이곳의 사역자가 되려고 왔고, 나단은 토론토에서 신학을 공부하면서 시간제 도우미로 섬기려고 왔습니다. 나는 새로운 공동체 생활에 접근하면서 나단과 맺은 우정이야말로 온갖 변화와 변천의 와중에서도 안전할 것이라고 생각하고 있었습니다. 그래서인지 내 스스로도 '그래, 무슨 일이 일어나더라도 나한테는 적어도 어려운 순간에 의지하고 후원받고 위로를 구할 수 있는 친구가 있잖아!'라고 자위하고 있었습니다. 어떻게 보면, 나는 나단을 내 정서 안정의 구심축으로 삼고 공동체 생활을 능히 해낼 수 있다고 장담하고 있었던 것입니다.

그런데 이렇게 나단을 의지하다 보니, 공동체를 진정한 내 생활의 중심축으로 삼지 못하는 결과를 낳게 되었습니다. 무의식 중에, 나는 나 자신에게 이렇게 소곤거리고 있었습니다: '나에게는 이미 가정이 있어. 따라서 또 다른 가정이 꼭 필요한 것은 아니야!' 그러나 공동체 생활에 좀더 깊숙이 파고들면서, 나는 예수님을 전적으로 따르라는 부르심이 서로를 키워 주는 독보적인 우정보다 공동체 생활 속에서 인도하시는 하나님의 손길을 찾도록 요구하고 있음을 점점 깨닫게 되었습니다.

이 사실을 발견하고, 내 내면세계의 고통은 정말 견디기 힘들었습니다. 벼랑끝 절망으로 내쳐지는 것만 같았습니다. 내가 받아들여지고 있다는 느낌을 알아채는 방식 자체를 철저히 바꾸지 않으면 안 되었습니다. 그렇게 되기 위해서는 내 인간성이 달라져야 할 필요가 있다고 생각될 정도였습니다. '새벽'으로부터 공동체 성직자로 함께 일하자는 부름을 받았을 때, 나는 "예!" 했었습니다. 그런데 내가 그 때 미처 모르는 게 있었습니다. 바로 그 "그러지요!"라는 말 속에 매우 고통스러운 말, "안 돼!"가 수없이 내포되어 있다는 사실을……. "안 돼!" 네가 함께 살고 싶은 사람들을 선택해서는 "안 돼!" 네가 아주 친하게 느끼는 사람들과 고상한 시간을 가져서도 "안 돼!" 스스로 고독을 제한해서도 "안 돼!" 서로를 받쳐 주는 나단과의 아름다운 우정을 네 삶의 중심축으로 삼아서도 "안 돼!"

오랜 세월을 대학교수로 살아온 나! 독립적이고 개인화된 생활! 그때문에 예수님을 따른다는 측면에서는 확실히 준비가 안 되어 있었습니다. 그래서 나에게 다가온 것은 이차적인 외로움이었습니다. 공동체 안에서 예수님과 함께 겪는 외로움! 나는 이 이차적인 외로움이 육체적·정서적 고립에서 오는 외로움보다 훨씬, 훨씬 더 견디기 힘들다는 것을 발견하였습니다—이것은 사람이 성숙해지는 데 걸림돌이 되기에 반드시 제거해야 할 그런 외로움 따위가 아닙니다. 예수님을 끝까지 따르기 위해서는 마땅히 수용해야 할 그런 외로움이기 때문입니다.

캐나다와 미국과 영국을 돌면서 한 젊은이를 만난 적이 있습니다. 이 일기를 쓰면서 여행을 마쳐갈 무렵이었지요. 그런데 그가 들려준 자신의 영성순례 이야기가 바로 이 이차적인 외로움을 이해하는 데 나름대로 도움이 되었습니다. 그 젊은이는 이렇게 말했습니다: "처음에는 많은 사람과 고속도로로 여행을 했습니다. 차 안에서 외로움을 느꼈습니다. 그래도 최소한 혼자는 아니었지요. 예수님께서 이 길을 벗어나라고 하셨습니다. 그래서 바람 부는 시골길을 달렸지요. 상쾌하고 아름다웠습니다. 지나가는 사람들이 인사하고 미소짓고 손을 흔들어 주었어요. 사랑받는다는 느낌이 들었습니다. 그런데 전혀 뜻밖에 예수님께서 나에게 차에서 내려 자신과 함께 지저분한 길을 걷자고 하시는 것이 아니겠어요? 함께 걸어가는데 개미새끼 하나 눈에 띄지 않더라구요. 예수님과 함께 길을 걷고 있다는 것은 알았습니다. 그러나 몹시 외롭고 절망스러울 때가 많았습니다. 몸도 지친 데다, 친구들한테마저 잊혀지고 있다는 느낌이 들었지요. 예수님과 가까워지면 가까워질수록 점점 더 외로워지는 것 같더라구요. 그걸 아무도 이해해 주는 것 같지 않았습니다."

나의 '새벽' 생활은 점점 이 이차적인 외로움 속으로 들어가라는 초청으로 변하여 갔습니다. 이것은 너무나 고통스러운 체험이었습니다. 글로 옮기기가 망설여질 정도로. 이 외로움은 제아무리 각별한 친구라 하더라도, 그리고 내가 그에게 제아무리 결사적으로 매달린다

하더라도, 결코 풀어줄 수 없는 외로움입니다. 이 외로움은 이제 더 이상 현존이 느껴지지 않는 하나님께 나를 송두리째 집어던지고, 내 존재의 모든 부분이 무(無)로 느껴질 각오를 하라고 요구하는 외로움입니다. "나의 하나님, 나의 하나님, 어찌하여 나를 버리셨나이까?"라고 부르짖으신 예수님의 외로움이 바로 그 외로움이지요.

아이리스 머독은 자신의 소설 〈헨리와 케이토〉(Henry and Cato)에서 이렇게 말하고 있습니다:

> 무엇보다도 가장 큰 아픔, 가장 큰 역설은 인간의 사랑이 어느 시점에서 깨어져야 한다는 사실입니다. 자아가 파괴되어야 한다는 사실입니다. 지극히 자연스럽고, 겉보기엔 선하고, 어쩌면 유일한 선처럼 보이는 어떤 것도 어느 시점에 이르면 폐기되어야 한다는 사실입니다. 그런 뒤에 남는 것은 어둠과 침묵과 공백이지요. 그리고 하나님은 거기에 계십니다. 십자가의 성 요한을 기억해 보십시오. 그 이미지들이 끝나는 곳에서 당신은 나락으로 떨어지지만, 그것은 신앙의 나락입니다. 당신에게 남은 것이 아무 것도 없을 때, 당신에게 남는 것은 오직 희망뿐입니다(Iris Murdoch, Henry and Cato, Triad Grafton Books, London, 1987, 348쪽).

'새벽'으로 올 때는 꿈도 꾸지 않았습니다. 하나부터 열까지 산산이 찢겨져 나가는 이런 극한적인 체험을 하리라고는. 내가 기대했던 것은 깊디깊은 우정에서 힘을 얻고 그리스도교적 사랑이라는 아름다운 보호망에 둘러싸인 채, 장애우들을 돌보며 함께 살아가는 것이었습니다. 따라서 이런 이차적인 외로움에 대처할 만한 준비가 안 되어 있었습니다. 어찌보면 당연한 일이었지요.

그렇지만……주저주저하면서도 그리고 정말 내켜 하지 않으면서도, 나는 신비를 알아 가고 있습니다. 곧 이 '새벽' 공동체가 나에게 주어진 건 분명 예수님과 함께 이 이차적인 외로움으로 들어가는 데 필요한 하나의 '안전' 장치를 제공하기 위함이라는 것을. 거기에는 낭만적이거나 매력적인 요소가 조금도 없습니다. 그것은 암울한 고뇌입니다. 그것은 완전한 미지의 장소로 예수님을 따라나서는 것입니다. 이것은 십자가 위에서 텅 빈 상태가 되는 것입니다. 벌거숭이 신앙 속에서 새 생명을 기다려야 하는 것입니다.

그러나 아주 선하고 아름다워 보이는 것들에 대하여 죽을 것을 촉구하는 이 십자가는 새로운 영성 공동체가 탄생하는 자리이기도 합니다. 예수님의 죽음은 많은 열매를 맺기 위한 밀알이었습니다. 고통스럽고도 희망에 찬 경로를 기꺼이 거쳐 가지 않는다면, 내 삶은 아무런 열매도 맺지 못할 것입니다.

이 이야기를 하면서 나는 두려움과 전율을 느낍니다. 이제 막 새날의 여명을 목격했지만, 눈앞에 펼쳐진 먼 길을 걸어갈 용기가 나에게 과연 있는지……. 그럼에도 불구하고, 나는 이 글을 통하여 내가 하는 말들을 똑바로 직시할 수 있습니다. 이것 자체도 내딛는 발걸음 한 자국이 되기에.

1987년 7월 21일은 내가 성직에 들어선 지 30년이 되는 날입니다. 그러나 '새벽'에서 보낸 한 해동안 겪었던 체험들을 생각하다 보니, 잔치를 벌일 기분은 아니었습니다. 그래서 대신, 공동체의 평생가족 몇 사람에게 나와 함께 기도해 달라고 부탁하였습니다. 내 소명을 성찰하고 길잡이가 될 만한 비판적인 말을 들려달라고 하면서. 그것은 참으로 고통스런 체험이었습니다. 나는 내 결함들과 직접 대면하였습니다. 그리고 그것을 친구들에게 토로하였습니다. 아울러 하나님과 공동체에 도움의 손길도 호소해야만 했습니다. 그러나 이것은 진정 생명을 내어주는 체험이기도 하였습니다. 내 주변 사람들은 내 결함을 아주 분명하게 알아 내었습니다. 그리고 후원과 지도편달과 사랑을 아끼지 않았습니다. 그 결과, 내 결함들은 더 이상 걸림돌이 아니었습니다. 우리 공동체의 핵심을 이루는 이들, 스스로의 결함을 숨길래야 숨길 수 없는 이들과 연대하는 통로를 만드는 데 오히려 힘이 되었습니다.

이렇게 성직 30주년을 기념하면서, 나는 다가올 미래를 위한 약속을 세 가지 하였습니다. 공동체에 부탁도 하였습니다. 내가 그들에게 충실할 수 있도록 도와달라고. 이제 이 일기를 끝맺으려 합니다. 이 시점에서 나는 이제 막 시야에 드러나기 시작한 내 앞길의 첫 굽이를 보여 주면서, 내가 한 약속들을 적어 보렵니다.

무엇보다도 먼저, 내 약속은 기도를 좀더 많이 하는 것입니다. 만일 정말로 내 삶의 중심축이 예수님이시라면, 내가 그분에게 많은 시간과 관심을 쏟는 것은 당연하지 않은가! 이제는 내 요구, 내 문제, 내 희망에 초점을 맞추지 않으려 합니다. 오히려 그분의 사랑, 그분의 긍휼, 그분의 자비에다 초점을 맞추는 그런 경배의 기도를 드리고 싶습니다. 지난날 내 기도는 아주 자기 반성적인 기도가 많았습니다. 이제는 나에게 오셔서 이렇게 말씀하시는 그분께 눈을 들어 경배할 때가 되었습니다.

> 너희가 나를 택한 것이 아니라, 내가 너희를 택하여 세운 것이다(요한복음 15장 16절).

이제부터 내 삶은 예수님이라는 실체를 토대로 이루어졌으면 합니다. 내 자신의 환상이나 자기 불만, 백일몽, 모래성 같은 비실체가 아닌……. 나는 알고 있습니다. 자기 중심적인 성찰에서 단순한 경배로 자리바꿈을 할 때, 나는 점점 실체와, 하나님이라는 실체와, 내가 속해 있는 하나님의 백성이라는 실체와 접하게 될 것을.

이 약속을 신실하게 지켜 가기가 무지 힘들 것입니다. 기도보다 중요한 일들을 함으로써 얻을 수 있는 쾌감이 수없이 많습니다. 하지만 내가 알기로는 길고 끈질긴 기도를 통해야만, 외로운 길을 함께 걷자고 청하시는 그분을 따를 수 있습니다.

둘째로, 내 약속은 내 공동체를 좀더 잘 알게 해주는 일이라면 뭐든지 하겠다는 것입니다. 이 한 해 동안, 나에게 낯선 사람으로 머무른 장애우와 도우미가 많았습니다. 공동체 바깥에서 일해 달라는 부탁들과 한두 친구의 우정에서 힘을 찾는 내 성향이 공동체 전체를 나의 진짜 가정으로 만드는 데 방해 요인으로 작용하였습니다. 여러 '쉼터'에서 식사를 하고, 사람들과 '시간 낭비'를 하면서 함께 이야기하고 놀고 기도하는 가운데 그들이 진정으로 나를 알게 만드는 일은 각별한 영성지도를 필요로 합니다. 여기에는 내 시간 일정표를 새로운 방식으로 짜고, 외부의 요구에 좀더 많이 "안 되겠습니다!"라고 거절하고, 함께 사는 이들이 진정한 내 이웃이라는 강한 확신을 갖는 일들이 요구됩니다.

따라서 나는 기도의 고독 속에서뿐만 아니라 사랑의 공동체 속에서도 예수님을 알게 될 것입니다. 그러니까 내 마음 속 가장 깊은 곳에서 자신을 드러내시는 똑같은 주님께서 연약한 이들의 우정 속에서도 자신을 드러내시도록 해야 할 것입니다. 하지만 이 일을 충실하게 해내기는 쉽지 않을 것입니다. 영성적으로 피곤하고 암울한 시기가 되면, 특히 특정한 사람과 맺은 남다른 우정에서 위로와 평안을 찾고 싶은 유혹이 나에겐 너무 강하기 때문입니다. 나에게 견디기 힘든 압박이 올 때, 그것을 영성지도자나 조언자나 친구에게 털어 놓는 방법으로 거기에 대응해 온 세월이 너무 길었습니다. 그러니까 나는 언제나 일대일의 관계 속에서 치유책을 찾았던 것이지요. 그러나 지금은 공동체를 내 가장 소중한 영성 재원으로 삼아야 합니다. 바로 거기서 하나님의 영 곧 내가 늘 찾고 있는 참 위로자를 발견하게 될 것입니다. 이런 생각만 하면 소명감이 훨훨 불타 오릅니다.

끝으로, 내 약속은 계속 글을 쓰는 것입니다. '새벽'같이 일반적으로 할 일이 너무 많은 공동체에서 생활하다 보면, 글쓰는 데 필요한 조용하고 고즈넉한 시간을 찾아내기가 무척 어렵습니다. 그럼에도 불구하고, 꾸준히 글쓰는 것이 내 소명이지요. '새벽'을 향하여 떠나라는 부르심에는 그 소명도 포함되어 있습니다. 글을 쓰지 않으면, 나는 내가 부여받은 말씀 사역에 온전히 충실할 수 없습니다. 하나님과 그리고 장애우들과 함께 숨어 사는 내 삶이 교회와 세상에 선물이 될 수 있는 길, 그것은 바로 글입니다. 지금은 기조연설이나 개회강연,

심지어 영성수련까지도 내 일차적인 임무라고 여겨지지 않습니다. 내가 믿는 많은 이들이 자신들의 판단을 통하여 나에게 이 점을 확인시켜 주었습니다. 그러니 이제부터는 스스로를 자제해야겠습니다. 시급하고 절실한 하루하루의 일들로부터 벗어나야겠습니다. 내 기도나 장애우나 도우미들과 함께 사는 생활 속에서 우러나오는 말씀들을 기록해야겠습니다.

나에게는 예수님을 따르는 일이 갈수록 은밀한 여정으로 바뀌어 가고 있습니다. 그러나 그렇다고 하더라도, 이것이 개인적인 여정이 되어야 한다고는 생각하지 않습니다. 예수님께서 나에게 요구하시는 일은 '친구를 위하여 목숨을 바치는' 일입니다. 여기에는 예수님과 함께 내가 가고 싶지 않은 곳으로 향하는 데 따르는 고통과 기쁨, 어둠과 빛, 피로와 활력, 절망과 희망을 할 수 있는 한 정직하게 전하는 일도 포함됩니다. 이렇게 내밀한 체험들을 언어로 표현할 수 있어야 나 자신의 삶이 다른 이들에게도 선용될 수 있을 것입니다. 그래야 나도 "내가 듣고 눈으로 보고 지켜 보고 또 손으로 만져 본"(요한일서 1장 1절) 생명의 말씀을 증거하는 증인이 될 수 있을 것입니다.

이곳 '새벽'에서 내 약속들이 충실히 지켜지기를 바라는 이들에게 둘러싸여 있으니 기쁩니다. 비록 약속을 지키기가 힘들더라도, 여기 있는 것 자체가 좋습니다. 나는 여기 있도록 부름받았습니다. 이곳으로 파송받았습니다. 나는 이곳 사람입니다. 내 느낌엔 그렇습니다. 그럼에도 불구하고, 한 해가 지나면서 깨달은 것은 내가 비록 수많은 새벽만이 아니라 수많은 밤도 병존하는 길고 험한 여정에 이제 막 들어섰을 뿐이라는 사실입니다. 아브라함은 하나님의 부르심을 따르면서도 자신에게 요구되는 것이 얼마나 엄청난 것인지 짐작하지 못하였습니다. 그리고 그의 믿음은 굽이굽이마다 시험을 받곤 하였습니다. 하나님께서는 '질투하시는' 사랑으로 부르십니다. 이것은 모두에게 사실입니다. 비록 내가 쉽고 갈등이 없는 내일을 끊임없이 꿈꾸더라도, '내' 믿음도 시험을 받으리라는 것을 나는 알고 있습니다. 하나님의 사랑은 실로 '가혹하고 끔찍한 것'(도로시 데이)입니다. 그러면서도 온 생명을 바칠 만큼 가치가 있습니다.

　이 일기를 이렇게 끝맺습니다. 그 동안 나는 나를 '새벽'으로 이끈 그 길을 조심스럽게 기술해 보려고 애를 썼습니다. 여기서 겪은 첫 경험들을 정직하게 표현해 보려고 하였습니다. 그리고 미래를 위하여 한 약속들을 솔직히 내비쳐 보려고도 애썼습니다. 이쯤 해서 나에게 점점 분명해지는 게 있습니다. 결코 가고 싶지 않았던 곳으로 나를 이렇게 이끄신 분이 누구인가? 바로 예수님이시라는 사실입니다. 그분이 캄캄한 밤, 짙은 어둠 속에서 길을 잃었다고 느낄 때, 나를 붙들어 주셨습니다. 그분이 더 이상 밤이 찾아오지 않는 낮으로 나를 이끌어 주실 것입니다. 예수님과 함께 하는 나의 인생 행로, 그분이 이 영성 순례에서 나에게 끊임없이 상기시켜 주십니다. 하나님의 마음이 내 마음보다, 진정, 한없이 크다는 것을……

치유와 돌봄이 있는 희망의 선교동산
아침영성지도연구원
www.achimhope.or.kr
Achim Institute for Spiritual Direction

(1) 음악이 있는 아침
(2) 아침치유상담실
(3) 아침치유설교실
(4) 아침돌봄기도실
(5) 아침가정사역센터
(6) 아침영성지도세미나실
(7) 한국전문화목회연구원
(8) 오늘의 영성지도
(9) 영혼의 친구
(10) 아침인터넷강좌
(11) 아침인터넷서점
(12) 아침영성수련센터

"치유와 돌봄이 있는 희망의 선교동산" 아침영성지도연구원은 그리스도의 사랑과 희망 안에서 상처입은 이들의 영혼의 친구가 되어 온 세상에 영혼의 치유와 영혼의 돌봄 사역을 감당하고자 세워진 공동체입니다. 아침영성지도연구원은 주님이 오실 때까지 여러분과 함께 이 사역을 계속하고자 합니다.

새벽의 영성

지 은 이 헨리 나웬
옮 긴 이 신현복
펴 낸 날 2004년 2월 20일(초판1쇄)
펴 낸 이 길청자
펴 낸 곳 아침영성지도연구원
등 록 일 1999년 1월 7일(제7호)
홈페이지 www.achimhope.or.kr
이 메 일 hbyh8588@chollian.net
총   판 생명의 샘(02-419-1451)

* 책값은 뒷표지에 표시되어 있습니다.

ISBN 89-88764-23-4(03230)